智能网联汽车技术专业系列教材

智能网联传感器装配与调试

主　编◎张梅红　魏　玲　校金龙

副主编◎马　可　赵金宝　董　彬　管　婧

电子工业出版社
Publishing House of Electronics Industry
北京·BEIJING

内 容 简 介

本书基于工作过程系统化的方法进行编写，通过案例将实际工作任务融入各个知识点之中。本书内容主要包括智能网联汽车及传感器的认知，常用传感器的检测，超声波雷达的认知、检测与安装，毫米波雷达的认知、安装与标定，激光雷达的认知、安装与标定，视觉传感器的认知、安装与标定，以及高精度定位系统的认知与安装等。本书还配有学习任务工单，可以很好地帮助学生进行任务学习与实施。

本书适合职业院校智能网联汽车技术及相关专业的学生使用，也可供广大智能网联汽车从业人员参考。

未经许可，不得以任何方式复制或抄袭本书之部分或全部内容。
版权所有，侵权必究。

图书在版编目（CIP）数据

智能网联传感器装配与调试 / 张梅红，魏玲，校金龙主编. -- 北京：电子工业出版社，2024. 8. -- ISBN 978-7-121-48645-6

Ⅰ. U463.6

中国国家版本馆 CIP 数据核字第 2024A0B357 号

责任编辑：张　凌
印　　刷：三河市鑫金马印装有限公司
装　　订：三河市鑫金马印装有限公司
出版发行：电子工业出版社
　　　　　北京市海淀区万寿路 173 信箱　邮编　100036
开　　本：880×1 230　1/16　印张：12　字数：276.5 千字
版　　次：2024 年 8 月第 1 版
印　　次：2024 年 8 月第 1 次印刷
定　　价：43.00 元

凡所购买电子工业出版社图书有缺损问题，请向购买书店调换。若书店售缺，请与本社发行部联系，联系及邮购电话：（010）88254888，88258888。

质量投诉请发邮件至 zlts@phei.com.cn，盗版侵权举报请发邮件至 dbqq@phei.com.cn。
本书咨询联系方式：（010）88254583，zling@phei.com.cn。

PREFACE 前 言

随着经济社会的快速发展，我国已经成为汽车生产和消费大国。在政策、技术与市场等多重因素的影响下，推动智能网联汽车的发展，有利于推动制造业高端化、智能化、绿色化发展，有利于实现安全、高效、绿色、文明的智能汽车强国愿景。

智能网联汽车行业的快速发展，对人才的培养与需求提出了新的挑战。为了培养高素质技术技能人才，使我国职业院校智能网联汽车技术专业学生和智能网联汽车行业从业人员能全面、系统地了解智能网联传感器的应用，掌握智能网联汽车常用传感器的检测、安装、标定和调试等方面的技能，满足职业工作领域对职业技能的要求，我们特别组织行业及企业专家、一线教师编写了本书。

本书的编写基于对智能网联汽车行业人才需求的调研分析，从实际应用角度出发，将相关工作岗位能力所需的知识点，高职类"汽车技术"赛项的比赛内容，智能网联汽车技术专业对应的 1+X 证书考核标准融入其中。通过对本书的学习，可以帮助读者认识智能网联汽车常用传感器，并能完成对其的检测、安装、标定和调试。

本书具有以下特点。

1. 育教合一，落实立德树人的根本任务。将素质教育渗透于整个教学过程中，既育人，又教书。

2. 本书采用项目化教学、任务驱动方式，以实际案例引入，增强学生的代入感，提升学生的学习兴趣。

3. 本书是由郑州宇通集团有限公司牵头和职业院校一起开发的系列教材之一，内容融合企业岗位需求，贴合实际工作内容。

4. 本书打破传统的知识体系，以"必需、够用"为原则，将知识点任务化、案例化，并将理论与实践一体化，体现"学中做"和"做中学"，让学生在实践中发现规律，获取知识。

5. 本书结合了 1+X 职业技能等级证书的职业标准，实现课程内容与职业技能的有机融合。

6．本书结合了职业技能大赛的技术规范，并将其合理地融入相应的任务中。

本书包含七个项目。项目一是智能网联汽车及传感器的认知，从智能网联汽车的技术分级、关键技术和传感器的应用情况等方面进行介绍；项目二以转速传感器、温度传感器和压力传感器为切入点，描述智能网联汽车常用传感器的工作原理，归纳总结了不同传感器的检测方法；项目三、项目四、项目五和项目六分别对超声波雷达、毫米波雷达、激光雷达及视觉传感器的结构和工作原理进行介绍，对各传感器的检测、安装和标定方法等进行重点阐述；项目七对高精度定位方法和高精度定位系统的组成进行介绍，对高精度定位系统的安装进行详细说明。

本书由河南工业贸易职业学院张梅红、郑州宇通集团有限公司魏玲和河南工业贸易职业学院校金龙担任主编，河南工业贸易职业学院马可、赵金宝、董彬和管婧担任副主编。其中，项目一由董彬编写，项目二由董彬和管婧编写，项目三和项目五由张梅红编写，项目四由校金龙编写，项目六由赵金宝编写，项目七由马可编写。全书由魏玲负责统稿。

在本书编写过程中，郑州惠众志诚教育科技有限公司张荣荣、李云浩和宇通客车股份有限公司闫孟洋都给予了大力支持和指导，在此深表感谢。

由于编者水平有限，书中难免存在疏漏和不足之处，恳请广大读者批评指正。

编　者

目 录

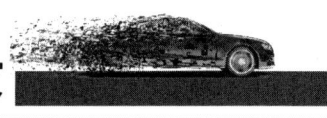

项目一　智能网联汽车及传感器的认知 1

  任务 1　智能网联汽车的认知 2

  任务 2　智能网联汽车关键技术的认知 7

  任务 3　智能网联汽车传感器的认知 13

  练习与思考题 16

项目二　常用传感器的检测 17

  任务 1　转速传感器的检测 18

  任务 2　温度传感器的检测 33

  任务 3　压力传感器的检测 43

  练习与思考题 52

项目三　超声波雷达的认知、检测与安装 54

  任务 1　超声波雷达的认知 55

  任务 2　超声波雷达的检测与安装 62

  练习与思考题 75

项目四　毫米波雷达的认知、安装与标定 77

  任务 1　毫米波雷达的认知 78

  任务 2　毫米波雷达的安装与标定 91

练习与思考题 …………………………………………………………………………… 101

项目五　激光雷达的认知、安装与标定 …………………………………………………… 102

　　任务1　激光雷达的认知 ………………………………………………………………… 103
　　任务2　激光雷达的安装与标定 ………………………………………………………… 117
　　练习与思考题 …………………………………………………………………………… 129

项目六　视觉传感器的认知、安装与标定 ………………………………………………… 130

　　任务1　视觉传感器的认知 ……………………………………………………………… 131
　　任务2　视觉传感器的安装与标定 ……………………………………………………… 139
　　练习与思考题 …………………………………………………………………………… 157

项目七　高精度定位系统的认知与安装 …………………………………………………… 159

　　任务1　高精度定位系统的认知 ………………………………………………………… 160
　　任务2　高精度定位系统的安装 ………………………………………………………… 170
　　练习与思考题 …………………………………………………………………………… 183

项目一

智能网联汽车及传感器的认知

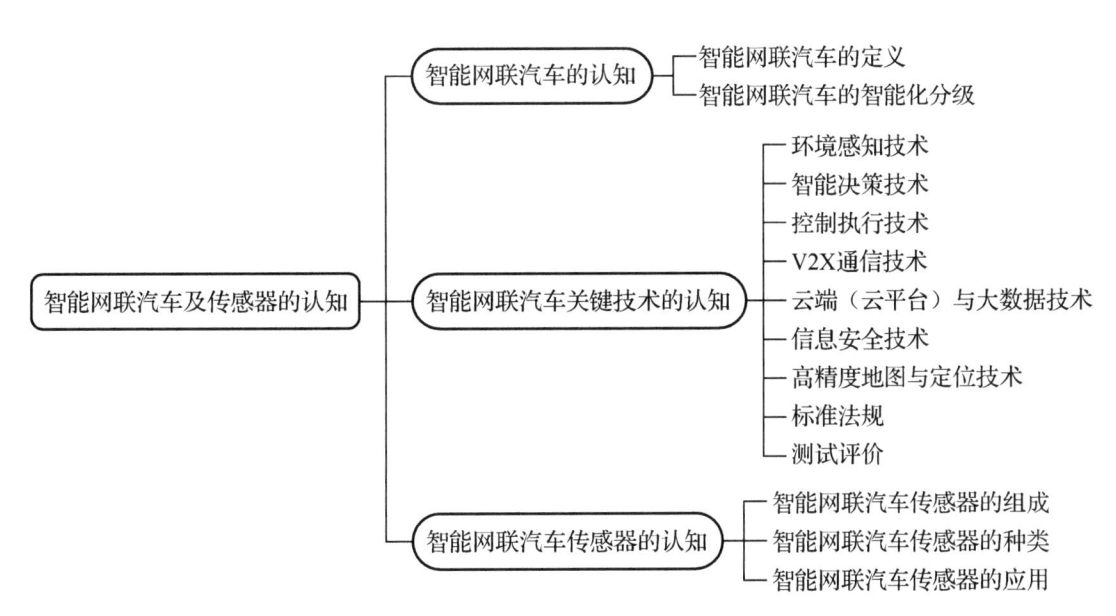

```
                                          ┌── 智能网联汽车的定义
                    ┌── 智能网联汽车的认知 ──┤
                    │                     └── 智能网联汽车的智能化分级
                    │
                    │                          ┌── 环境感知技术
                    │                          ├── 智能决策技术
                    │                          ├── 控制执行技术
                    │                          ├── V2X通信技术
智能网联汽车及传感器的认知 ──┼── 智能网联汽车关键技术的认知 ──┤── 云端（云平台）与大数据技术
                    │                          ├── 信息安全技术
                    │                          ├── 高精度地图与定位技术
                    │                          ├── 标准法规
                    │                          └── 测试评价
                    │
                    │                          ┌── 智能网联汽车传感器的组成
                    └── 智能网联汽车传感器的认知 ──┤── 智能网联汽车传感器的种类
                                               └── 智能网联汽车传感器的应用
```

知识目标

1. 能描述智能网联汽车的智能化分级；
2. 能归纳总结智能网联汽车关键技术；
3. 能熟悉智能网联汽车关键零部件；
4. 能描述常用的智能网联汽车传感器种类。

技能目标

1. 能划分智能网联汽车的智能化等级；
2. 能识别智能网联汽车上的关键零部件；
3. 能识别智能网联汽车传感器类型及安装位置。

素养目标

1. 具备较强的信息意识，在合作解决问题的过程中，能与团队成员进行信息共享；
2. 具有终身学习的意识和严谨求实的科学态度；
3. 关注智能网联汽车相关的社会热点问题，具有可持续发展意识和绿色交通观念。

任务 1 智能网联汽车的认知

情景引入

智能网联汽车是汽车、交通运输、电子、通信等行业深度融合的新型产业形态。目前，我国正在快速推动智能网联汽车发展，提升智能交通基础设施水平，构建车联网综合应用体系。你知道什么是智能网联汽车吗？它是如何进行智能化分级的？

资讯信息

一、智能网联汽车的定义

智能网联汽车是指搭载先进的车载传感器、控制器、执行器等装置，并融合现代通信与网络技术，实现车与X（人、车、路、云端等）智能信息交换、共享，具备复杂环境感知、智能决策、协同控制等功能，可实现"安全、高效、舒适、节能"行驶，并最终可实现替代人来操作的新一代汽车。智能网联汽车的功能示意图如图1-1所示。

智能网联汽车是智能交通的重要组成部分之一，它与智能交通和车联网之间存在着密切关系，它们之间的关系如图1-2所示。

智能网联汽车通过车载信息终端实现与车、路、人、云端之间的无线通信和信息交换。智能汽车的聚焦点是在车上，发展重点是提高汽车的安全性。车联网的聚焦点是建立一个比较大的交通体系，其发展重点是给汽车提供信息服务。智能网联汽车的初级阶段是具有高级驾驶辅助系统（Advanced Driver Assistance Systems，ADAS）的汽车，终极目标是无人驾驶汽车，如图1-3所示。

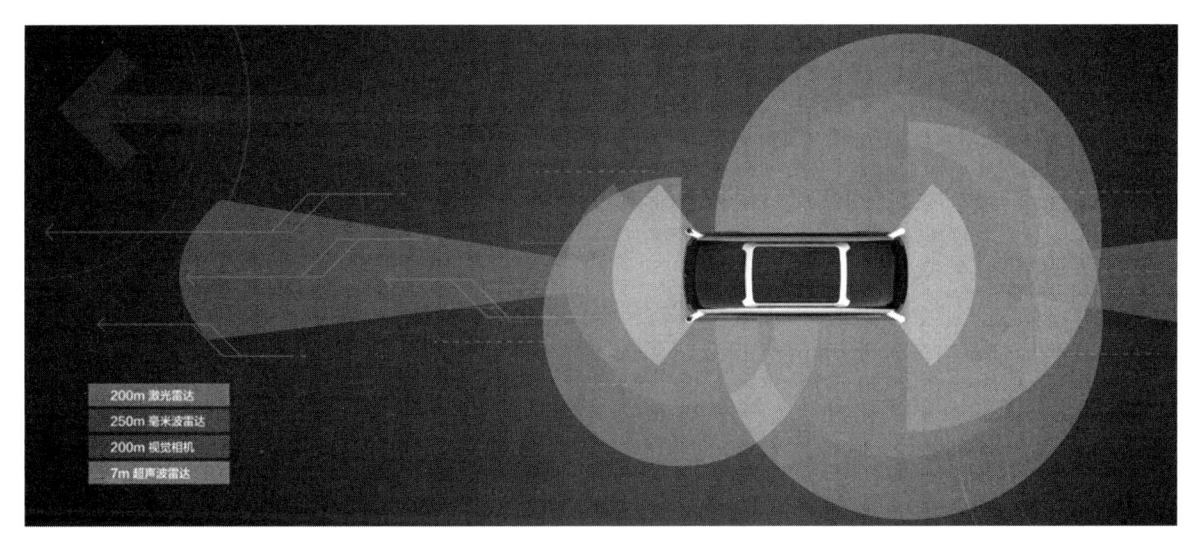

图 1-1　智能网联汽车的功能示意图

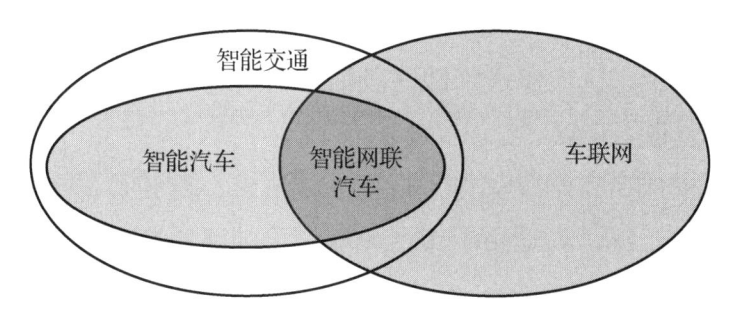

图 1-2　智能网联汽车与智能交通、车联网之间的关系

图 1-3　无人驾驶汽车

二、智能网联汽车的智能化分级

智能网联汽车的智能化分级在不同国家是不完全相同的，美国道路交通安全管理局（NHTSA）将其分为无自动驾驶（0级）、驾驶员辅助（1级）、半自动驾驶（2级）、高度自动驾驶（3级）、完全自动驾驶（4级）五个等级。美国汽车工程师学会（SAE）将自动驾驶分为L0~L5共六个等级。L0代表没有自动驾驶加入的传统人类驾驶，L1~L5则根据自动驾驶的成熟程度进行分级。

中国把智能网联汽车智能化划分为五个等级，分别是驾驶辅助（DA）、部分自动驾驶（PA）、有条件自动驾驶（CA）、高度自动驾驶（HA）和完全自动驾驶（FA）。

（1）驾驶辅助（DA）。

系统根据环境信息对行驶方向和加减速中的一项操作提供支持，其他驾驶操作都由驾驶员来完成。此阶段适用于车道内正常行驶、高速公路无车道干涉路段行驶、无换道行驶等工况。

（2）部分自动驾驶（PA）。

系统根据环境信息对行驶方向和加减速中的多项操作提供支持，其他操作都由驾驶员完成。适用于高速公路及市区无车道干涉路段泊车、换道、环岛绕行等工况。

（3）有条件自动驾驶（CA）。

由自动驾驶系统完成所有驾驶操作，根据系统请求，驾驶员需要提供适当的干预。适用于高速公路正常行驶工况，还适用于市区无车道干涉路段换道、拥堵跟车、泊车、环岛绕行等工况。

（4）高度自动驾驶（HA）。

由自动驾驶系统完成所有驾驶操作，特定环境下系统会向驾驶员提出响应请求，驾驶员可以对系统请求不进行响应。适用于有车道干涉路段（车流汇入、人车混杂交通流、拥堵区域、交叉路口等）和市区复杂工况。

（5）完全自动驾驶（FA）。

自动驾驶系统不需要驾驶员介入，可以完成驾驶员能够完成的所有道路环境下的操作，适用于所有行驶工况。

无论哪种分级，从驾驶员对车辆控制权的拥有程度来看，可以分为驾驶员拥有车辆全部控制权、驾驶员拥有车辆部分控制权、驾驶员不拥有车辆控制权三种形式。其中当驾驶员拥有车辆部分控制权时，根据车辆ADAS的配备和技术成熟程度，决定驾驶员拥有多少的车辆控制权，ADAS装备越多、技术越成熟，驾驶员拥有车辆控制权越少，车辆自动驾驶程度越高。

智能网联汽车的智能化分级如表1-1所示。

表 1-1 智能网联汽车的智能化分级

智能化等级			等级名称	等级定义	控制	监视	失效应对	典型工况
NHTSA	SAE	中国						
人监控驾驶环境									
0	L0	0	无自动化/应急辅助	驾驶员完成所有驾驶操作，系统只起到警告和辅助作用	人	人	人	
1	L1	DA	驾驶辅助	系统完成转向或变速中的一项操作，其他所有驾驶操作由驾驶员完成	人与系统	人	人	车道内正常行驶、高速公路无车道干涉路段行驶、无换道行驶等工况
2	L2	PA	部分自动驾驶	系统完成转向和变速中的多项操作，其他所有驾驶操作由驾驶员完成	人与系统	人	人	高速公路及市区无车道干涉路段泊车、换道、环岛绕行等工况
自动驾驶系统监控驾驶环境									
3	L3	CA	有条件自动驾驶	由自动驾驶系统完成所有驾驶操作，根据系统请求，驾驶员需要提供适当干预	系统	系统	人	高速公路正常行驶工况，市区无车道干涉路段换道、拥堵跟车等工况
3	L4	HA	高度自动驾驶	由自动驾驶系统完成所有驾驶操作，特定环境下系统会提出响应请求，驾驶员可以不进行响应	系统	系统	人与系统	高速公路全部工况及市区有车道干涉路段工况
4	L5	FA	完全自动驾驶	自动驾驶系统可以完成驾驶员能够完成的所有道路环境下的驾驶操作，不需要驾驶员介入	系统	系统	系统	所有行驶工况

总结与拓展

智能网联汽车是在一般的汽车上增加雷达、摄像头等先进传感器、控制器、执行器等装置，并融合现代通信与网络技术，实现车与车、路、人、云端等智能信息交换、共享，使车辆具备智能环境感知能力，能够自动分析车辆行驶的安全及危险状态，并最终实现替代人来操作的新一代汽车。

我国把智能网联汽车智能化划分为五个等级，即驾驶辅助（DA）、部分自动驾驶（PA）、有条件自动驾驶（CA）、高度自动驾驶（HA）和完全自动驾驶（FA）。

任务实施

设备信息	设备厂家		
	设备名称		
	设备型号		
任务描述	依据下述实训流程完成各环节实训任务。		
项目	作业记录内容		备注
一、前期准备	1. 更换工装和劳保鞋。 2. 按照场地实际情况进行实训分组。 3. 发放实训工单,自备黑色签字笔。 4. 讲清实训纪律。		
二、信息收集	1. 智能网联汽车的定义。 2. 智能网联汽车系统的构成。 3. 智能网联汽车发展的终极目标。 4. 美国智能网联汽车的智能化分级。		
三、实物认知	根据每组所分车辆,判别出其所属智能化等级。		
四、连线题	将中英文连接起来。 驾驶辅助　　　　　PA 高度自动驾驶　　　FA 有条件自动驾驶　　CA 完全自动驾驶　　　DA 部分自动驾驶　　　HA		
五、知识拓展	通过搜集资料,概述目前国内外智能网联汽车发展状况。		
六、现场恢复	（不需要填写）		

任务 2　智能网联汽车关键技术的认知

情景引入

智能网联汽车运用了人工智能、控制和通信等多种技术。你对智能网联汽车的技术架构和关键技术的了解有多少呢？

资讯信息

智能网联汽车集中运用了汽车工程、自动控制、人工智能、计算机、通信与平台等技术，是一个集环境感知、规划决策、控制执行、信息交互等于一体的高新技术综合体（如图1-4所示）。

图1-4　智能网联汽车

从技术发展路径来说，智能汽车可以分为三个发展方向：网联式智能汽车（CV）、自主式智能汽车（AV），以及两者的融合，即智能网联汽车（CAV或ICV），如图1-5所示。

智能网联汽车融合了网联式智能汽车与自主式智能汽车的技术优势，涉及汽车整车及零部件、交通、信息通信等诸多领域，其技术架构比较复杂。智能网联汽车标准体系横向以智能感知与信息通信层、决策控制与执行层、资源管理与应用层三个层次为基础，纵向以功能安全和预期功能安全、网络安全和数据安全通用规范技术为支撑，形成"三横两纵"的核心技术架构，完整呈现标准体系的技术逻辑，明确各项标准在智能网联汽车产业技术体系中的地位和作用。同时结合智能网联汽车与移动终端、基础设施、智慧城市、出行服务等相关要素的技术关联性，体现跨行业协同特点，共同构建以智能网联汽车为核心的协同发展有机整体，更好地发挥智能网联汽车标准体系的顶层设计和指导作用。智能网联汽车标准体系技术逻辑框架如图1-6所示。

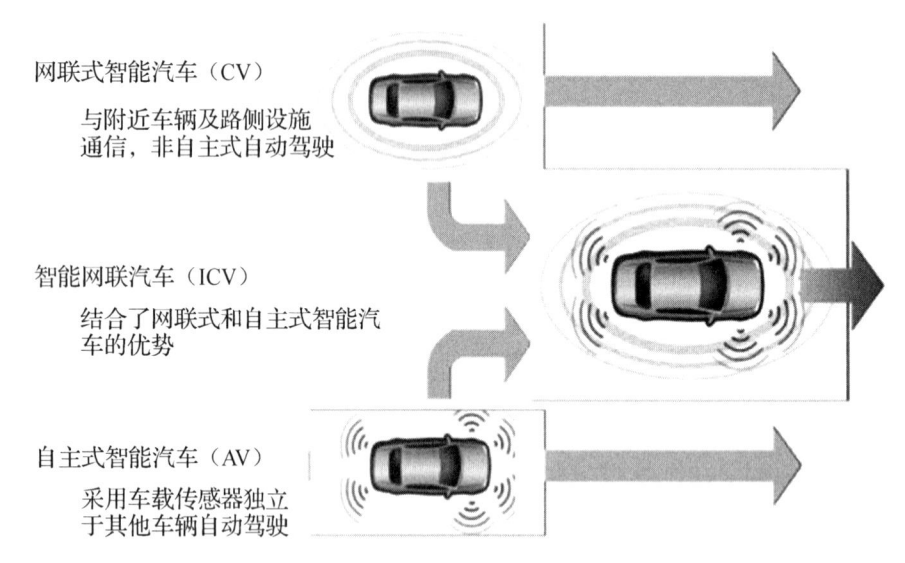

图1-5 智能网联汽车发展方向

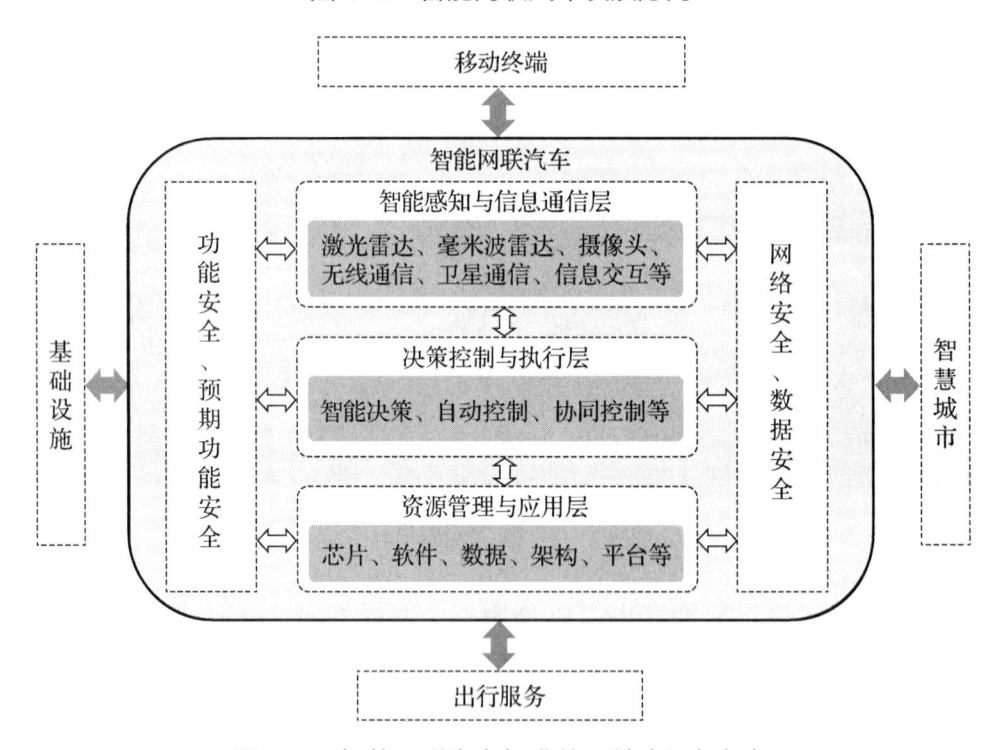

图1-6 智能网联汽车标准体系技术逻辑框架

智能网联汽车的"三横"架构涉及的技术可以分为以下几种。

1. 环境感知技术

智能网联汽车环境感知技术主要利用传感器获取车辆位置、道路和障碍物等信息，并将这些信息传输给车载控制中心，为智能网联汽车提供决策的依据，是智能网联汽车的"通天眼"，如图 1-7 所示。

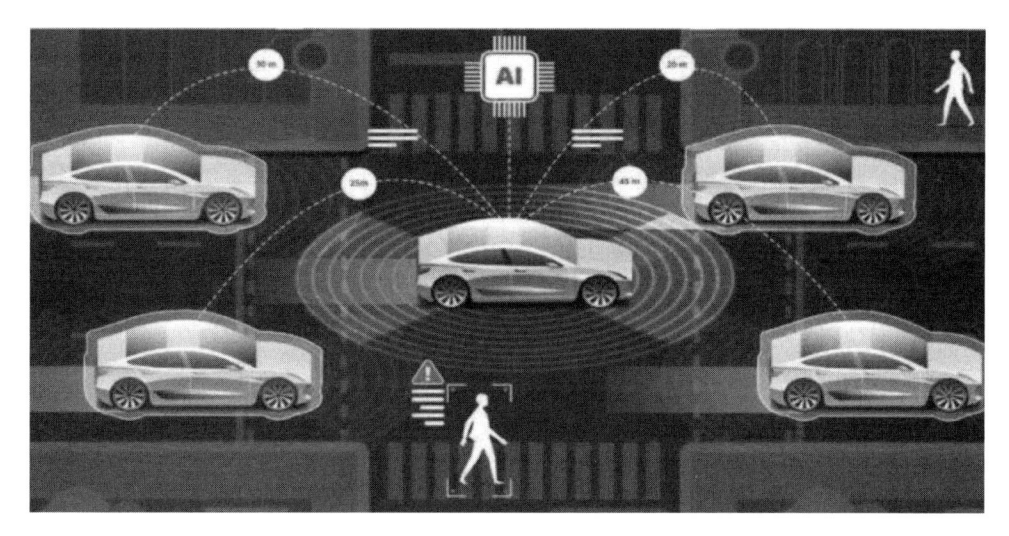

图 1-7 环境感知技术

环境感知技术应用在智能网联汽车的各个系统中，如图 1-8 所示。

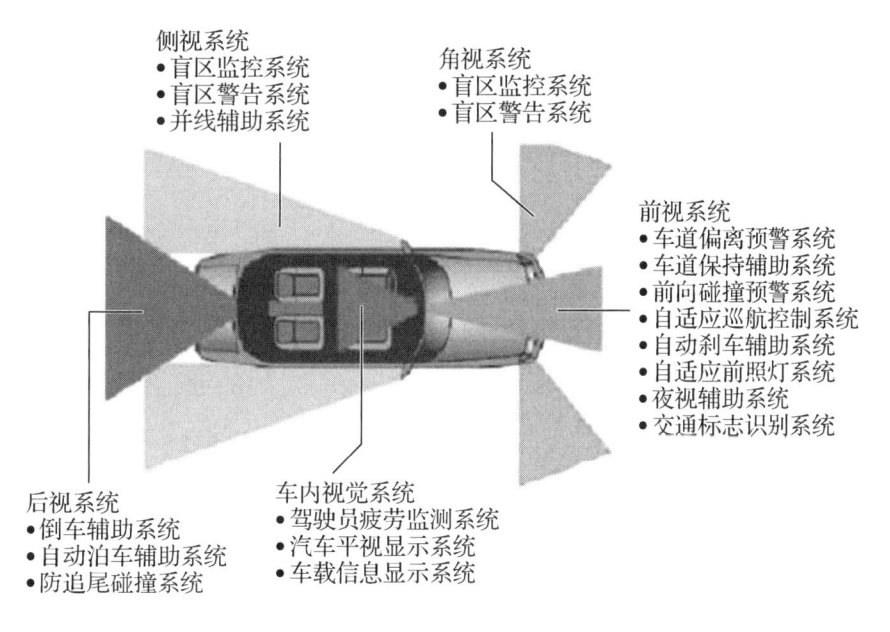

侧视系统
- 盲区监控系统
- 盲区警告系统
- 并线辅助系统

角视系统
- 盲区监控系统
- 盲区警告系统

前视系统
- 车道偏离预警系统
- 车道保持辅助系统
- 前向碰撞预警系统
- 自适应巡航控制系统
- 自动刹车辅助系统
- 自适应前照灯系统
- 夜视辅助系统
- 交通标志识别系统

后视系统
- 倒车辅助系统
- 自动泊车辅助系统
- 防追尾碰撞系统

车内视觉系统
- 驾驶员疲劳监测系统
- 汽车平视显示系统
- 车载信息显示系统

图 1-8 环境感知技术的应用

环境感知系统由信息采集单元、信息处理单元和信息传输单元组成，如图 1-9 所示。环境感知系统由单一传感器、多传感信息融合或车载自组织网络获取周围环境和车辆的实时信息，经信息处理单元根据一定算法识别处理后，通过信息传输单元实现车辆内部或车与车之间的信息共享。

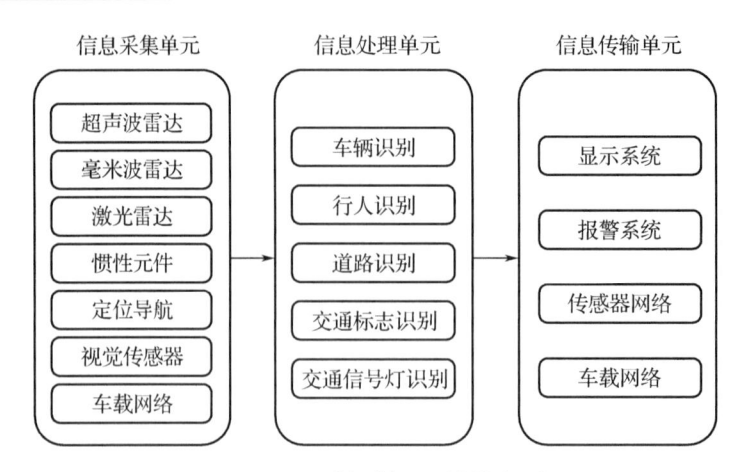

图 1-9　环境感知系统的组成

2. 智能决策技术

智能决策技术包括信息融合技术、路径轨迹规划技术、危险预警技术、危险态势分析技术、行为决策技术等。智能决策技术是智能网联汽车领域的重要技术之一，其应用领域比较广泛，如自适应巡航系统、车道保持辅助系统、路径规划系统、前向碰撞预警系统等。

3. 控制执行技术

底盘执行机构通过车辆状态控制和轨迹跟踪技术，实现自动驾驶车辆按照系统决策规划出的行驶路径行驶。控制执行技术包括驱动/制动的纵向控制及转向的横向控制，基于驱动、制动、转向、悬架的底盘一体化控制，融合车联网（V2X）通信及车载传感器的车路协同控制等。

4. V2X 通信技术

V2X 通信技术是未来智能交通运输系统的关键技术。它强调车辆在行驶过程中与其他交通参与者进行实时通信，包括车与车、人、路、云端之间的通信，如图 1-10 所示。

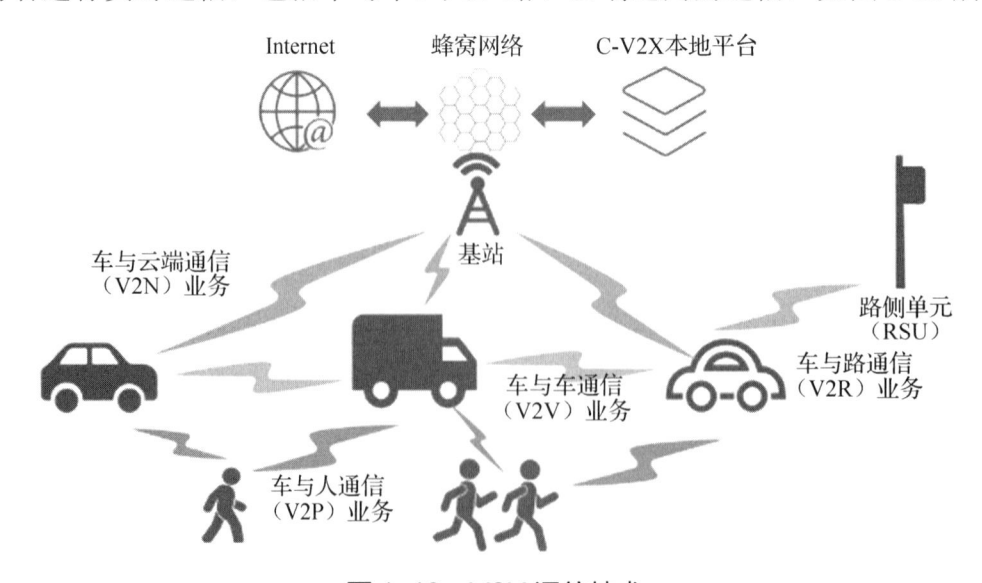

图 1-10　V2X 通信技术

5. 云端（云平台）与大数据技术

云平台通过网络与车辆和路侧单元进行远程通信，以实现车辆追踪、路径规划、远程监控等功能，同时还能够利用云计算和大数据技术，为自动驾驶控制策略、智能交通控制管理的研究提供数据依据。智能网联汽车云平台与大数据技术架构如图 1-11 所示。云平台与大数据技术包括智能网联汽车云平台架构与数据交互标准、云操作系统、大数据的关联分析等。

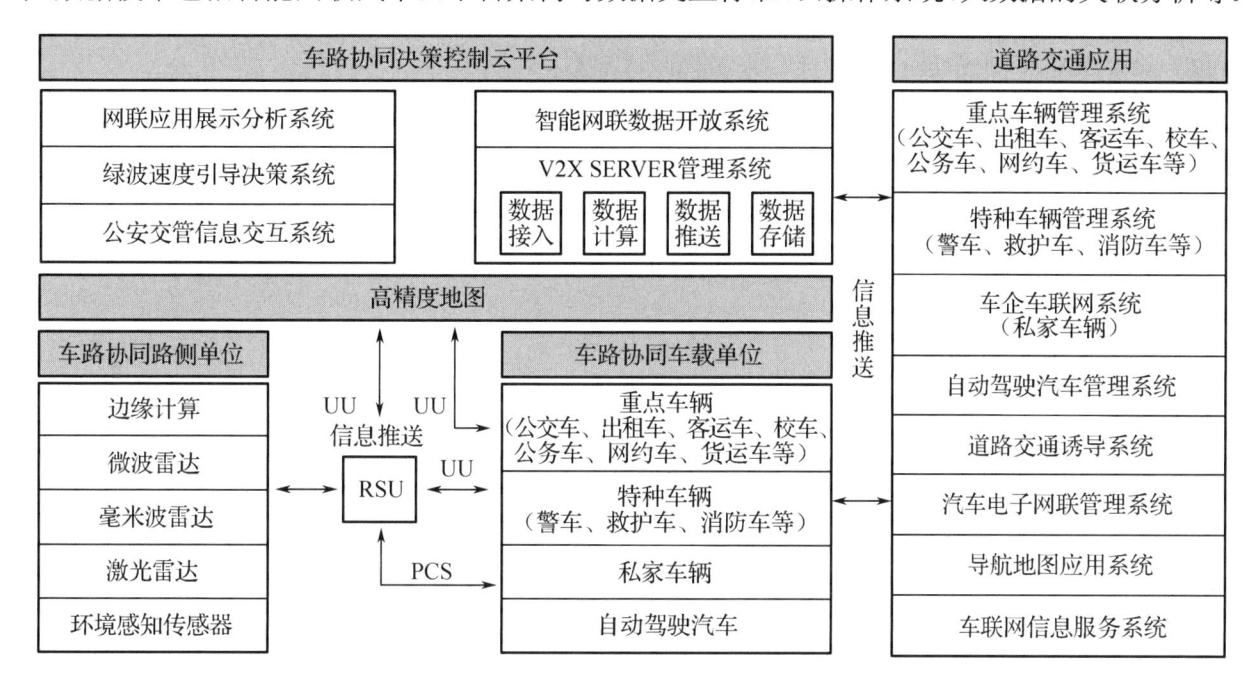

图 1-11 智能网联汽车云平台与大数据技术架构

6. 信息安全技术

智能网联汽车须满足车联网通信的保密性、完整性等要求。通过引入安全芯片、设计"端-管-云"安全主动防御机制、密码安全协议等方法，对云端及车载终端进行安全升级。

信息安全技术包括汽车信息安全建模技术，数据存储、传输与应用三维度安全体系，汽车信息安全测试方法等。

7. 高精度地图与定位技术

高精度地图与定位技术包含高精度地图数据采集、处理及物理存储的标准化技术，基于北斗卫星定位的高精度定位技术等。

8. 标准法规

标准法规包含智能网联汽车整体标准体系，以及涉及汽车、交通、通信等各领域的关键技术标准。

9. 测试评价

运用计算机软件构建测试场景，可以建模出虚拟的街道、高速公路及危险场景等，并在虚拟场景中进行车辆测试。这种虚拟测试方法可以大大提高自动驾驶技术的研发测试效率、缩短研发测试周期，并能实现场地测试无法提供的海量测试场景。一般是通过安全、体验和配置三大维度对智能网联汽车产品的能力进行评价。

总结与拓展

从技术发展路径来说，智能汽车分为三个发展方向：网联式智能汽车（CV）、自主式智能汽车（AV），及智能网联汽车（CAV或ICV）。

智能网联汽车标准体系横向以智能感知与信息通信层、决策控制与执行层、资源管理与应用层三个层次为基础，纵向以功能安全和预期功能安全、网络安全和数据安全通用规范技术为支撑，形成"三横两纵"的核心技术架构，完整呈现标准体系的技术逻辑，明确各项标准在智能网联汽车产业技术体系中的地位和作用。

任务实施

设备信息	设备厂家		
	设备名称		
	设备型号		
任务描述	依据下述实训流程完成各环节实训任务。		
项目	作业记录内容		备注
一、前期准备	1. 更换工装和劳保鞋。 2. 按照场地实际情况进行实训分组。 3. 发放实训工单，自备黑色签字笔。 4. 讲清实训纪律。		
二、信息收集	1. 从技术发展路径来说，智能汽车的三个发展方向为_____、_____、_____。 2. 智能网联汽车环境感知系统的组成。 3. 智能网联汽车环境感知技术的应用。 4. 智能网联汽车关键技术。 5. 智能网联汽车"三横两纵"技术架构。		
三、实物认知	根据每组所分智能网联车辆，找出其所包含的关键技术有哪些。		
四、知识拓展	通过搜集资料，列举智能网联汽车关键技术的未来发展方向。		
五、现场恢复	（不需要填写）		

任务 3　智能网联汽车传感器的认知

情景引入

智能网联汽车的迅速发展加大了对传感器的需求，传感器在智能网联汽车的感知系统中起着重要作用。随着高级驾驶辅助系统（ADAS）逐渐成熟，智能网联汽车传感器的应用会越来越广泛。你了解智能网联汽车传感器吗？

资讯信息

一、智能网联汽车传感器的组成

智能网联汽车装有大量的传感器，是一个"移动的传感器平台"，智能网联汽车传感器的应用如图 1-12 所示。

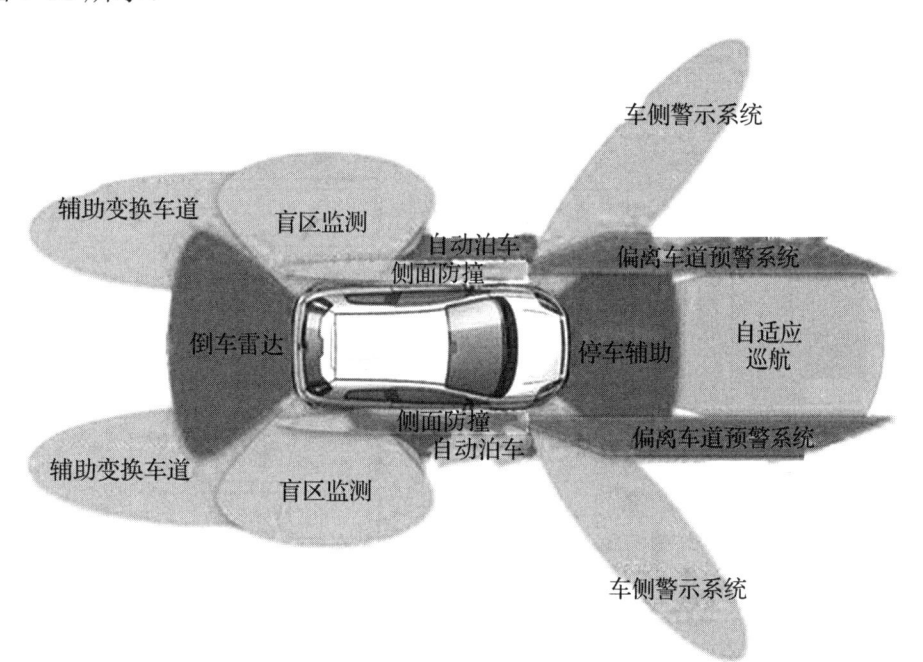

图 1-12　智能网联汽车传感器的应用

传感器是一种能感受被测量并按照一定的规律转换成可用输出信号的器件或装置。传感器通常由敏感元件和转换元件等组成，如图 1-13 所示。

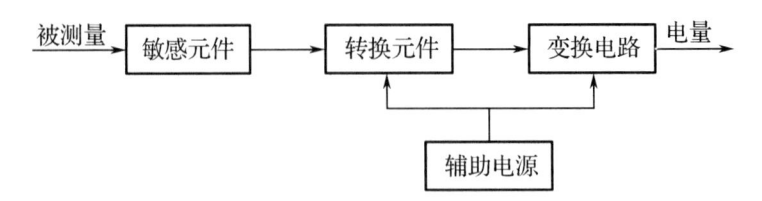

图 1-13 传感器组成

智能网联汽车的关键词是智能和网联，其中智能主要是指自动驾驶。自动驾驶汽车必须具有较强的环境感知能力，能不断采集汽车外部环境信息，识别周围环境中的物体，对识别的物体进行检测和跟踪，再通过相应的算法判断物体是否是目标物，以及目标物对汽车的威胁程度，即具有探测视场、探测距离的能力，其采集的数据应该覆盖车体周围 360°。一般情况下，自动驾驶汽车应实现自动驾驶时前方最远探测距离不小于 150m，后方探测距离不小于 80m，左右侧向探测距离不小于 20m。

二、智能网联汽车传感器的种类

智能网联汽车传感器主要包括视觉传感器、距离传感器、定位传感器等环境感知传感器。除了环境感知传感器，智能网联汽车还需要使用可采集车辆自身运行状态数据的传感器，如各种转速传感器、温度传感器、压力传感器、气体传感器等。环境感知传感器主要用于采集汽车行驶环境的外部数据，而汽车状态传感器则用于采集汽车自身的运行数据，二者各司其职并且协同工作。智能网联汽车传感器种类如图 1-14 所示。

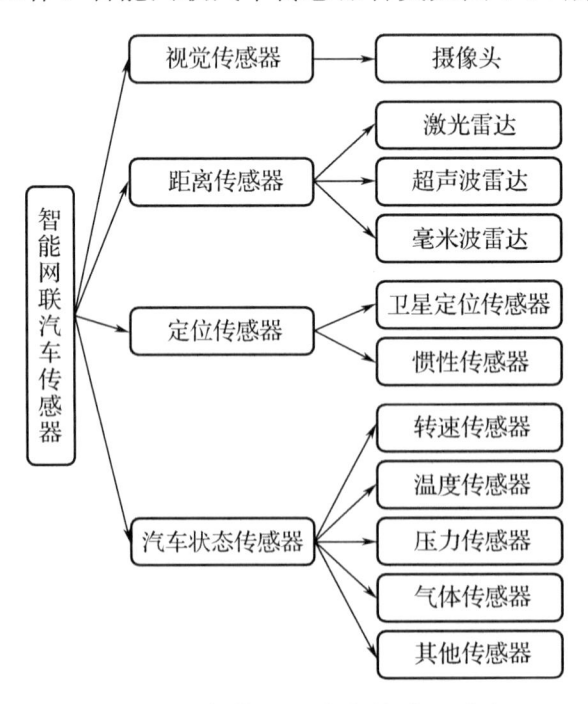

图 1-14 智能网联汽车传感器种类

三、智能网联汽车传感器的应用

通常一个复杂的环境感知任务需要多组传感器共同完成。智能网联汽车也通常根据场景需求，选择激光雷达、毫米波雷达、超声波雷达、视觉传感器和高精度定位系统等进行组合，并通过信息融合，共同感知汽车行驶场景的情况。

不同场景中智能网联汽车所使用的环境感知传感器也有所不同，L1～L3级别的智能网联汽车主要实现高级驾驶辅助功能，通过超声波雷达、毫米波雷达和视觉传感器（摄像头）等的组合可以满足辅助驾驶对环境感知的需求，L4～L5级别的智能网联汽车需要增加更多的传感器来满足对更复杂环境进行感知的需求。

传感器的应用范围如表1-2所示。

表1-2 传感器的应用范围

序号	应用范围	名称
1	动力方面	转速传感器，挡位传感器，胎压传感器，电流传感器，电机位置传感器，电池管理需要的电压、功率、温度传感器，加速度传感器等
2	智能网联方面	红外传感器，指纹传感器，电磁传感器，雨量传感器，光线传感器，视网膜传感器等
3	自动驾驶方面	加速度计，地磁传感器，陀螺仪，激光雷达，毫米波雷达，CCD图像传感器，GPS传感器等
4	车身控制方面	倾角传感器，车道偏移传感器，ESP传感器，ABS传感器等
5	人车交互方面	温湿度传感器，氧浓度传感器，PM传感器，气体传感器，噪声检测器，座椅安全传感器，气囊传感器，车门开闭传感器，后备箱开闭传感器，车窗位置传感器，雨刮位置传感器，天窗位置/开度传感器等

总结与拓展

智能网联汽车装有大量的传感器，是一个"移动的传感器平台"。智能网联汽车传感器种类主要有视觉传感器、距离传感器、定位传感器和汽车状态传感器等。智能网联汽车传感器可以应用在汽车动力方面、智能网联方面、自动驾驶方面、车身控制方面和人车交互方面。

任务实施

设备信息	设备厂家	
	设备名称	
	设备型号	
任务描述	依据下述实训流程完成各环节实训任务。	
项目	作业记录内容	备注
一、前期准备	1. 更换工装和劳保鞋。 2. 按照场地实际情况进行实训分组。 3. 领取实训工单，自备黑色签字笔。 4. 熟悉实训纪律。	

续表

项目	作业记录内容	备注
二、信息收集	1．智能网联汽车传感器的组成。 2．智能网联汽车传感器的种类。 3．智能网联汽车传感器的应用。	
三、实物认知	根据每组所分智能网联车辆，找出其所使用的传感器类型及位置。	
四、知识拓展	通过搜集资料，列举出智能网联汽车传感器未来的发展方向。	
五、现场恢复	（不需要填写）	

练习与思考题

1．智能网联汽车发展的终极目标是_____。
2．简述智能网联汽车的定义。
3．简述我国智能网联汽车的智能化分级。
4．简述智能网联汽车常用传感器的种类。
5．简述智能网联汽车传感器的发展方向。
6．简述智能网联汽车"三横两纵"的技术架构。

项目二

常用传感器的检测

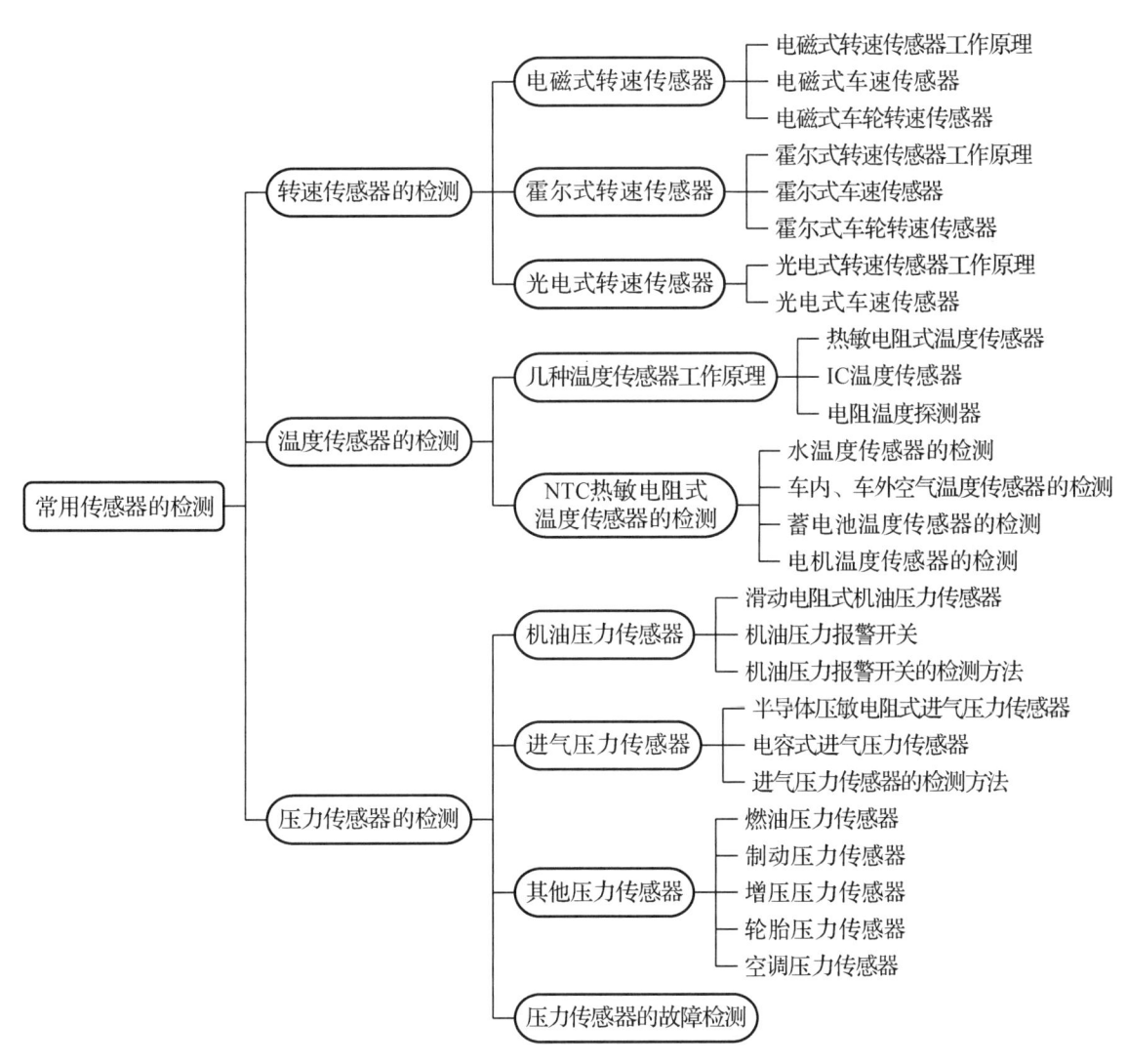

- 常用传感器的检测
  - 转速传感器的检测
    - 电磁式转速传感器
      - 电磁式转速传感器工作原理
      - 电磁式车速传感器
      - 电磁式车轮转速传感器
    - 霍尔式转速传感器
      - 霍尔式转速传感器工作原理
      - 霍尔式车速传感器
      - 霍尔式车轮转速传感器
    - 光电式转速传感器
      - 光电式转速传感器工作原理
      - 光电式车速传感器
  - 温度传感器的检测
    - 几种温度传感器工作原理
      - 热敏电阻式温度传感器
      - IC温度传感器
      - 电阻温度探测器
    - NTC热敏电阻式温度传感器的检测
      - 水温度传感器的检测
      - 车内、车外空气温度传感器的检测
      - 蓄电池温度传感器的检测
      - 电机温度传感器的检测
  - 压力传感器的检测
    - 机油压力传感器
      - 滑动电阻式机油压力传感器
      - 机油压力报警开关
      - 机油压力报警开关的检测方法
    - 进气压力传感器
      - 半导体压敏电阻式进气压力传感器
      - 电容式进气压力传感器
      - 进气压力传感器的检测方法
    - 其他压力传感器
      - 燃油压力传感器
      - 制动压力传感器
      - 增压压力传感器
      - 轮胎压力传感器
      - 空调压力传感器
    - 压力传感器的故障检测

知识目标

1. 能描述智能网联汽车常用传感器的工作原理；
2. 能识别智能网联汽车常用传感器；

3. 能归纳总结不同传感器的检测方法；
4. 能列出智能网联汽车常用传感器的类型。

技能目标

1. 能找出智能网联汽车中所使用的传感器类型及安装位置；
2. 能对传感器进行拆装和检测。

素养目标

1. 具有分析问题、解决问题的能力；
2. 具有吃苦耐劳、爱岗敬业、勇于探索和创新的精神；
3. 具备良好的职业道德，按照"8S"标准严格要求自己。

任务1

转速传感器的检测

情景引入

王先生的爱车最近出现了启动车辆时提示防抱死制动系统故障、电子稳定程序系统故障、坡道起步辅助故障、间歇式胎压检测故障等问题，查询故障代码后发现是右后轮转速传感器信号不可靠导致。你知道如何进行转速传感器检测吗？

资讯信息

目前，无论是传统汽车还是新能源汽车，都装备了多种转速传感器。在纯电动汽车的动力控制中，需要采集电动机转速信号；智能网联汽车因具备自动紧急制动、线控制动、线控转向等功能，需要采集车轮的转速信号、转向轮的转角信号等参数。转速传感器按照功能分为车速传感器、车轮转速（轮速）传感器等。按照工作原理分类，转速传感器有电磁式转速传感器、霍尔式转速传感器和光电式转速传感器等。

一、电磁式转速传感器

1. 电磁式转速传感器工作原理

很多汽车传感器需要提供工作电源才能工作，但是电磁式转速传感器却能够自行工作。电磁式转速传感器由信号转子、永久磁铁、信号线圈等组成，其结构如图2-1所示。

(a) 　　　　　　　　(b) 　　　　　　　　(c)

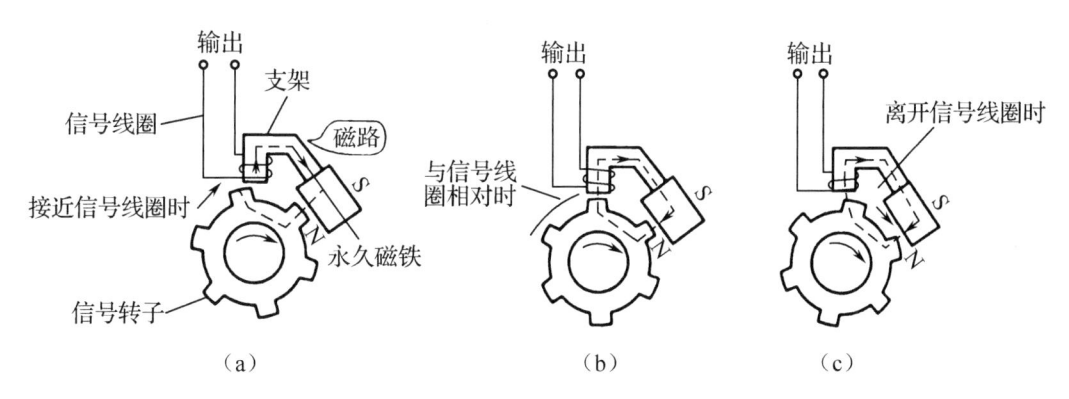

图 2-1　电磁式转速传感器的结构

磁力线按永久磁铁 N 极→永久磁铁与信号转子间的空气间隙→信号转子凸齿→信号转子凸齿与磁头间的空气间隙→磁头→永久磁铁 S 极的路线，最终形成一个闭合回路。信号转子一般安装在转轴上，随转轴一起旋转。当信号转子旋转时，信号转子凸起部分的转动引起磁路空气间隙的变化，从而使通过线圈的磁通量发生变化。根据法拉第电磁感应定律，磁通量的变化在信号线圈的两端会产生一个感应电压，并且这个感应电压的方向总是企图阻碍磁通量的变化，因此信号转子凸起部分接近与离开信号线圈时，会产生相反的交流电压信号。当匝数为 N 的线圈在恒定磁场运动时，设穿过线圈的磁通量为 Φ，则线圈内产生的感应电压 E 与磁通量变化率之间的关系为式（2.1），并且信号线圈中的磁通量和感应电压的输出波形如图 2-2 所示。

$$E = -N \cdot \frac{\mathrm{d}\Phi}{\mathrm{d}t} \tag{2.1}$$

式中　E——线圈感应电压（V）；

N——线圈匝数；

$\dfrac{\mathrm{d}\Phi}{\mathrm{d}t}$——磁通量变化率。

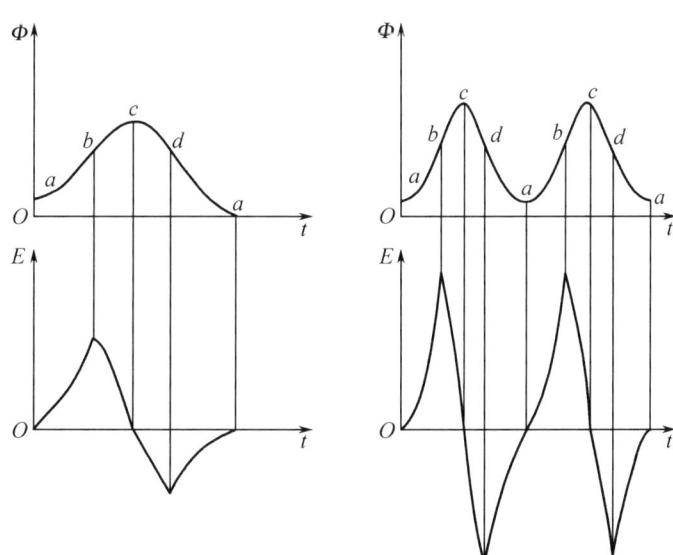

图 2-2　信号线圈中的磁通量和感应电压的输出波形

假设信号转子按顺时针方向旋转，信号转子凸齿与磁头间的空气间隙减小时，磁通量变化率增大，感应电压也增大，如图 2-2 所示，输出波形为曲线 abc。当信号转子凸齿接近磁头边缘时，磁通量变化率最大，感应电压达到最大值。当信号转子旋转到凸齿的中心线与磁头的中心线对齐时，信号转子凸齿与磁头间的空气间隙最小，磁通量变化率为零，感应电压也为零，如图 2-2 所示，对应曲线上的 c 点。

2. 电磁式车速传感器

电磁式车速传感器又称变磁阻式转速传感器，主要利用电磁感应原理制成，用于检测自动变速器输出轴的转速。

电磁式车速传感器的外形、安装位置与说明如表 2-1 所示。

表 2-1 电磁式车速传感器的外形、安装位置与说明

项目	具体说明
外形与安装位置示意图	（a）外形 （b）安装位置（停止锁止齿轮、输出轴、车速传感器）
示意图说明	图（a）所示为电磁式车速传感器外形示意图。图（b）所示为该类传感器的安装位置示意图，该类传感器通常安装在自动变速器输出轴附近的壳体上，传感器中产生的感应电压的脉冲频率提供给电子控制单元（Electronic Control Unit，ECU）后，由 ECU 计算出汽车的行驶速度
需要说明的问题	有些采用自动变速器的车辆，还设置了输入轴转速传感器，用于检测变速器输入轴的转速。输入轴的转速信号提供给 ECU 后，会使 ECU 控制变速器的换挡过程更精确。此外，ECU 还将该信号与来自发动机控制系统的发动机转速信号进行比较。计算出液力变矩器的传动比，使油量压力控制过程与锁止离合器的控制过程得到进一步的优化，以改善换挡感觉，提高车辆的行驶性能

电磁式车速传感器的结构如图 2-3 所示，该传感器主要由永久磁铁与电磁感应线圈构成。

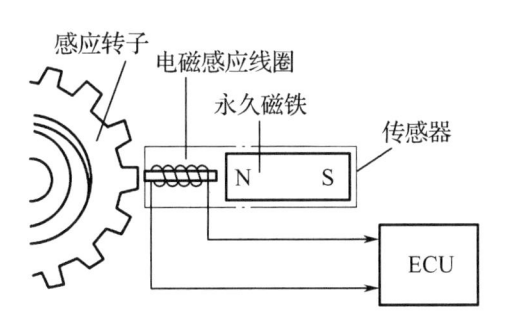

图 2-3 电磁式车速传感器的结构

由于电磁式车速传感器通常安装在自动变速器输出轴附近的壳体上，故当输出轴旋转时，输出轴上的停止锁止齿轮随其一同旋转，进而使齿轮上的凸齿不断地靠近或离开车速传感器的感应元件。传感器电磁感应线圈中的磁通量不断发生变化，会在线圈中产生一个周期性变化的感应电压信号，该信号提供给电子控制单元（ECU）。

车辆行驶的速度（车速）越快，输出轴的转速也越快，电磁式车速传感器中产生的感应电压的脉冲频率也越高。这样，ECU 就会根据感应电压脉冲频率的大小计算出车轮的行驶速度。

对电磁式车速传感器的检测主要有电阻检测、在路输出电压检测、开路输出电压检测、交流电压和频率的检测等。

（1）电阻检测。

电阻检测主要检测传感器电磁感应线圈的电阻值。拔下电磁式车速传感器线束插头，用万用表电阻挡检测传感器两端引脚之间的电阻值，该电阻值因不同车型的自动变速器而有所差别，通常在几百到几千欧姆之间。如果电磁感应线圈出现断路、短路或者阻值不符合要求的情况，应更换传感器。

（2）在路输出电压检测。

支起车辆，将万用表置于电压挡，两表笔连接在传感器两端引脚之间，然后转动悬空的驱动车轮，同时观察万用表是否有脉冲感应电压指示，如果指针出现摆动现象，说明传感器有脉冲电压输出，传感器工作正常，感应电压曲线如图 2-4 所示。否则，说明传感器有问题，应检查传感器与电磁感应线圈是否脏污。若有脏污，清洁后再进行测试。如果仍然没有脉冲电压产生，说明传感器可能损坏，应进行更换。

（3）开路输出电压检测。

从车上拆下电磁式车速传感器，将万用表置于电压挡，红黑两表笔分别连接在传感器两端引脚之间。然后用一根铁棒或者磁棒迅速靠近或离开传感器，反复进行。同时观察万用表是否有感应电压指示，如果没有感应电压或者电压很微弱，说明传感器损坏或工作不良。开路输出电压检测如图 2-5 所示。

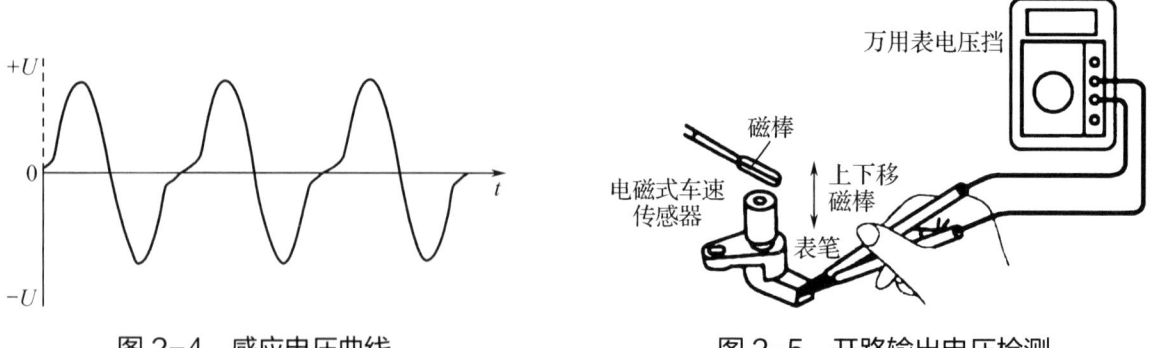

图 2-4 感应电压曲线

图 2-5 开路输出电压检测

（4）交流电压和频率的检测。

将万用表置于交流挡，按压功能转换按键选择"AC""Hz"。同时对电磁式车速传感器输出的交流电压和频率进行检测。将两表笔连接在电磁式车速传感器的信号输出端，此时转动铁质环状齿轮，同时观察万用表检测到的信号幅值与频率是否随转速的变化而变化。如果是，说明传感器工作正常。如果检测到的信号幅值和频率不随转速变化或者变化较小，甚至检测不到信号幅值和频率，说明传感器存在工作不良或损坏的情况。

3. 电磁式车轮转速传感器

电磁式车轮转速传感器是一种由磁通量变化而产生感应电压的装置，一般由磁感应头与齿圈组成，磁感应头是一个静止部件，通常由永久磁铁、电磁感应线圈和磁极等构成，电磁式车轮转速传感器的构造如图 2-6 所示。

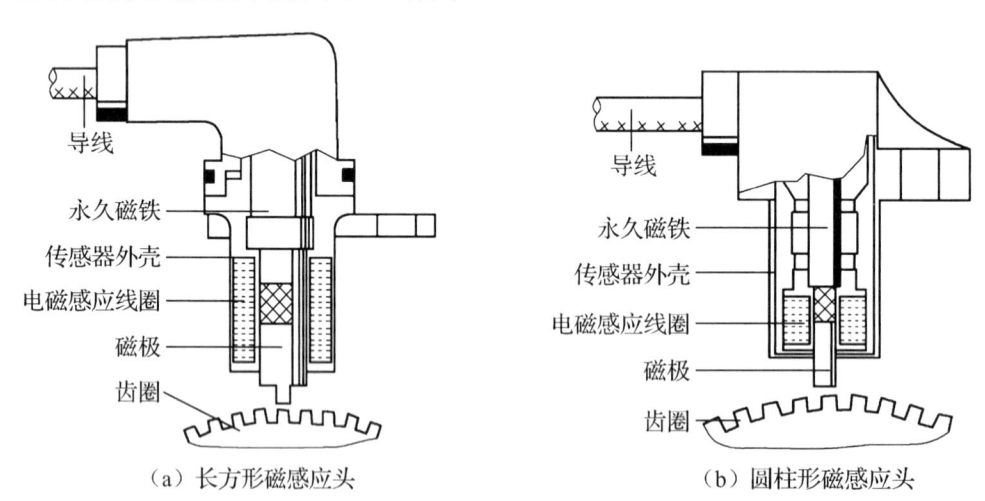

（a）长方形磁感应头　　（b）圆柱形磁感应头

图 2-6 电磁式车轮转速传感器的构造

电磁式车轮转速传感器安装在每个车轮的托架上。齿圈是一个运动部件，一般安装在轮毂上或轮轴上与车轮一起旋转。齿圈上齿数的多少与车型、防抱死制动系统电控单元有关。磁感应头的磁极与齿圈的端面有一空气间隙，一般在 1mm 左右，通常可通过移动磁感应头的位置来调整空气间隙。

电磁式车轮转速传感器的工作原理如图 2-7 所示。当齿圈随车轮旋转时，在永久磁铁上的电磁感应线圈中就产生一个交变电压信号（这是因为齿圈上齿峰与齿谷通过时会引起磁场强弱变化），信号的频率与车轮转速成正比，并随车轮转速的变化而变化。防抱死制动系统（Anti-lock Braking System，ABS）的电子控制单元通过识别传感器发来的交变电压信号频率来确定车轮转速，如果电子控制单元发现车轮的圆周减速度急剧增加，滑转率达到 20%时，便以 10 次/s 的速度进行计算，然后给执行机构发出指令，减小或停止车轮的制动力，以免车轮抱死。

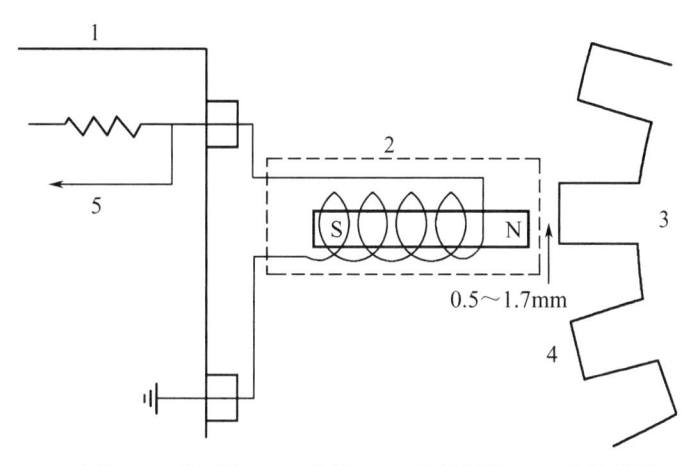

1—电脑；2—传感头；3—齿圈；4—空气间隙；5—车速信号

图 2-7 电磁式车轮转速传感器的工作原理

（1）电磁式车轮转速传感器线圈的检测。

拆下电磁式车轮转速传感器的连接插头，用万用表 R×100Ω 挡检查两端子之间的电阻值，其电阻值应与标准值一致。然后再检查每个端子与车身等金属机体之间的导通情况，正常时应不导通，否则，说明传感器有搭铁故障，应予以检查更换。

（2）电磁式车轮转速传感器的性能检测。

将示波器与电磁式车轮转速传感器相接，车辆以 20km/h 的速度行驶（或顶起车辆，转动待测车轮）时，传感器的输出电压应大于或等于 0.5V，否则应调整空气间隙或更换传感器。

二、霍尔式转速传感器

1. 霍尔式转速传感器工作原理

霍尔式转速传感器由磁性转盘、永久磁铁、霍尔传感器等组成，霍尔式转速传感器结构如图 2-8 所示。其磁性转盘输入轴与被测转轴相连，当被测转轴转动时，磁性转盘也随之转动，此时固定在磁性转盘附近的霍尔传感器便在每个小磁铁通过时产生相应的脉冲，根据检测出单位时间的脉冲数，可得到被测对象的转速。磁性转盘上的磁铁数目的多少，决定传感器的分辨率。

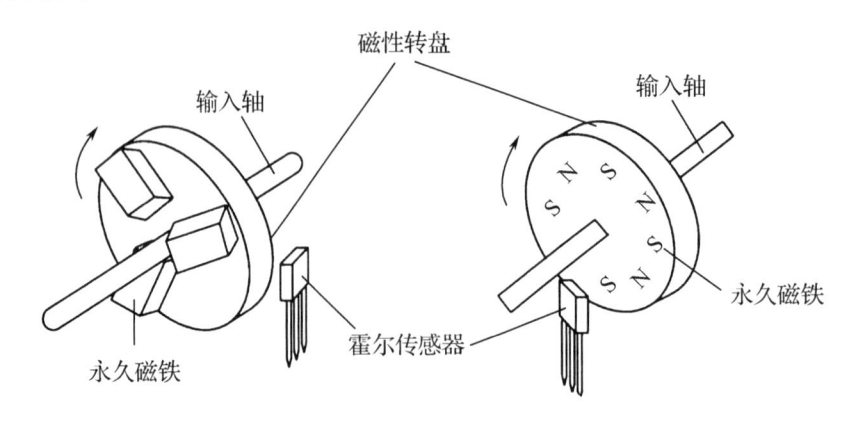

图 2-8 霍尔转速传感器结构

2. 霍尔式车速传感器

霍尔式车速传感器是根据霍尔效应的原理制成的，可对车辆的速度进行检测，并把车速信号提供给电子控制单元（ECU）。霍尔式车速传感器的外形及内部结构如图 2-9 所示。

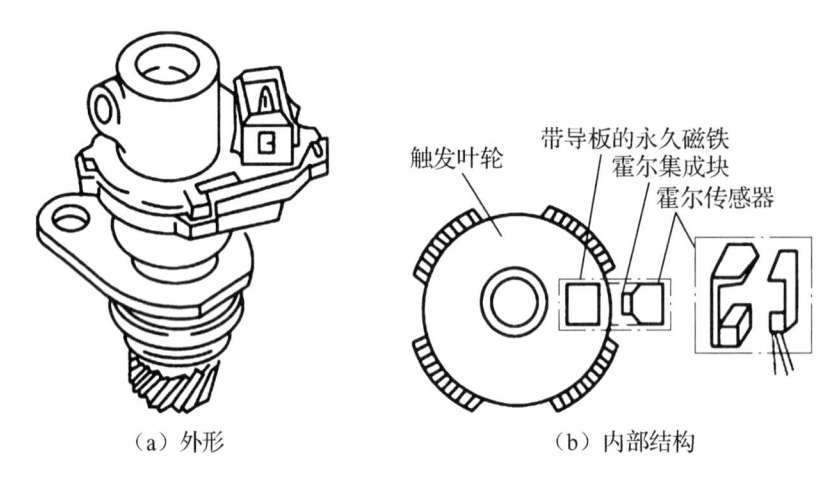

（a）外形　　（b）内部结构

图 2-9 霍尔式车速传感器的外形及内部结构

该传感器主要由带导板的永久磁铁、触发叶轮、霍尔集成块和霍尔传感器等组成，其内部电路与输出信号波形如图 2-10 所示。

图 2-10（a）所示为霍尔式车速传感器内部电路示意图，该传感器内部主要由霍尔元件、放大器、稳压电路、温度补偿电路等组成。当触发叶轮转动时，触发叶片在永久磁铁与霍尔元件之间转动，这会使通过霍尔元件的磁通量发生变化。根据霍尔效应，当霍尔元件通上电流时，该元件就会产生一个霍尔电压，该电压经放大器及脉冲整形器处理后，就会有如图 2-10（b）所示的矩形方波信号输出。

霍尔式车速传感器有三引脚与四引脚两种方式，如图 2-11 所示为三引脚霍尔式车速传感器与发动机电子控制单元（ECU）之间的连接方式，其中，引脚①为供电电压输入端，该电压为蓄电池电压；引脚②为信号端，输出信号直接提供给发动机电子控制单元（ECU）；

引脚③为搭铁端，也就是接地线端。

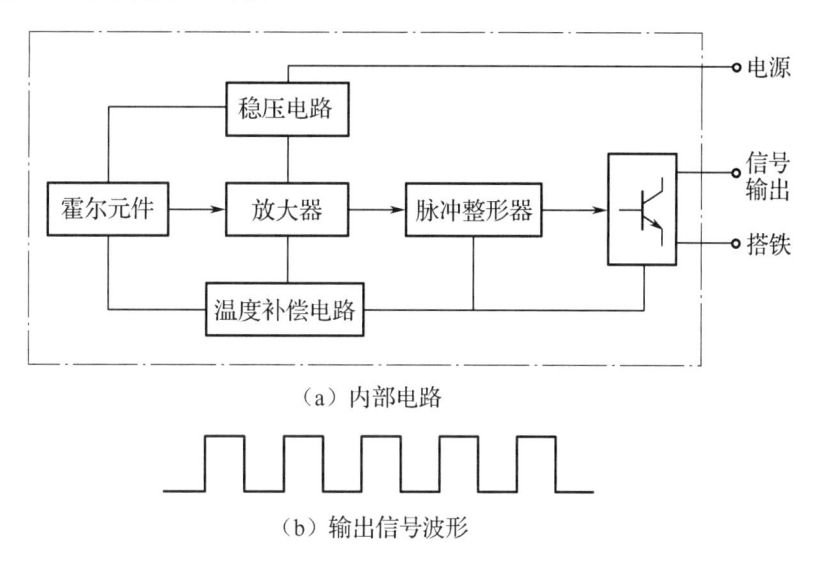

（a）内部电路

（b）输出信号波形

图 2-10　霍尔式车速传感器内部电路与输出信号波形

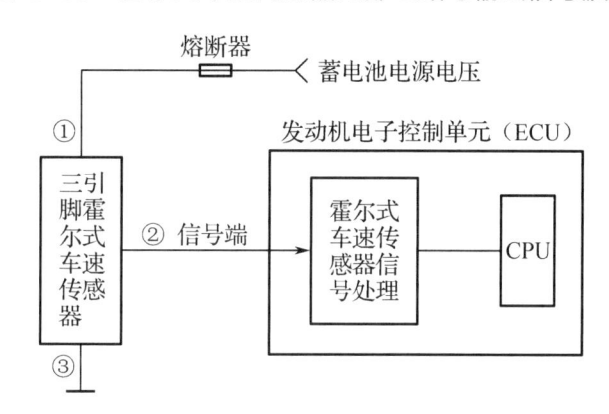

图 2-11　三引脚霍尔式车速传感器连接电路

对霍尔式车速传感器的检测主要分为供电检测、线束电阻检测、输出电压检测，有条件的还可以进行频率检测。

（1）供电检测。

以三引脚霍尔式车速传感器为例，在断开传感器连接插接件的情况下，接通点火开关，采用万用表直流电压挡，检测与传感器断开的插接件，即图 2-11 中①与③引脚之间的蓄电池电压是否正常。如果该电压为 0，应检查熔断器及相关连接导线。

（2）线束电阻检测。

分别断开传感器端与 ECU 端的两个连接插接件，然后选择万用表电阻挡，用两表笔分别检测这两端插接件之间的连接线束导线的导通性、线束导线之间是否有短接现象，以及导线与搭铁之间是否有短路处。

（3）输出电压检测。

对于霍尔式车速传感器输出电压的检测，可利用万用表观察是否有变化的脉冲电压产生，也可以利用示波器检测是否有方波信号输出。

（4）频率检测。

采用汽车数字式万用表检测霍尔式车速传感器频率的方法如下。

① 由于霍尔式车速传感器的脉冲幅度不变，频率会随转速而变，故可以采用汽车数字式万用表的"DUTY""Hz"来检测这类传感器的占空比和频率，也可以通过"DC"和"Hz"来判断其性能。

② 接通点火开关后，测量霍尔式车速传感器三个引脚之间的电压。当检测到某两个引脚之间有5V或12V直流电压时，黑表笔的连接不动，将红表笔改接到另一引脚上。

③ 把汽车数字式万用表置于直流（DC）电压挡，按压功能转换按键选择"DC"和"Hz"，当霍尔式车速传感器的叶片转子转动时，表上显示的频率和电压，即为所测传感器的输出信号的数据。正常情况下，频率会随转速的上升而增加。

3. 霍尔式车轮转速传感器

霍尔式车轮转速传感器可将带隔板的转子置于永久磁铁和霍尔集成电路之间的空气间隙中。霍尔集成电路是由一个带封闭的电子开关放大器的霍尔层构成的，当隔板切断磁场与霍尔集成电路之间的通路时，不产生霍尔电压，此时，霍尔集成电路的信号电流中断；若隔板离开空气间隙，磁场与霍尔集成电路产生联系，则电路中出现信号电流。霍尔元件和电子电路结构如图2-12所示。

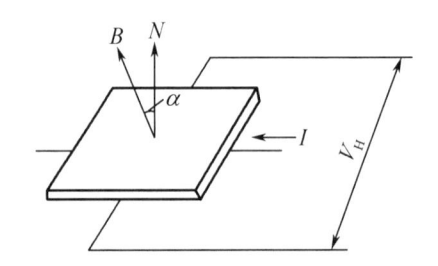

图2-12 霍尔元件和电子电路结构

霍尔式车轮转速传感器由传感头和齿圈组成，传感头包含永久磁铁。

霍尔式车轮转速传感器的工作原理如图2-13所示。当齿间对准霍尔元件位置时，永久磁铁的磁力线穿过霍尔元件通向齿轮，穿过霍尔元件的磁力线分散于两齿之中，磁场相对较弱。当齿轮对准霍尔元件位置时，穿过霍尔元件的磁力线集中于一个齿上，磁场相对较强。穿过霍尔元件的磁力线密度所发生的这种变化会引起霍尔电压的变化，从而输出一个毫伏级正弦波电压。此电压经波形转换电路转换成标准的脉冲电压信号后输入ECU。由霍尔式车轮转速传感器输出的毫伏级正弦波电压经过放大器放大为伏级正弦波信号电压，在施密特触发器中将正弦波信号转换成标准的脉冲信号，由放大极放大输出。

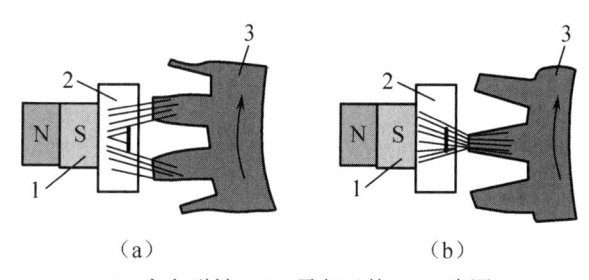

1—永久磁铁；2—霍尔元件；3—齿圈

图 2-13 霍尔式车轮转速传感器的工作原理

霍尔式车轮转速传感器与电磁式车轮转速传感器相比，具有以下优点。

（1）输出信号电压的幅值不受车轮转速影响，即使车轮转速接近于零。当汽车电源电压维持在 12V 时，霍尔式车轮转速传感器输出信号电压可以保持在 11.5～12V。

（2）频率响应高。霍尔式车轮转速传感器的响应频率可高达 20kHz（此时相当于车速为 1000km/h）。

（3）抗电磁波干扰能力强。

以比亚迪 E5 汽车的防抱死制动系统（ABS）的霍尔式车轮转速传感器（简称轮速传感器）为例，介绍霍尔式车轮转速传感器。图 2-14 所示为比亚迪 E5 汽车 ABS 的组成，比亚迪 E5 汽车虽然是纯电动汽车，但 ABS 的工作原理类似于燃油汽车，4 个车轮都安装了轮速传感器，制动时 ABS 检测每个车轮的转速以防车轮抱死。

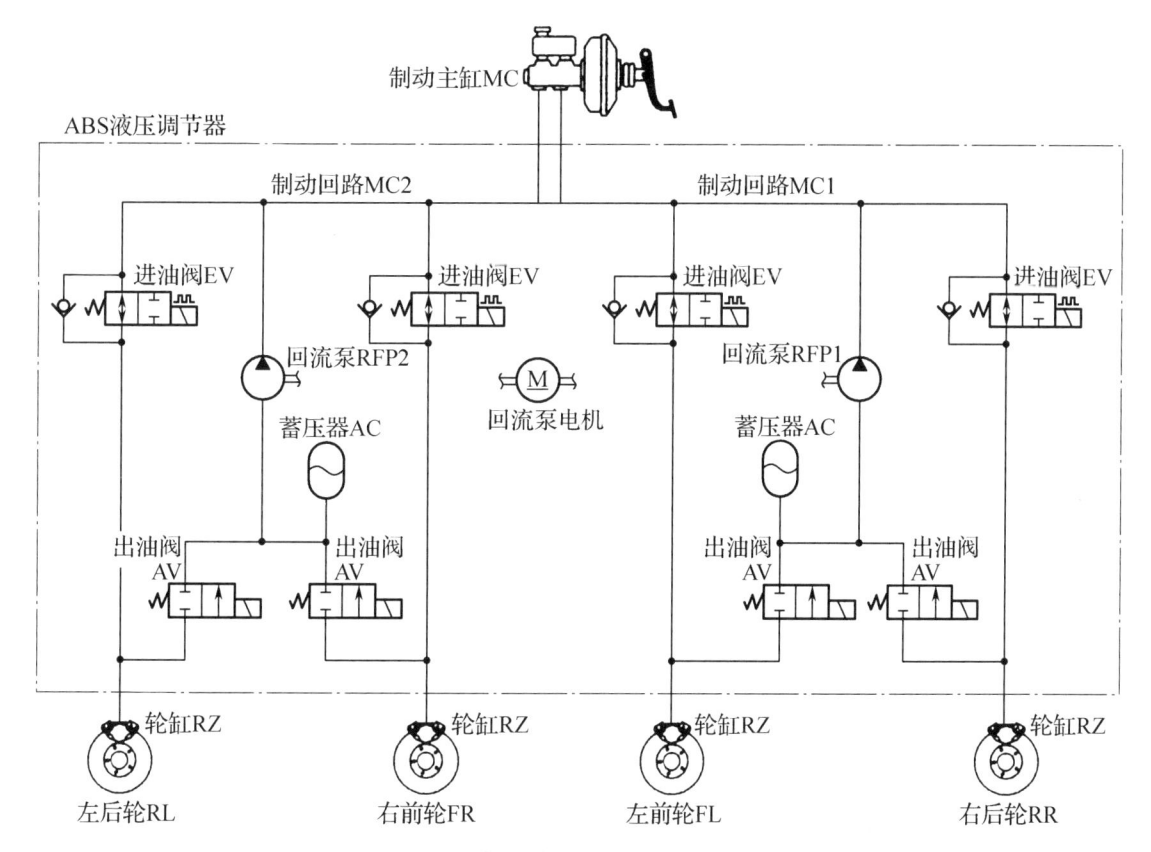

图 2-14 比亚迪 E5 汽车 ABS 的组成

该轮速传感器封装了霍尔元件、永久磁铁和集成芯片，每个半轴各安装了一个 48 齿的齿圈作为信号轮。比亚迪 E5 汽车轮速传感器的安装位置如图 2-15 所示。

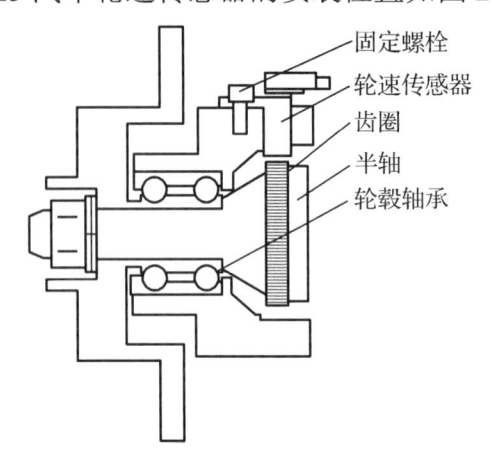

图 2-15 比亚迪 E5 汽车轮速传感器的安装位置

ABS ECU 向轮速传感器提供 12V 的工作电压。半轴每转一圈能在传感器上产生 48 个幅值基本恒定、占空比为 50% 的方波，其低电压为 0.5V，高电压为 1V，频率随车速的增大而增大，比亚迪 E5 汽车轮速传感器信号波形如图 2-16 所示。

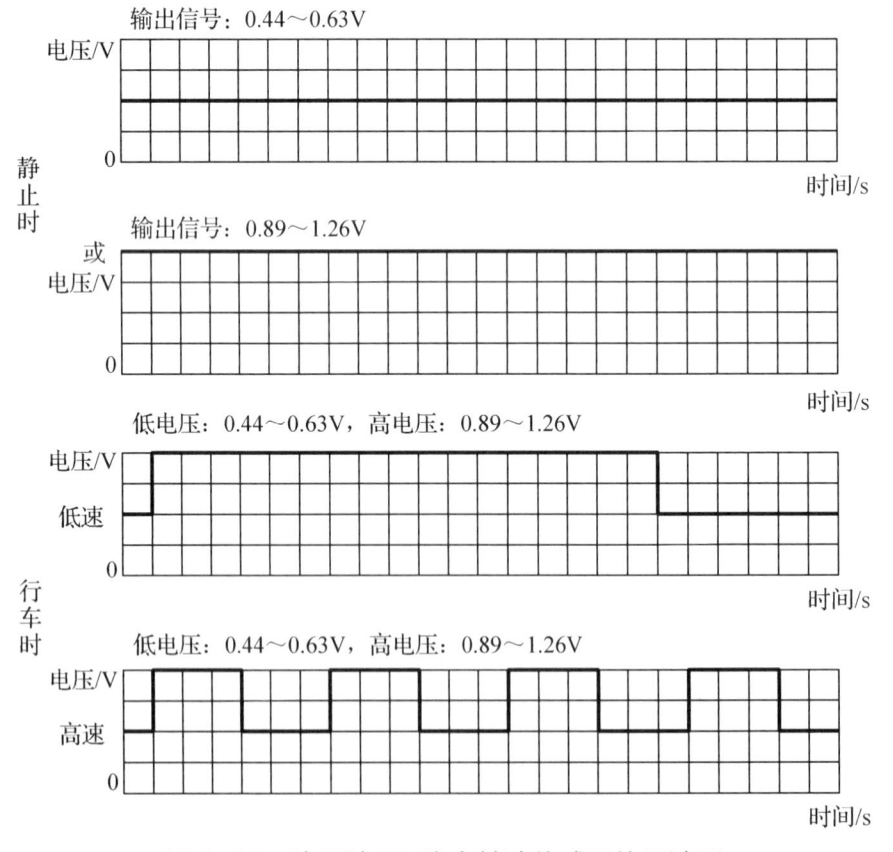

图 2-16 比亚迪 E5 汽车轮速传感器信号波形

比亚迪 E5 汽车轮速传感器电路图如图 2-17 所示。

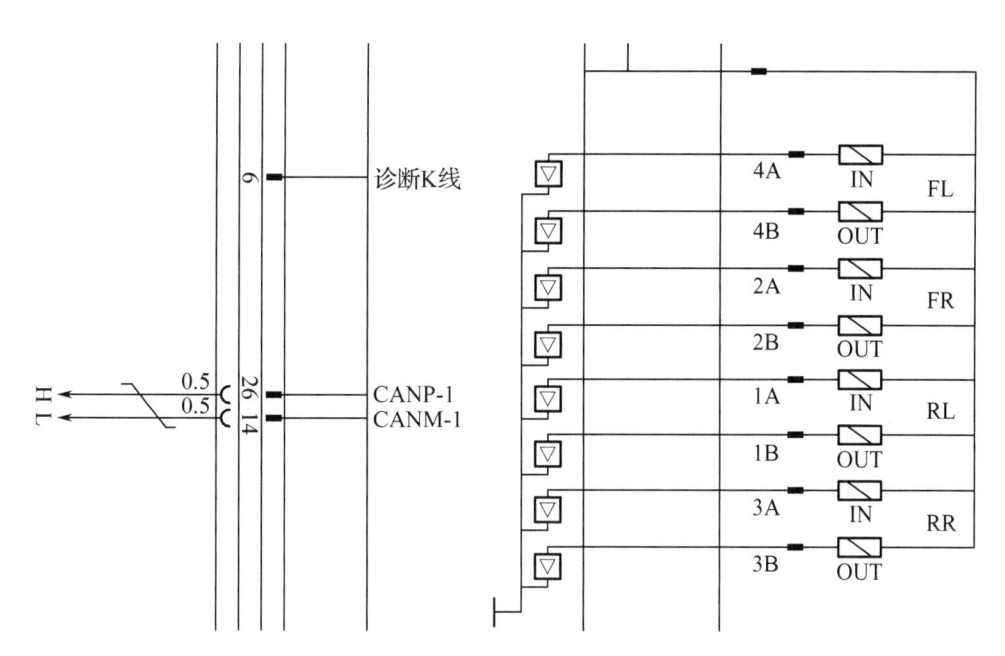

图 2-17 比亚迪 E5 汽车轮速传感器电路图

检测比亚迪 E5 汽车轮速传感器时，轮速传感器与搭铁线之间的电阻应为无穷大，传感器与 ECU 之间的电阻应小于 0.5Ω。

将熔断器连接到线束插接件上，测量 ABS ECU 对传感器的供电电压应为 12V。

将汽车举升，转动车轮，应有方波信号电压输出，频率随转速增大而增大。

大众 B8L 汽车的车轮转速传感器、变速器输入轴转速传感器、变速器输出轴转速传感器、驱动轴转速传感器也都将电磁式转速传感器换为霍尔式转速传感器，提高了检测精度和响应速度。

三、光电式转速传感器

1. 光电式转速传感器工作原理

常见的光电式转速传感器有直射式光电转速传感器和反射式光电转速传感器两种。直射式光电转速传感器输入轴与待测轴相接，光通过开孔盘和缝隙板照射在光敏元件上。开孔盘旋转一周，光敏元件接收光的次数等于盘上的开孔数。若开孔数为 m，记录过程时间为 t 秒，总脉冲数为 N，则转速为

$$n = \frac{60N}{mt}(\text{r/min})$$

反射式光电转速传感器工作原理如图 2-18 所示。其前端部分采用光纤封装，适应微小物体，特别是微小旋转体的测量。由于传感器内装有光源（LED）、感光元件（光电晶体管）和放大器等，所以体积设计得很小，使用方便。光源是经过频率调制的，所以抗干扰性强，还有状态显示，可供用户测量时确认工作状态。振荡电路用来产生一个调制频率来点亮光源发光二极管，该电路采用不稳定多谐振荡方式，振荡频率约为 7kHz，脉宽约 25μs。

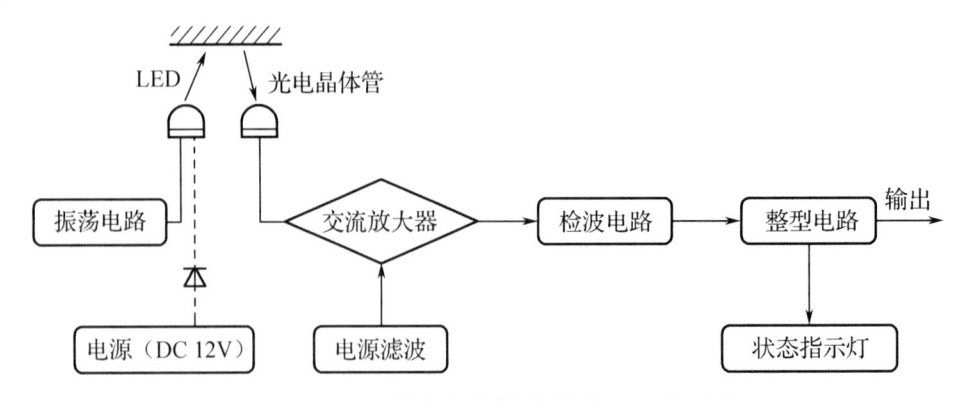

图 2-18 反射式光电转速传感器工作原理

从光源发射出来的脉冲光经过被检测物体的反射，被传感器的光电晶体管所接收，然后经过交流放大器，放大到适当的电平后，进行检波和积分，再转换成直流电压信号。接着整型电路将该直流电压信号与一定的直流电压相比较，高于此值，输出为 Hi，低于此值，输出为 Lo。同时，输出高电平 Hi 时，状态指示灯点亮，输出低电平 Lo 时，状态指示灯不亮。

光电式转速传感器跟计数器配套使用，检测范围可达 10000r/min，误差为 1r/min。

2. 光电式车速传感器

光电式车速传感器通常在一些高档轿车、豪华客车上应用较多，其结构与工作原理如图 2-19 所示。

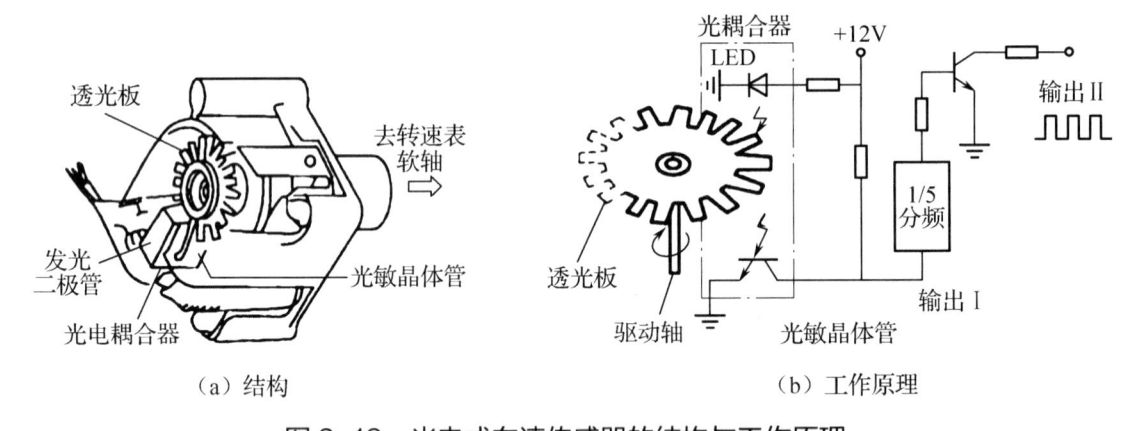

图 2-19 光电式车速传感器的结构与工作原理

图 2-19（a）为光电式车速传感器结构示意图，该传感器主要由发光二极管（LED）、光敏晶体管和安装在速度表驱动轴的透光板等组成。图 2-19（b）为光电式车速传感器工作原理示意图。该传感器中带切槽的透光板受速度表驱动轴的驱动，在发光二极管与光敏晶体管中间转动。当透光板切槽凸齿部分经过发光二极管时，就会遮挡住发光二极管发出的光线，光敏晶体管就没有光线照射。当透光板切槽凹进去的部分经过发光二极管时，不会遮挡发光二极管发出的光线，光敏晶体管就会有光线照射。

光电式车速传感器内部电路与输出信号波形如图 2-20 所示。

图 2-20（a）为光电式车速传感器内部电路示意图。当发光二极管发出的光照射到光敏

晶体管上时，光敏晶体管导通，信号输出端就会有 5V 左右的脉冲电压输出。当发光二极管发出的光照射不到光敏晶体管上时，光敏晶体管截止，信号输出端就没有脉冲电压输出。由于脉冲频率取决于车速，在车速为 60km/h 时，仪表驱动轴的转速为 637r/min，而驱动仪表的软轴每转一周，传感器就会有 20 个脉冲电压信号输出。图 2-20（b）为光电式车速传感器在高速与低速时输出端的输出信号波形，供采用示波器检测时参考。

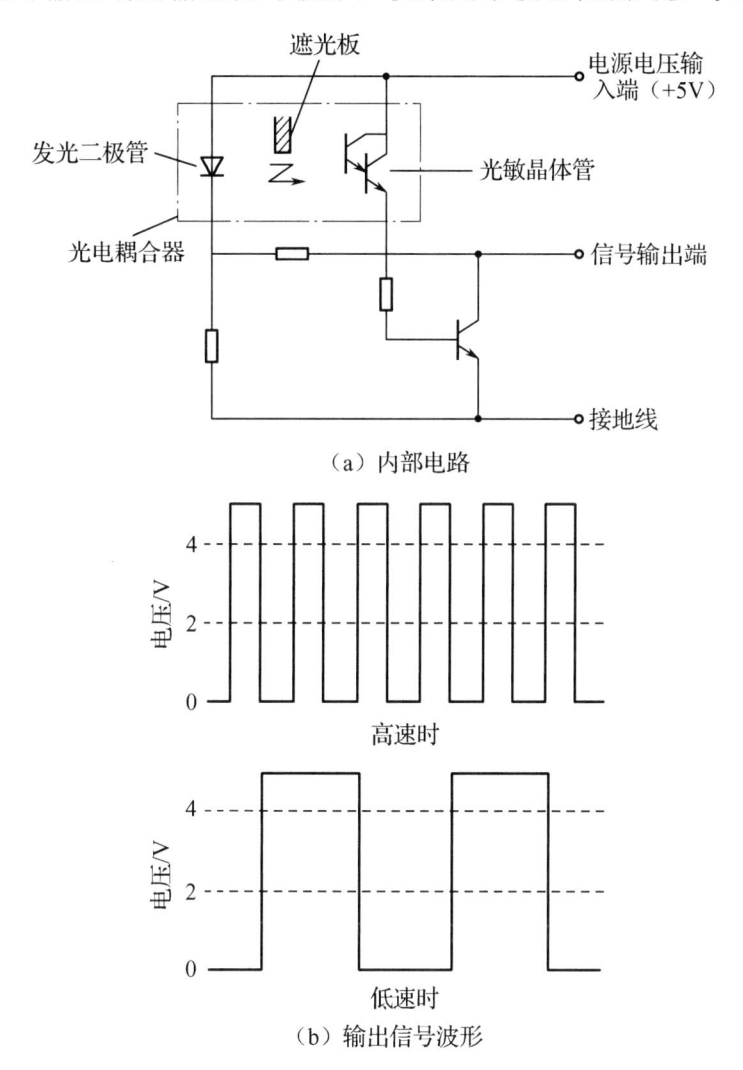

图 2-20 光电式车速传感器内部电路与输出信号波形

对光电式车速传感器的检测主要分为供电检测、输出电压检测与波形检测。

（1）供电检测。

在点火开关接通的情况下，采用万用表电压挡，两表笔检测光电式车速传感器插接件的供电端脚与搭铁之间的电压，该电压正常值一般为+5V 左右。

（2）输出电压检测。

在点火开关接通的情况下，采用万用表电压挡，两表笔检测光电式车速传感器插接件的信号输出端与搭铁之间的电压，该电压正常值一般在 0～+5V 之间波动。

（3）波形检测。

对于光电式车速传感器，也可以采用示波器检测其输出波形来判断其好坏。该传感器在车辆低速与高速时输出信号的波形如图 2-20（b）所示。

总结与拓展

按照工作原理分类，转速传感器有电磁式转速传感器、霍尔式转速传感器、光电式转速传感器等。

电磁式车速传感器的检测主要分为电阻检测、在路输出电压检测、开路输出电压检测、交流电压和频率的检测等。

霍尔式车速传感器的检测主要分为供电检测、线束电阻检测、输出电压检测，有条件的还可以进行频率检测。

光电式车速传感器的检测主要分为供电检测、输出电压检测与波形检测。

任务实施

设备信息	设备厂家	
	设备名称	
	设备型号	
任务描述	依据下述实训流程完成各环节实训任务。	
项目	作业记录内容	备注
一、前期准备	1. 更换工装和劳保鞋。 2. 按照场地实际情况进行实训分组。 3. 发放实训工单，自备黑色签字笔。 4. 讲清实训纪律。	
二、信息收集	1. 常用传感器的种类。 2. 转速传感器的分类、作用及工作原理。	
三、实物认知	根据每组所分智能网联车辆，找出其所使用的转速传感器类型及位置。	
四、知识拓展	通过搜集资料，列举出智能网联汽车转速传感器的检测方法及未来发展方向。	
五、现场恢复	（不需要填写）	

任务 2 温度传感器的检测

情景引入

王先生的爱车在行驶过程中突然出现抖动的情况,并且仪表盘内提示车辆高温,出现风扇转动声音增大现象。后经检测是由于车辆的温度传感器发生故障,导致无法正常降温。你能够完成温度传感器的检测工作吗?

资讯信息

随着全球环保意识逐渐加强,"节能减排"已成为全球汽车产业发展的主要方向之一。这既需要继续研发内燃机发动机的"节能减排"技术,又需要加强新能源汽车的开发。在新能源汽车领域,新型混合动力汽车和纯电动汽车是发展的主要方向。新型混合动力汽车采用电机驱动为主,汽油/柴油驱动为辅的混合动力设计。其中所用传感器主要包括各种油液温度传感器、空调温度传感器、动力电力温度传感器、电机温度传感器等。在新能源汽车中,检测电池温度的传感器,检测电机温度的传感器和用于电池冷却系统的热敏电阻式温度传感器等必不可少。

无论传统汽车还是新能源汽车,温度传感器的应用都较为广泛,温度传感器应用范围如图 2-21 所示。

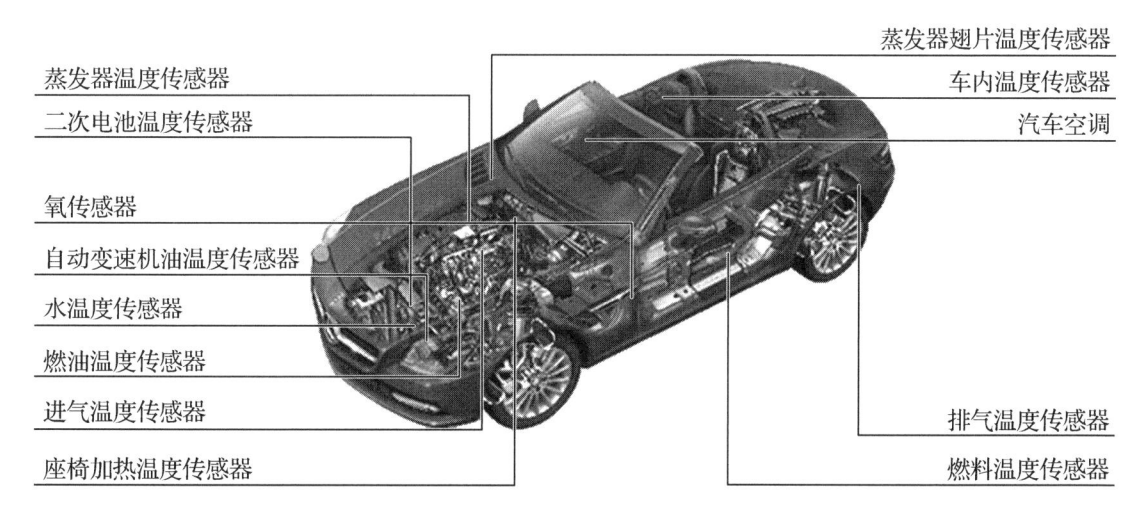

图 2-21 温度传感器应用范围

一、几种温度传感器工作原理

温度传感器按照工作原理进行分类,可以分为热敏电阻式温度传感器、集成电路(Integrated Circuit,IC)温度传感器、电阻温度探测器等。

1. 热敏电阻式温度传感器

热敏电阻式温度传感器是利用热敏电阻的温度敏感特性来测量温度的装置。一般把金属氧化物陶瓷半导体材料经成形、烧结等工艺制成的测温元件称为热敏电阻(有一部分热敏电阻由碳化硅材料制成)。

在工作温度范围内,电阻值随温度升高而增加的热敏电阻称为正温度系数(Positive Temperature Coefficient,PTC)热敏电阻。汽车上用的 PTC 热敏电阻式温度传感器较少,典型的有车厢底板温度传感器,常将车厢底板温度传感器与热敏电阻式排气温度传感器一起使用,组成过热报警装置。当排气温度超过 900℃,底板温度超过 125℃时,报警灯亮,同时蜂鸣器也响。

在工作温度范围内,电阻值随温度升高而降低的热敏电阻称为负温度系数(Negative Temperature Coefficient,NTC)热敏电阻。

在汽车上,NTC 热敏电阻式温度传感器用来做水温度传感器,进气温度传感器,排气温度传感器及车内、车外温度传感器等,它们的工作原理及方式大致相同,且都是两线式。这些传感器将阻值与温度的相应变化转换为电压变化输入控制系统,控制系统就利用该信号进行相关的控制。

在工作温度范围内,在临界温度时,电阻值发生跃变的称为临界温度热敏电阻。由于临界温度热敏电阻具有在临界温度时电阻值急剧变化的特性,所以通常将其用作开关控制。

按照氧化物比例的不同及烧结温度的差别,可以得到特性各异的热敏电阻。一般来说,工作温度范围在-20~130℃的热敏电阻可用于水温和气温的检测,工作温度范围为 600~1000℃的热敏电阻可用于排气温度的检测。目前汽车上使用较为广泛的是 NTC 热敏电阻式温度传感器。

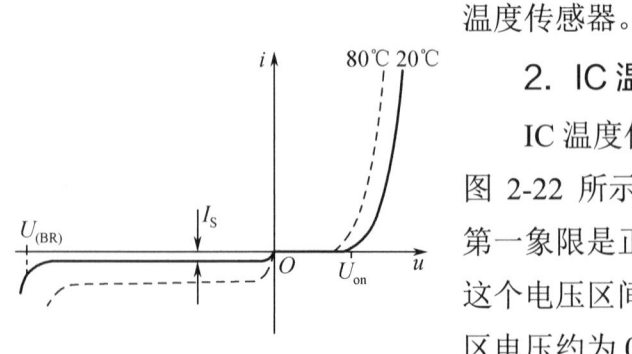

图 2-22 二极管伏安特性曲线与温度的关系

2. IC 温度传感器

IC 温度传感器是在集成电路工艺基础上发展起来的。图 2-22 所示是二极管伏安特性曲线与温度的关系,图中第一象限是正向特性,正向电压很小时,正向电流为零,这个电压区间称为死区(硅管死区电压约为 0.5V,锗管死区电压约为 0.2V),当正向电压超过死区电压后正向电流迅速增大,二极管导通;第三象限是反向特性,在较大的反向电压范围内,反向电流很小且变化很小。二极管伏安特性曲线说明了二极管 PN 结的正向导通性，伏安特性曲线与温度的关系还表明在相同的电压下，温度越高电流越大。

IC 温度传感器是利用二极管伏安特性曲线与温度的关系发展起来的，通常在-55～150℃的温度范围内工作，一般具有正温度系数的特性。IC 温度传感器具有体积小、价格低、响应速度快、精确度高的优点。随着集成电路技术的进步，它可以集成信号感知、调节、转换、处理和控制等功能，是未来温度传感器的主要发展方向。

3. 电阻温度探测器

电阻温度探测器（Resistance Temperature Detector，RTD）是利用纯金属或某些合金的电阻值随温度升高而增大，随温度降低而减小的特性进行测温的。RTD 通常用镍、铜或铂制成，它们的温度系数较大，能够抵抗热疲劳，而且易于加工制造成精密的线圈。

电阻温度探测器的精确性和稳定性极好，线性度优于热电偶和热敏电阻，温度测量范围宽（-250～750℃），但是响应速度较慢，价格比较贵。

二、NTC 热敏电阻式温度传感器的检测

新能源汽车中所用到的负温度系数（NTC）热敏电阻式温度传感器较多，主要有水温度传感器，车内、车外空气温度传感器，蓄电池温度传感器和电机温度传感器等。

1. 水温度传感器的检测

（1）电阻检测。

可用万用表电阻挡进行检测。检测时，断开点火开关，拔下水温度传感器插头，拆下水温度传感器，将水温度传感器和温度表放入烧杯或加热容器中，在不同温度下，检测水温度传感器两端之间的电阻值，电阻值应当与标准参数相符合。若电阻值偏差过大、过小或为无穷大，则说明水温度传感器失效，应予更换。

（2）电压检测。

用万用表就车检测水温度传感器的电源电压和信号电压，拔下水温度传感器插头，接通点火开关，检测水温度传感器两个端子之间的电压，应为 5V 左右；插上水温度传感器插头，接通点火开关，检测水温度传感器插头上两个端子间的信号电压，应为0.5～3.0V（具体电压与温度有关）。在确认电路连接良好的情况下，若电压值不符合规定，则说明水温度传感器失效，应予更换。

（3）电路检测。

关闭点火开关，拆下蓄电池负极线，拆下动力总成控制模块侧的线束插头，再拆下水温度传感器的插头，用万用表检测水温度传感器插头和动力总成控制模块侧线束插头对应端子之间是否导通，如果不导通应检查并修复（一般电路阻值小于 1Ω）。

(4) 数据流检测。

数据流检测时，用解码器读取测量数据流，观测水温度传感器数据信号，和实际水温度信号进行比较，如果相差太远，说明水温度传感器及其相关电路有故障。

(5) 波形检测。

波形检测时，用示波器连接水温度传感器，观测水温度传感器随温度升高电压变化的波形，与正常的波形比较，进一步判断传感器的好坏。

通常冷车时水温度传感器的电压应为3~5V，随着发动机运转，水温度升高，信号电压减至正常温度时的1V左右。若水温度传感器电路开路，则信号电压波形出现向上的尖峰（到参考电压值），若水温度传感器电路短路，则信号电压出现向下的尖峰（到搭铁值）。

2. 车内、车外空气温度传感器的检测

车内、车外空气温度传感器用于测量车内和车外的空气温度，该传感器把信号传送给电子控制单元，为汽车空调控制系统控制温度提供信息。车内、车外空气温度传感器用负温度系数热敏电阻制成。当车内和车外空气温度发生变化时，电阻值相应地发生变化，温度升高时，电阻值下降；温度降低时，电阻值升高。

（1）车内、车外空气温度传感器的结构。

车内、车外空气温度传感器均采用负温度系数的热敏电阻制成，即电阻值随空气温度的升高而明显减小。车内空气温度传感器将热敏电阻装在塑料壳内，利用抽风装置（如吸气器）将车内空气从吸气孔处吸入塑料壳内来检测车内温度。车内空气温度传感器可分为吸气型和电动机型，其结构如图2-23所示。车内空气温度传感器一般安装在车内仪表盘下部，有些车型安装多个车内空气温度传感器，后部的车内空气温度传感器安装在车内后风窗玻璃下部，以精确感知车内的温度。

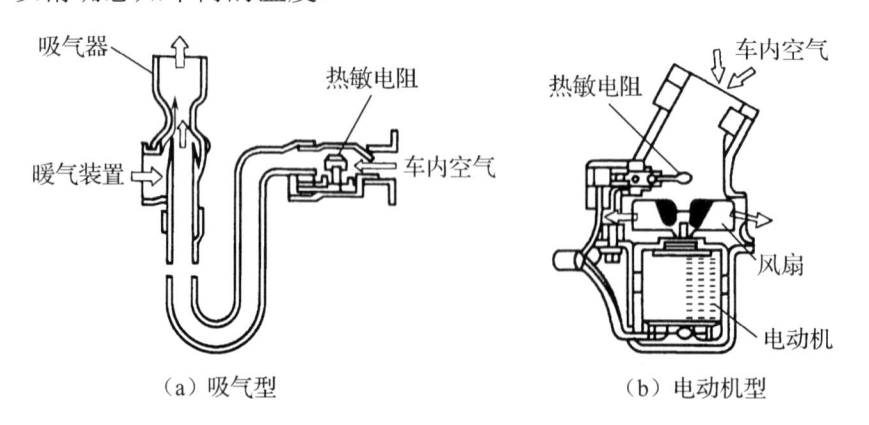

图2-23 车内空气温度传感器结构

车外空气温度传感器又称环境温度传感器、外界空气温度传感器或大气温度传感器。车外空气温度传感器一般都安装在前保险杠或散热器之前。车外空气温度传感器用于检测车外环境的温度，其电阻值也随环境温度的变化而变化，并把这种变化信号传送给空调控制系统的 ECU，使 ECU 启动空调压缩机运转，从而保持车内的空气温度在恒定的范围内。车外空气温度传感器的结构如图 2-24 所示，其特性曲线如图 2-25 所示。

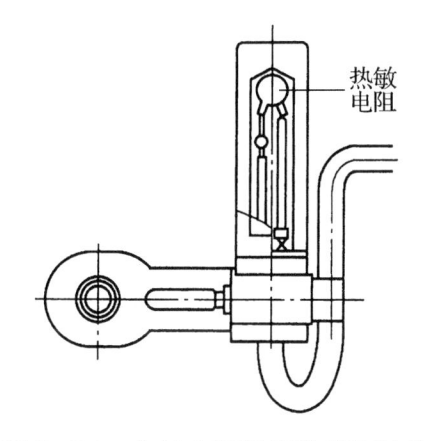

图 2-24　车外空气温度传感器结构 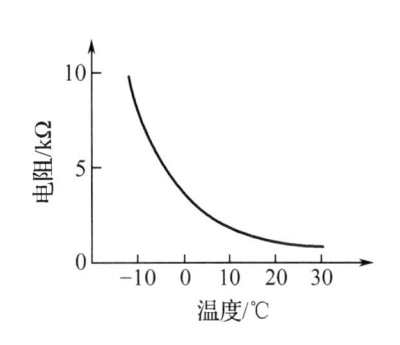　　　　图 2-25　车外空气温度传感器特性曲线

（2）车内、车外空气温度传感器的检测。

当车内或车外空气温度传感器连接电路发生断路、短路故障时，空调控制系统将不能按车内、车外空气温度信息控制空调的工作，车内温度不能保持恒定，空调系统发生故障。这时应检查车内、车外空气温度传感器，判断其工作状况。

车内、车外空气温度传感器与 ECU 的连接电路及控制线路如图 2-26 和图 2-27 所示。

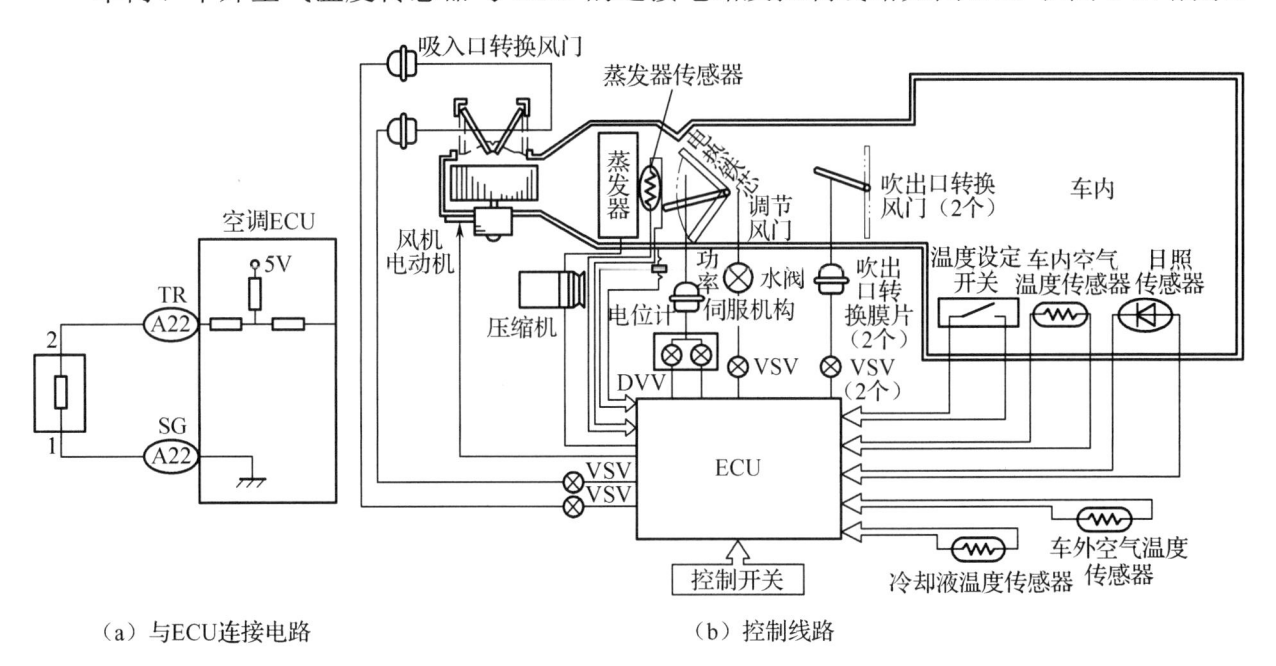

（a）与ECU连接电路　　　　（b）控制线路

图 2-26　车内空气温度传感器与 ECU 连接电路及控制线路

(a) 与ECU连接电路　　　　　　　　　　　　　　(b) 控制线路

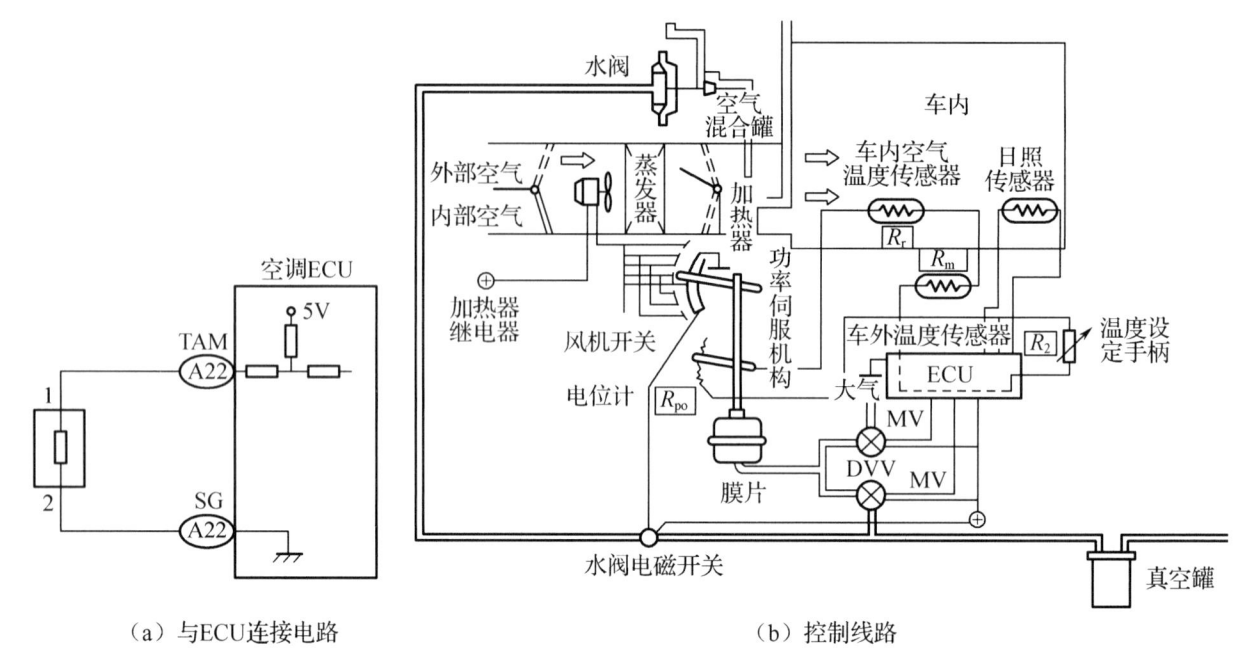

图 2-27　车外空气温度传感器与 ECU 连接电路及控制线路

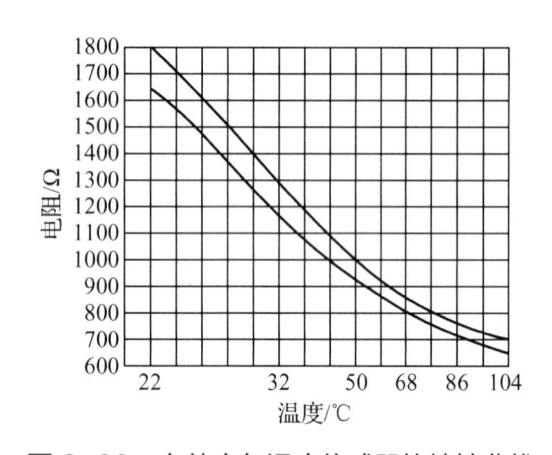

图 2-28　车外空气温度传感器的特性曲线

① 车外空气温度传感器的检测。

拆下汽车散热器护栅，拔下车外空气温度传感器插接件插头，将车外空气温度传感器边加温、边测量其电阻值，用万用表测量车外空气温度传感器插接件插头端子之间的电阻。当温度升高时，其电阻值应下降。电阻值应符合车外空气温度传感器特性曲线变化规律，否则应更换车外空气温度传感器。车外空气温度传感器的特性曲线如图 2-28 所示。

② 车内空气温度传感器的检测。

a．电阻检测。

把万用表连接在车内空气温度传感器导线上，并用吹风机吹热风，用万用表电阻挡检查车内空气温度传感器电阻值的变化情况，如图 2-29 所示。车内空气温度传感器电阻值的变化规律应符合特性曲线变化规律，否则应更换车内空气温度传感器。车内空气温度传感器的特性曲线如图 2-30 所示。

b．电源电压检测。

拆下车内空气温度传感器的插头，在线束侧两端应能检测到 5V 的直流电压，否则说明线束不良或空调 ECU 存在故障。

如果不知道所测量车内、车外空气温度传感器的特性曲线，可参考表 2-2 中所列数据进行判断。不同型号的车内、车外空气温度传感器检测阻值可能不完全一致，但变化规律基本类似。

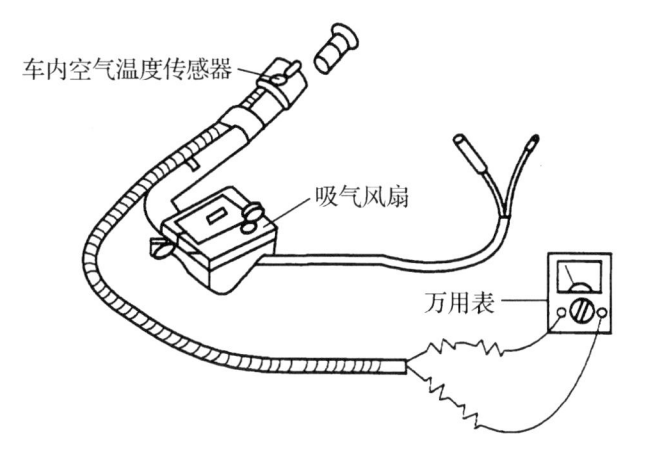

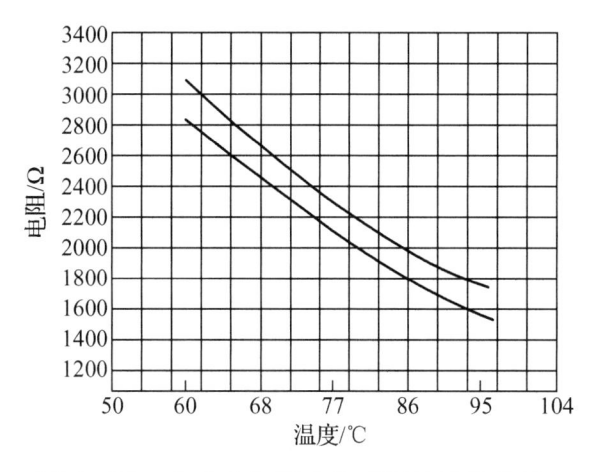

图 2-29 检查车内空气温度传感器

图 2-30 车内空气温度传感器的特性曲线

表 2-2 车内、外空气温度传感器电阻值与温度变化规律

温度/℃	-15	-10	-5	0	5	10
电阻值/kΩ	12.75	9.9～11.5	7.8	6.1～6.5	4.95	3.99～4.1
温度/℃	20	25	30	35	40	45
电阻值/kΩ	2.5～2.65	2.19	1.5～1.81	1.51	1～1.27	1.07

3. 蓄电池温度传感器的检测

（1）辅助蓄电池温度传感器的检测。

辅助蓄电池温度传感器用于检测辅助蓄电池的温度，混合动力汽车（Hybrid Vehicle，HV）ECU 根据辅助蓄电池温度信号调节 DC/DC 转换器的输出电压，其特性曲线及与 ECU 连接电路如图 2-31、图 2-32 所示。

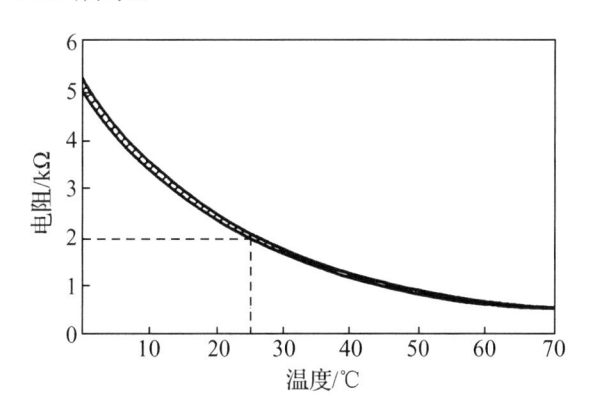

图 2-31 辅助蓄电池温度传感器特性曲线

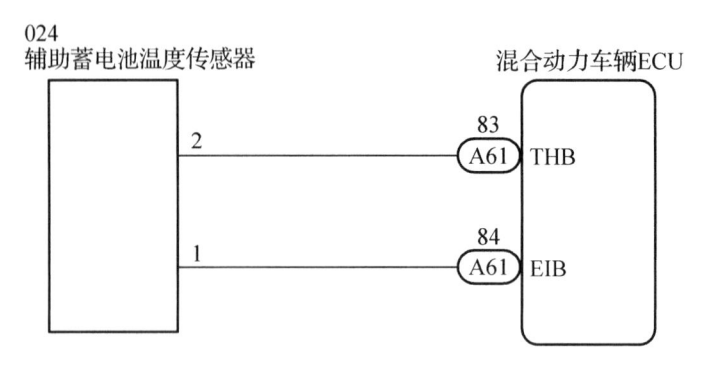

图 2-32 辅助蓄电池温度传感器与 ECU 连接电路

辅助蓄电池温度传感器连接到混合动力车辆 ECU 上。ECU 端子 THB 通过内部电阻向辅助蓄电池温度传感器施加 5V 的电压。辅助蓄电池温度高时，ECU 根据信号减少充电电流以保护辅助蓄电池。

对辅助蓄电池温度传感器进行检测时关闭点火开关，拆下辅助蓄电池温度传感器插接件，如图 2-33 所示。用万用表或检测仪连接传感器的两个端子，并检测两个端子间在不同温度下的电阻值。电阻值应符合表 2-3 所列数值，如不符合规定，则应更换辅助蓄电池温度传感器。

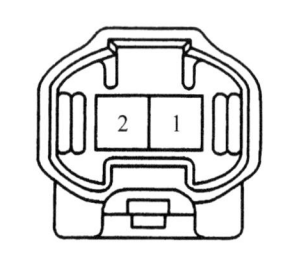

图 2-33 辅助蓄电池温度传感器插接件

表 2-3 辅助蓄电池温度传感器端子间电阻标准值

检测仪连接	温度/℃	电阻标准值/kΩ
024-2-024-1	0	5.0～5.3
	20	2.3～2.5
	40	1.1～1.3

（2）HV（混合动力汽车）蓄电池温度传感器的检测。

HV（混合动力汽车）蓄电池温度传感器用于检测 HV 蓄电池内的温度，HV ECU 根据 HV 信号控制蓄电池冷风扇的关闭与打开。

HV 蓄电池温度传感器一共有 4 个，它们的安装位置如图 2-34 所示。

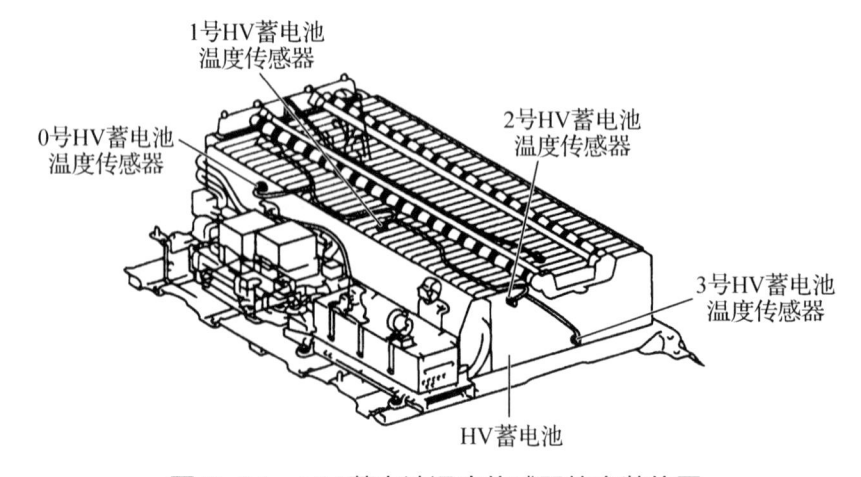

图 2-34 HV 蓄电池温度传感器的安装位置

蓄电池智能单元用 HV 蓄电池温度传感器检测 HV 蓄电池温度,并将检测值发送到混合动力车辆控制 ECU。ECU 根据该信号控制鼓风机风扇。HV 蓄电池温度高于预定标准时,鼓风机风扇启动。HV 蓄电池温度传感器特性曲线及其与 ECU 连接电路如图 2-35、图 2-36 所示。

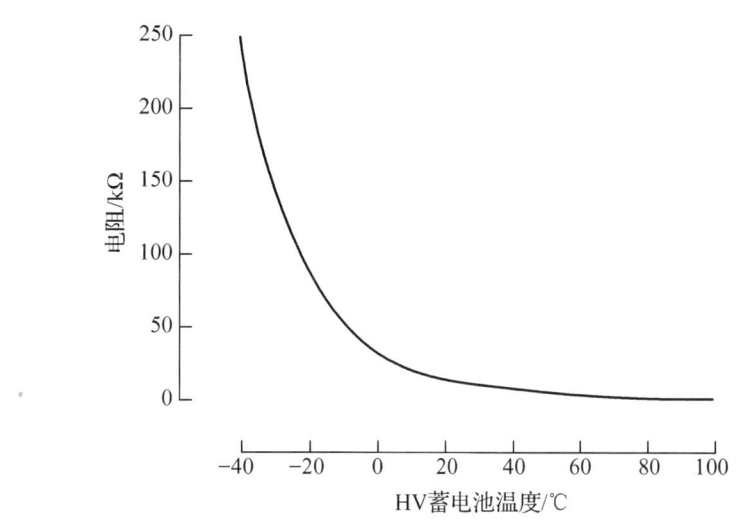

图 2-35 HV 蓄电池温度传感器特性曲线

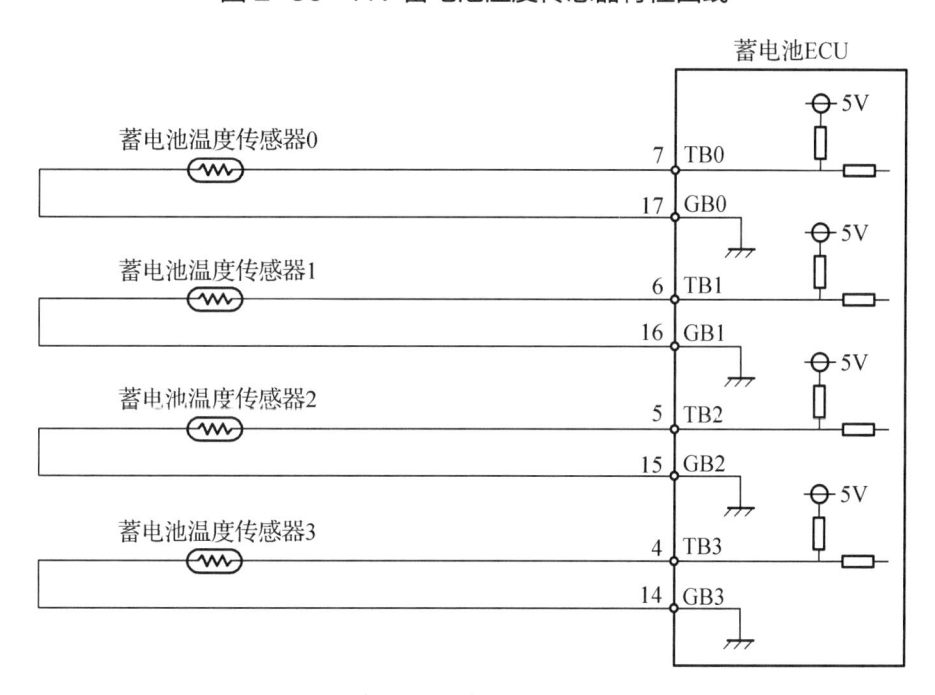

图 2-36 HV 蓄电池温度传感器与 ECU 连接电路

HV 蓄电池温度传感器的检测方法与其他温度传感器的检测方法大致相同。

4. 电机温度传感器的检测

电机温度传感器是电机的重要组成部分。在运行时,电机线圈不允许超过某一温度值。电机温度传感器通过监控其中一个线圈内的温度代表所有线圈的温度。如果温度升高并且接近最大允许温度，则电机电子伺控系统会降低电机功率，这样可以避免电出现热过载。电机温度传感器由 NTC 热敏电阻制成，内置于电机温度传感器的热敏电阻的电阻值随电机温度的变化而变化。可通过热敏电阻将温度变量转变成电阻值。电机温度越低，热敏电阻的电阻值就越大。反之，温度越高，电阻值越小。电机温度传感器安装在电机上，其特性曲线及其与 ECU 连接电路如图 2-37、图 2-38 所示。

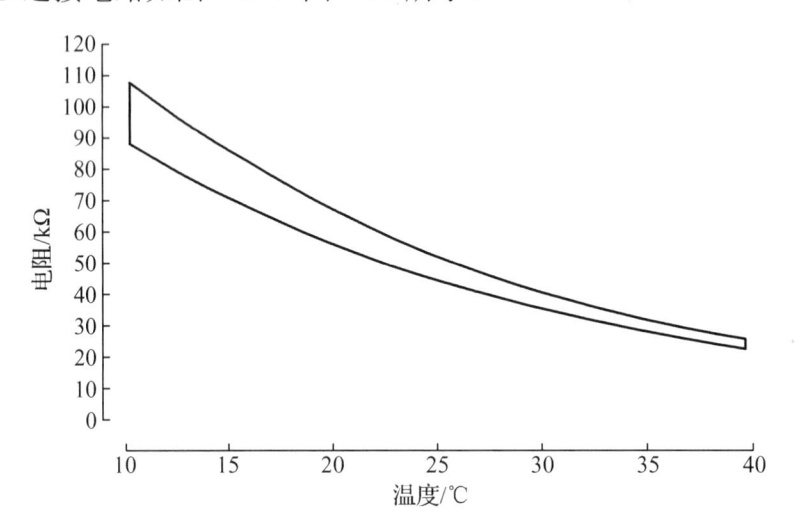

图 2-37 电机温度传感器特性曲线

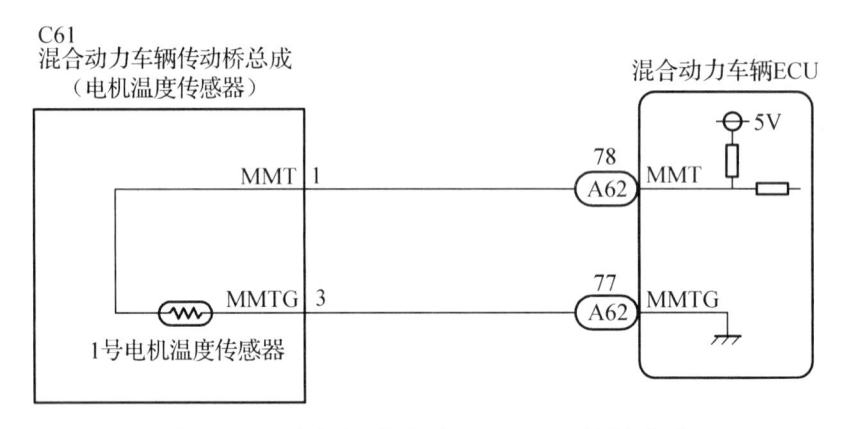

图 2-38 电机温度传感器与 ECU 连接电路

总结与拓展

新型混合动力汽车采用电机驱动为主，汽油/柴油驱动为辅的混合动力设计。其中所用传感器主要包括各种油液温度传感器、空调温度传感器、动力电力温度传感器、电机温度传感器等。

本节重点讲解温度传感器的工作原理，并介绍了水温度传感器，车内、车外空气温度传感器，蓄电池温度传感器和电机温度传感器的检测方法。

任务实施

设备信息	设备厂家		
	设备名称		
	设备型号		
任务描述	依据下述实训流程完成各环节实训任务。		
项目	作业记录内容		备注
一、前期准备	1. 更换工装和劳保鞋。 2. 按照场地实际情况进行实训分组。 3. 发放实训工单，自备黑色签字笔。 4. 讲清实训纪律。		
二、信息收集	1. 常见温度传感器的种类。 2. 热敏电阻式温度传感器的工作原理。 3. 温度传感器的检修方法。		
三、实物认知	根据每组所分智能网联车辆，找出其所使用的温度传感器类型及位置。		
四、知识拓展	通过搜集资料，列举出智能网联汽车温度传感器的检测方法及未来发展方向。		
五、现场恢复	（不需要填写）		

任务3

压力传感器的检测

情景引入

随着汽车电子技术、嵌入式技术和虚拟仪器技术的快速发展和应用，汽车电子控制技术在控制精度、范围、适应性和智能化等方面都有很大进步，实现了汽车的整体优化运行。

压力传感器是汽车中常见的传感器类型之一，在电子控制系统中起着重要作用。你知道汽车中的压力传感器分为哪些类型，以及应怎样检测压力传感器的正常与否呢？

资讯信息

压力传感器是能感知压力信号，并按一定规则将压力信号转换成可利用的电信号的装置，通常由压力敏感元件和信号处理单元组成。压力传感器外观如图2-39所示。

根据被施加压力类型的不同，可分为表压传感器、绝对压力传感器和差压传感器。汽车上有很多种压力传感器，如机油压力传感器、燃油压力传感器、进气压力传感器、空调压力传感器等。

图2-39 压力传感器外观

一、机油压力传感器

汽车启动后如果仪表板上类似茶壶的机油警示灯亮起，则表示机油的压力低，这就是机油压力传感器的一个应用。机油压力传感器主要由密封圈、陶瓷电容片、O型圈、弹簧、膜片、六角铜管和外密封圈等构成。

无油压时，弹簧推动膜片，触点将处于闭合状态；当油压在合理范围内时，膜片没有推动弹簧的力，触点闭合，机油压力指示灯不亮；当油压达到规定值时，膜片克服弹簧力与触点断开，机油压力指示灯亮起。

1. 滑动电阻式机油压力传感器

滑动电阻式机油压力传感器的作用是检测发动机机油压力的大小，它一般通过螺钉拧在缸体的油道里。其结构如图2-40所示，滑动电阻式机油压力传感器内部有一可变电阻，一端输出信号，另一端与搭铁的滑动臂相连。当油压增大时，油压通过润滑油道接口推动膜片弯曲，膜片推动滑动触臂移动到低电阻位置，使电路中的输出电流增大；反之，膜片推动滑动触臂移动到高电阻位置，使电路中输出电流减小，最终在机油压力表上将机油压力的大小通过指针指示出来。

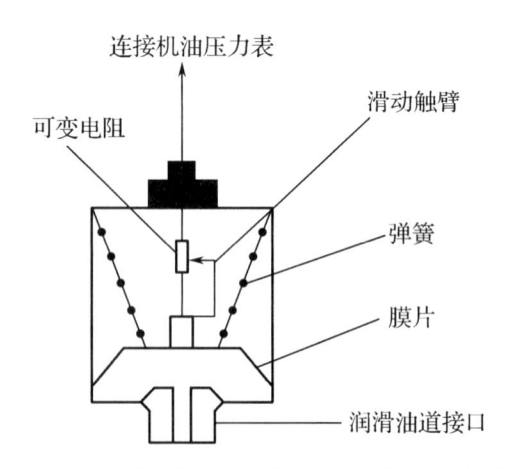

图2-40 滑动电阻式机油压力传感器结构

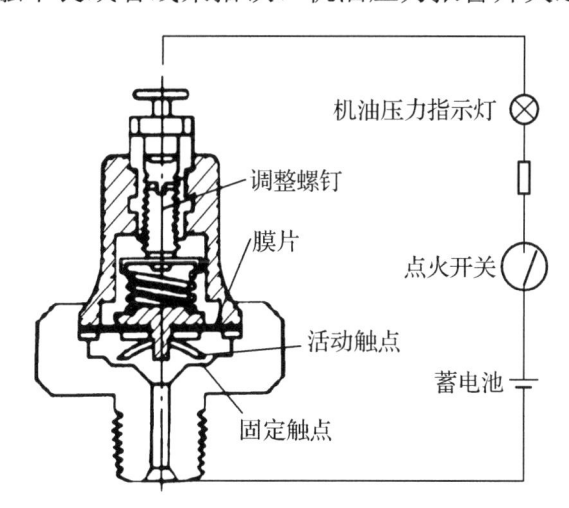

2. 机油压力报警开关

机油压力报警开关通常安装在发动机缸体的主油道上，用于检测发动机机油压力值的大小。当机油压力低于某一规定值时，点亮机油压力指示灯。机油压力报警开关由弹簧、膜片及触点组成，如图 2-41 所示。当无机油压力或低压力作用时，弹簧推动膜片，触点处于闭合状态；达到规定压力时，膜片克服弹簧作用力，使触点处于断开状态。

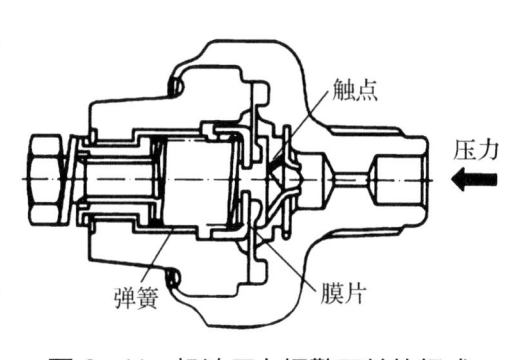

图 2-41 机油压力报警开关的组成

机油压力指示灯安装在组合仪表内，压力开关安装在发动机润滑油路上。在压力开关内，装有膜片（受油压作用动作）与触点（受油压作用动作）。当油压低于规定值时，膜片不具有推动弹簧的作用力，触点闭合，机油压力指示灯亮；当油压高于规定值时，膜片推起弹簧，触点断开，机油压力指示灯熄灭，以告知驾驶员油压已达到规定值。

3. 机油压力报警开关的检测方法

点火开关接通后，机油压力指示灯不亮，其故障原因可能是机油压力指示灯线束脱落，或是熔断器已熔断。发动机启动后，若油压达到规定值，但机油压力指示灯点亮，其故障原因可能是触点开关接触不良或者线束搭铁。机油压力报警开关连接电路如图 2-42 所示。

图 2-42 机油压力报警开关连接电路

二、进气压力传感器

进气压力传感器检测的是节气门后方进气歧管的绝对压力，它根据发动机转速和负荷的大小检测出进气歧管内绝对压力的变化，然后转换成电压信号传送至发动机电子控制单元，发动机电子控制单元依据此电压信号的大小，控制基本喷油量的大小。

进气压力传感器根据其信号产生的原理分为半导体压敏电阻式进气压力传感器、电容式进气压力传感器、差动变压器式进气压力传感器、压电式进气压力传感器及表面弹性波式进气压力传感器等。

1. 半导体压敏电阻式进气压力传感器

半导体压敏电阻式进气压力传感器的测量原理是利用半导体的压阻效应将压力转换为相应的电压信号，其原理如图 2-43 所示。

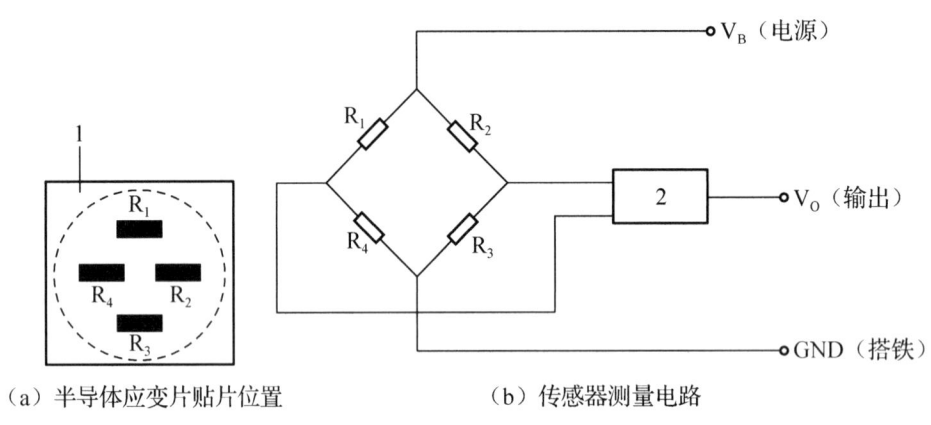

（a）半导体应变片贴片位置　　　（b）传感器测量电路

1—硅膜片；2—集成放大电路；R_1、R_2、R_3、R_4—半导体应变片

图 2-43　半导体压敏电阻式进气压力传感器测量原理

半导体应变片是一种受到拉力或压力时，其电阻值会相应改变的敏感元件。将应变片贴在硅膜片上，并连接成惠斯顿电桥，则当硅膜片受力变形时，各应变片受拉力或压力而使其电阻发生变化，电桥就会有相应的电压输出。

半导体压敏电阻式进气压力传感器的组成如图 2-44 所示。该传感器的压力转换元件中有硅膜片，它受压变形会产生相应的电压信号。硅膜片的一面是真空，另一面导入进气压力，当进气管内的压力变化时，硅膜片的变形量就会随之改变，并产生与进气压力相对应的电压信号。进气压力越大，硅膜片的变形量也越大，传感器的输出压力也就越大。

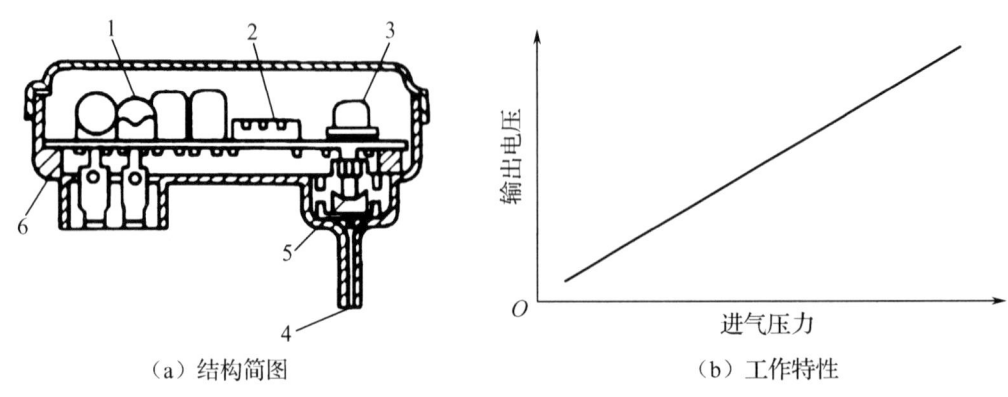

（a）结构简图　　　（b）工作特性

1—滤波器；2—混合集成放大电路；3—压力转换元件；4—进气压力；5—滤清器；6—外壳

图 2-44　半导体压敏电阻式进气压力传感器的组成

半导体压敏电阻式进气压力传感器具有线性度好、结构尺寸小、响应特性好、精度高等优点。

2. 电容式进气压力传感器

电容式进气压力传感器利用膜片构成一个电容值可变的压力敏感元件，膜片受力变形时，其电容值相应改变，由电容式进气压力传感器测量电路将与压力相对应的电容变化转换为相应的电信号。电容式进气压力传感器测量电路主要分为频率检测式和电压检测式两种。

（1）频率检测式。

振荡电路的振荡频率随压力敏感元件电容值的变化而改变，经整流、放大后，可输出频率与压力相对应的脉冲信号。

（2）电压检测式。

压力敏感元件电容值的变化，经载波与交流放大电路的调制、检波电路的解调后，再经滤波电路的滤波，可输出与压力变化相对应的电压信号。

电容式进气压力传感器的结构如图2-45所示，氧化铝膜片与中空的绝缘介质构成一个内部为真空的电容式压力敏感元件，并与传感器混合集成电路相连。传感器导入进气压力后，氧化铝膜片在进气压力的作用下发生变形，使其电容值发生改变，经混合集成电路处理后，输出与进气压力变化相对应的电信号。

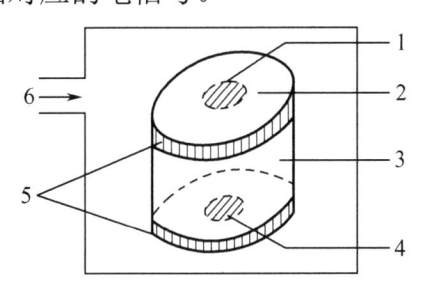

1、4—电极引线；2—厚膜电极；3—绝缘介质；5—氧化铝膜片；6—进气压力

图2-45 电容式进气压力传感器结构

进气压力传感器相比于可起到同样作用的进气流量传感器有着对进气无干扰、安装位置灵活（可利用真空管的引导，将进气压力传感器安装在远离发动机进气管的地方）的优点。因此，现代发动机电子控制系统更多地采用了进气压力传感器。

3. 进气压力传感器的检测方法

（1）直观检查。查看进气压力传感器的真空管、连接器及线路有无松动、破损等情况。

（2）检查进气压力传感器的电源电压。若电压不正常，则需要检查进气压力传感器与发动机控制模块K20的线路；若此线路正常，就检查ECU的电源和搭铁线路；若电源和搭铁线路也正常，则应更换发动机控制模块K20。

（3）检测进气压力传感器信号电压。如果测得的进气压力传感器的信号电压不正常，就需要更换进气压力传感器。

三、其他压力传感器

1. 燃油压力传感器

燃油压力传感器可以控制油路中的燃油压力，保持喷油器恒定的供油油压，并将多余的燃油送回油箱。燃油压力传感器由印制电路板、传感器元件、间隔块和壳体等组成，如图 2-46 所示。燃油压力传感器内有一压力腔，腔内有一具有溢流阀的膜片，膜片里侧为真空腔，且腔内有一个弹簧。燃油压力传感器的工作原理是：压力直接作用在传感器的膜片上，使膜片产生与介质压力成正比的微位移，从而使传感器的电阻发生变化，用电子线路检测这一变化，并转换输出一个与这个压力相对应的标准信号。

2. 制动压力传感器

制动压力传感器的安装位置主要有两种，一种是安装在制动总泵（制动主缸）上，一种是集成在车身电子稳定系统（Electronic Stability Program，ESP）液压控制单元内，如图 2-47 所示。当制动压力传感器集成在 ESP 液压控制单元内时，它通过四个接触弹簧与控制单元相连，两个触点用于供电，另两个触点提供两个彼此独立的压力信号。

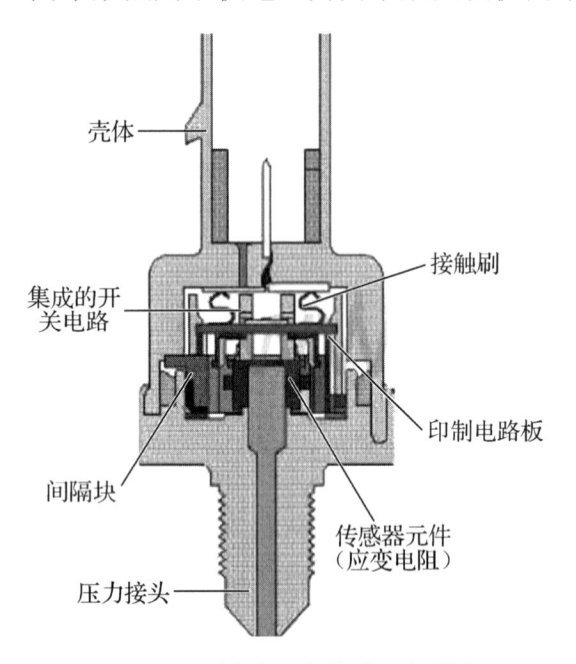

图 2-46　燃油压力传感器的结构

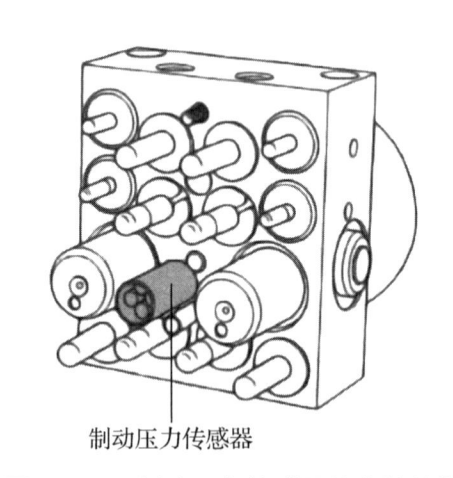

图 2-47　制动压力传感器的安装位置

3. 增压压力传感器

增压压力传感器是涡轮增压发动机的一部分，可以测出进气歧管中的气压。增压压力传感器将测量的压力信息发送给发动机调节单元（Engine Control Module，ECM），发动机调节单元将发动机温度、进气温度、进气压力、废弃物温度等数据综合起来，调整燃油喷油量，或调节增压器的增压量，确保发动机维持在最佳水平运转。

增压压力传感器通常安装在节气门附近的进气管上，如图 2-48 所示。该传感器大多有黑色塑料外壳，插头有 3 根或 4 根线。

增压压力传感器如有故障，大多会生成 P0236 故障码。当发动机调节单元检查到增压压力传感器与歧管压力传感器或大气压力传感器的规格不匹配时，将触发此代码。解决方案如下。

图 2-48 增压压力传感器的安装位置

（1）检测线路是否接触不良。
（2）清洁增压压力传感器。
（3）更换增压压力传感器。

4. 轮胎压力传感器

为了保障汽车的驾驶安全，很多汽车轮胎都装有轮胎压力传感器来检测压力的变化。如果轮胎压力能维持在一个合理数值，不仅能保证行驶安全，还能节省油耗。

轮胎压力传感器可将轮胎压力信息通过电信号的形式传递给控制器，并进行数据分析，控制器根据结果做出相应调整。轮胎压力监测系统通过轮胎压力传感器实现对轮胎压力的监控。

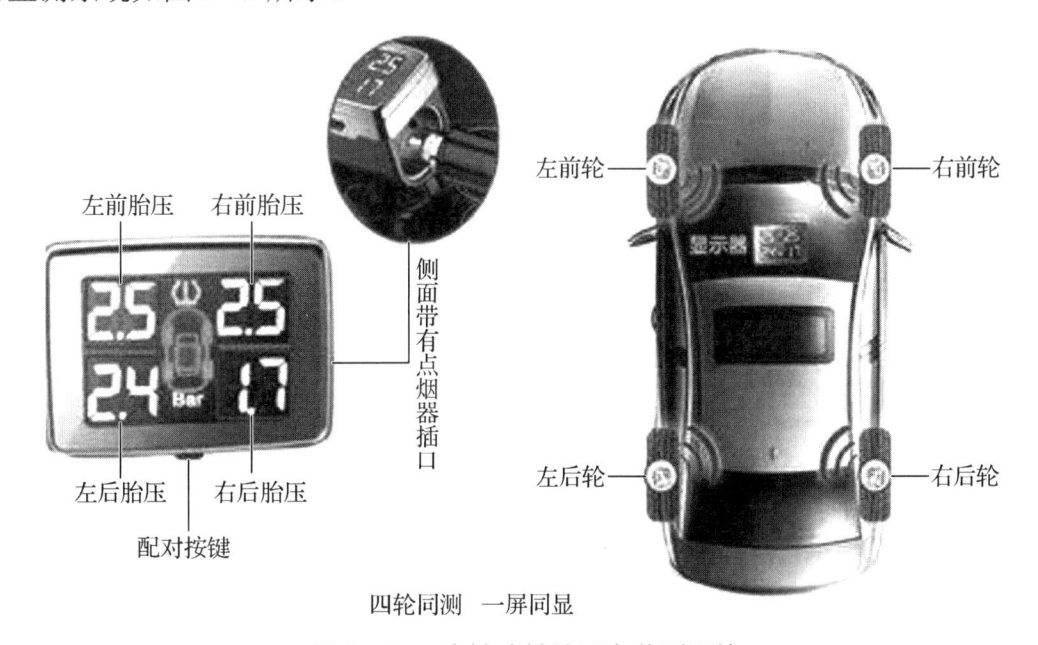

轮胎压力监测系统分为直接式轮胎压力监测系统和间接式轮胎压力监测系统。直接式轮胎压力监测系统利用安装在每一个轮胎里的轮胎压力传感器来测量轮胎的气压，并对各个轮胎的气压进行监控及显示。当轮胎气压太低或有渗漏时，系统会自动报警。直接式轮胎压力监测系统如图 2-49 所示。

四轮同测 一屏同显

图 2-49 直接式轮胎压力监测系统

间接式轮胎压力监测系统则通过汽车防抱死制动系统（ABS）的车轮转速传感器，来比较轮胎之间的转速差别，由此监控轮胎压力。间接式轮胎压力监测系统如图 2-50 所示。

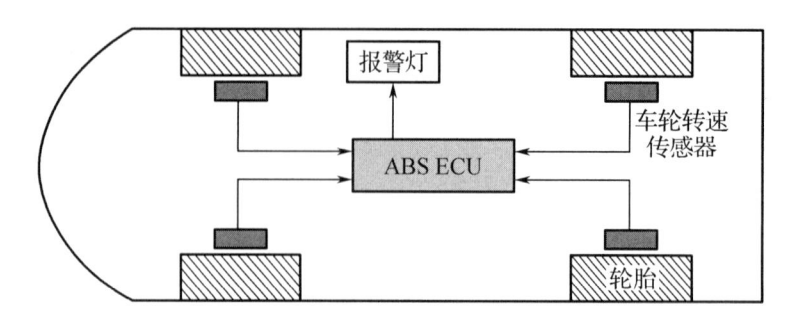

图 2-50　间接式轮胎压力监测系统

5. 空调压力传感器

空调压力传感器是汽车制冷系统中最重要的传感器之一，主要用于监测空调管路中制冷剂压力，防止异常压力损坏压缩机，配合其他部件控制冷却风扇和压缩机的开启和关闭。空调压力传感器一般安装在发动机舱内的空调高压管路上，其采集的压力信号，主要是输出到发动机 ECU 或空调的控制单元。发动机 ECU 收到正常信号后，会发出指令来控制压缩机和冷却风扇的开启。如果它接收到的压力信号异常，就会拒绝开启压缩机和冷却风扇，以免损坏制冷系统。

空调压力传感器的损坏，将导致车内无法制冷、压缩机无法运转或反复启停等故障，相应的故障代码会存储在发动机 ECU 或空调控制模块中。当制冷系统工作不正常，或制冷剂加入过多时，空调管路中的压力会过高，系统的高压会造成冷凝器和高压管路爆裂、压缩机的排气阀和电磁离合器损坏。

当系统压力达到上限时，高压开关会切断电磁离合器的工作电路，令压缩机停止，同时使冷凝器的冷却风扇高速地运转，降低冷凝器的压力和温度。高压开关一般安装在储液干燥罐或冷凝器的入口处。

四、压力传感器的故障检测

当车主发现车辆启动困难，发动机性能失常，怠速不稳并且油耗增大时，就要查看压力传感器是否存在故障。可能存在的故障有以下几点。

（1）启动车辆，仪表盘里的发动机故障灯常亮。

（2）原地缓踩加速踏板的时候会冒少量黑烟，当急加速时就会冒大量的黑烟。

（3）出现故障码是 P01D6，进气压力传感器电压低于下限。

检测方法如下。

（1）加压检测。给压力传感器供电后，对着压力传感器的导气孔用嘴吹气，用万用表的电压挡检测压力传感器输出端的电压变化。如果压力传感器的相对灵敏度很大，这个变化量会明显；如果没有丝毫变化，就改用气压源施加压力。该方法可以检测出压力传感器的基本状况，如果需要准确的结果就需要用标准的压力源给压力传感器施加压力，按照压力的大小和输出信号的变化量，对压力传感器进行校准，并在条件许可的情况下，进行温度检测。

（2）零点的检测。打开万用表的电压挡，在没有施加压力的条件下，检测压力传感器的零点输出。这个输出一般为 mV 级的电压，如果超出了压力传感器的技术指标，就说明压力传感器的零点偏差超出了范围。

（3）桥路的检测（主要检测压力传感器的电路是否正确，一般是惠斯通全桥路）。利用万用表的欧姆挡，测量输入端之间的阻抗和输出端之间的阻抗。这两个阻抗即为压力传感器的输入、输出阻抗。如果阻抗无穷大，桥路就是断开的，说明压力传感器有故障或者引脚的定义未被判断正确。

总结与拓展

压力传感器能感知压力信号，并将其转换成电信号，向汽车其他部件传递关键信息。压力传感器体积小、重量轻、灵敏度高、稳定可靠、成本低、便于集成化，可广泛用于压力、高度、加速度、液体的流量、流速、液位、压强的测量与控制上。汽车上的压力传感器主要有机油压力传感器、燃油压力传感器、进气压力传感器、空调压力传感器等。这些传感器可以实现对汽车关键部件中的液体压力或气体压力的动态监测。

除此以外，压力传感器还广泛应用于水利、地质、气象、化工、医疗卫生等领域。压力传感器还可用来制成血压计、风速计、水速计、压力表、电子秤及自动报警装置等。压力传感器已成为各类传感器中技术最成熟、性能最稳定、性价比最高的一类传感器。因此，对于从事现代测量调试与自动控制领域的专业技术人员，必须了解和熟知国内外压力传感器的研究现状与发展趋势。

任务实施

设备信息	设备厂家		
	设备名称		
	设备型号		
任务描述	依据下述实训流程完成各环节实训任务。		
项目	作业记录内容		备注
一、前期准备	1. 更换工装和劳保鞋。 2. 按照场地实际情况进行实训分组。 3. 发放实训工单、记号笔、便笺，自备黑色签字笔。 4. 讲清实训纪律。		

续表

项目	作业记录内容	备注
二、模块认知	说明：按照分组，采用问答形式，闭卷进行。 例如：模块①是什么模块？（写出模块名称） 模块①的作用是什么？（写出模块作用） 模块①： 模块②： 模块③：	
三、工作原理	简述进气压力传感器的基本工作原理。	
四、实物认知	请在便笺上写上压力传感器的名称，并粘贴在实训台架相应的零部件处。	
五、知识拓展	通过搜集资料，列举出压力传感器可参与实现汽车的哪些功能。	
六、现场恢复	（不需要填写）	

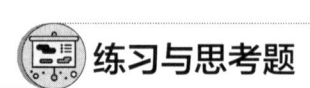

练习与思考题

一、填空题

1．按照工作原理分类，转速传感器有_____、_____、_____等。

2．车辆行驶的速度（车速）越快，输出轴的_____也越快，电磁式车速传感器中产生的感应电压的_____就越高。

3．对光电式转速传感器的检测主要分为_____、_____、_____。

4．温度传感器按照工作原理进行分类，主要包含_____、_____、_____等。

5．辅助蓄电池温度传感器连接到混合动力车辆_____上。

二、选择题

1．机油压力传感器内无油压时，弹簧推动膜片，触点将处于（　　）状态；当油压在合理范围内时，膜片没有推动弹簧的力，触点（　　），机油的警示灯（　　）；当油压达到规定值时，隔膜克服弹簧力与触点断开，机油警示灯（　　）。

A．闭合；闭合；不亮；亮起   B．断开；闭合；不亮；亮起

C．断开；断开；亮起；不亮   D．闭合；闭合；亮起；不亮

2．检查进气压力传感器的电源电压时，若电压不正常，则需要检查传感器与发动机控制模块 K20 的线路；若此线路正常，则检查（　　）。

A．K20 的电源线路   B．K20 的搭铁线路

C．ECU 的电源线路   D．ECU 的搭铁线路

3．增压压力传感器如有故障，大多会生成（　　）故障码。

A．P0231   B．P0233   C．P0234   D．P0236

4．当车主发现车辆启动困难，发动机性能失常，怠速不稳并且油耗增大时，就要查看进气压力传感器是否存在故障。若出现故障码是 P01D6，进气压力传感器电压（　　）下限。

A．高于   B．等于   C．低于   D．无法判断

5．用万用表的电压挡，在没有施加压力的条件下，检测传感器的零点输出。这个输出一般为（　　）级的电压。

A．MV   B．kV   C．V   D．mV

三、简答题

1．简述霍尔式转速传感器的工作原理。

2．汽车上常用的温度传感器有哪些？

3．简述水温度传感器的检测内容。

项目三

超声波雷达的认知、检测与安装

```
超声波雷达的认知、检测与安装
├── 超声波雷达的认知
│   ├── 基本概念
│   │   ├── 超声波
│   │   └── 超声波雷达
│   ├── 超声波雷达的结构原理
│   │   ├── 超声波雷达的基本结构
│   │   └── 超声波雷达的工作原理
│   ├── 超声波雷达的分类及特点
│   │   ├── 超声波雷达的分类
│   │   └── 超声波雷达的特点
│   └── 超声波雷达的应用
│       ├── 自动泊车
│       ├── 加速踏板防误踩
│       └── 高速横向辅助驾驶
└── 超声波雷达的检测与安装
    ├── 超声波雷达的检测
    │   ├── 大赛车辆超声波雷达的检测方式
    │   └── 汽车修理厂超声波雷达的检测方式
    ├── 超声波雷达的安装步骤
    │   ├── 安装孔开孔
    │   ├── 超声波雷达的安装
    │   └── 超声波雷达安装注意事项
    └── 超声波雷达系统常见故障分析与检修
        ├── 泊车辅助状态无警示音
        ├── 泊车时无障碍物依然报警
        └── 超声波雷达系统自检不正常
```

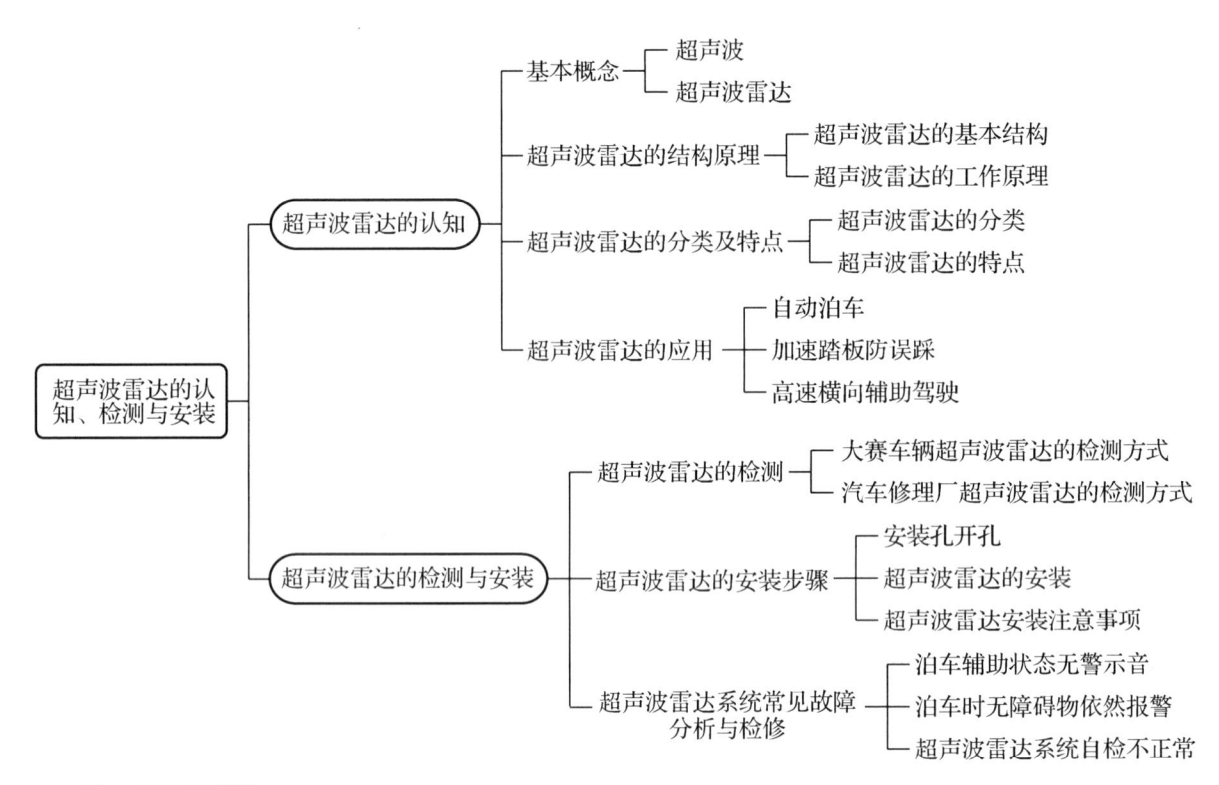

知识目标

1. 能复述超声波雷达的工作方式;
2. 能依据超声波雷达的特性描述超声波雷达的应用场景;
3. 能描述超声波雷达检测的过程。

技能目标

1. 能依据超声波雷达的技术资料对超声波雷达进行检测;
2. 能利用工具对车辆进行超声波雷达系统的改装;
3. 能依据超声波雷达的技术资料对超声波雷达进行故障诊断与排除。

素养目标

1. 通过资讯信息，激发学生的创新意识；
2. 通过任务演练，形成团队协作意识，提升人际沟通能力，同时养成良好的行为规范和职业道德；
3. 培养学生的自主学习能力、分析问题和解决问题的能力；
4. 通过课外拓展，提升学生对技能报国的认同感和使命感，树立新时代学生在实现中华民族伟大复兴的中国梦中勇于担当的主人翁意识。

任务1 超声波雷达的认知

情景引入

小林在宇通客车股份有限公司认知实习时，见到每辆智能网联汽车小宇前后都有6个孔状装置，听实习带队老师说这些装置是超声波雷达（见图3-1），可是它们具体起什么作用呢？

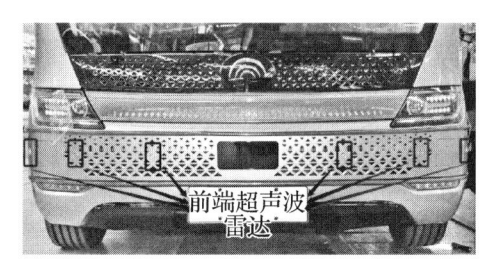

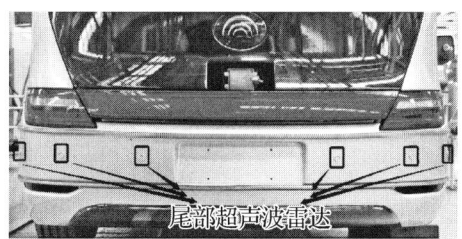

图 3-1 小宇车上的超声波雷达

资讯信息

一、基本概念

我们将某一物理量的扰动或振动在空间逐点传递时形成的运动称为波。机械振动在介质中的传递构成机械波（如弦线中的波、水面波、空气或固体中的声波等）；电磁场振动的传递构成电磁波；晶体点阵振动的传递构成点阵波；自旋磁矩的扰动在铁磁体内传播时形成自旋波。实际上任何一个宏观的或微观的物理量所受扰动在空间传递时都可形成波。

在智能网联汽车中，波也被应用在用于发现目标并获取目标位置的雷达装置中，根据不同波的工作频段不同，常见的雷达装置有超声波雷达、毫米波雷达和激光雷达三种，毫米波雷达和激光雷达将在后续项目中介绍，本项目主要介绍超声波雷达。

1. 超声波

频率高于人类听觉上限频率（约 20kHz）的声波，称为超声波。超声波是超声波雷达作为非接触检测和识别的手段，具有以下特点。

① 超声波对色彩、光照度不敏感，可用于识别透明、半透明及漫反射差的物体。

② 超声波对外界光线和电磁场不敏感，可用于黑暗、有灰尘或有烟雾、电磁干扰强等恶劣的环境中。

③ 利用超声波制成的雷达结构简单、体积小、成本低、信息处理简单可靠、易于小型化与集成化，并且可以进行实时控制。

2. 超声波雷达

超声波雷达是利用超声波的特性研制而成的传感器，是在超声频率范围内将交变的电信号转换成声信号，或者将外界声场中的声信号转换为电信号的能量转换器件。

二、超声波雷达的结构原理

1. 超声波雷达的基本结构

超声波雷达主要由发射器、接收器和控制器等构成，如图 3-2 所示。

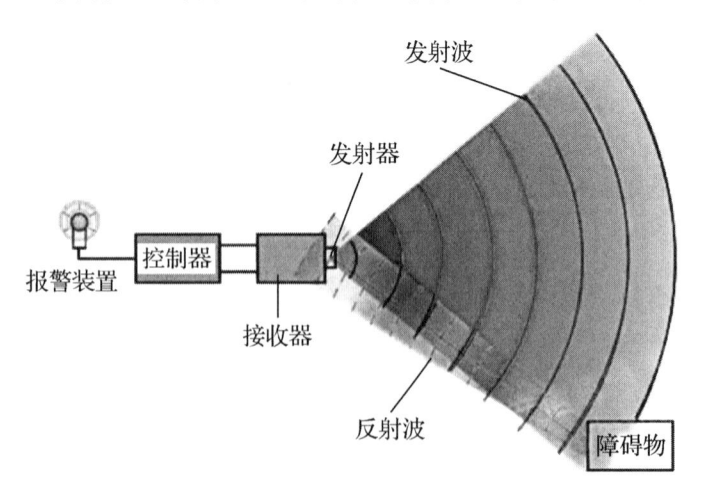

图 3-2 超声波雷达的构成

（1）发射器。

发射器通过振子（一般为陶瓷制品，直径约为 15mm）振动产生超声波并发射到环境中，用于探测障碍物的距离、速度和方向。

（2）接收器。

接收器负责接收从障碍物反射回来的超声波信号。当接收器的振子接收到超声波时，产生相应的机械振动，并将其转换为电能量，作为接收器的输出。

（3）控制器。

通过集成电路控制发射器的超声波发送，并判断接收器是否接收到信号（超声波），以及已接收信号的大小。

2. 超声波雷达的工作原理

超声波雷达的发射器和接收器安装在同一平面上。在有效的检测距离内，发射器发射特定频率的超声波，遇到检测面反射部分超声波；接收器接收反射回的超声波，由芯片记录超声波的往反射时间，并计算出距离值。

三、超声波雷达的分类及特点

1. 超声波雷达的分类

根据安装位置，车载超声波雷达可分为 UPA（驻车辅助传感器）和 APA（泊车辅助传感器）两种。汽车上安装的超声波雷达如图 3-3 所示。

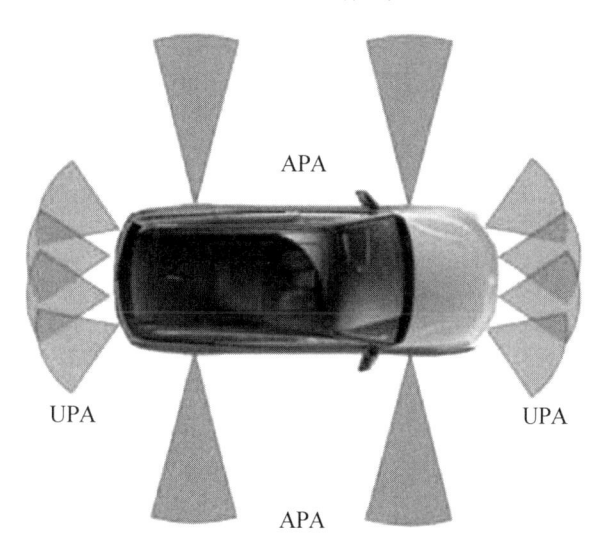

图 3-3 汽车上安装的超声波雷达

（1）UPA。

UPA 主要安装在汽车前后保险杠上，是用来测量汽车前后方障碍物距离的超声波雷达，这种雷达频率较高（58kHz），精度高，测量距离一般为 15～250cm。

（2）APA。

APA 主要安装在汽车侧面，是用来测量汽车侧方障碍物距离的超声波雷达，这种雷达频率较低（40kHz），精度一般，但测量距离较长，一般为 30~500cm。很多车型上 APA 能根据超声波雷达返回的数据判断停车库里是否存在空车位。

APA 比 UPA 探测范围远，因此成本更高，功率也更大。

2. 超声波雷达的特点

超声波雷达具有成本低、穿透性强、防水、防尘等优点。但超声波雷达容易受天气情况影响，不同天气的超声波传播速度不同；车速较快时误差较大；超声波散射角度大，不利于较远距离的回收信号传播。

（1）对温度敏感。

超声波波速易受温度影响，两者近似关系为 $C=C_0+0.607 \times T$。其中，C 为实际传播速度（单位：m/s），C_0 为 0℃时的波速，约为 332m/s，T 为温度（单位：℃）。由于波速受温度影响，因此测量的精度也与温度直接相关。例如，当温度为 0℃时，超声波的传播速度约为 332m/s；当温度为 30℃时，超声波的传播速度约为 350m/s。

自动驾驶系统对传感器精度要求极高，故在运行中需要将温度信息引入自动驾驶系统，提升测量精度。

（2）无法精确描述障碍物位置。

超声波雷达在工作时会返回一个探测距离的值，但是，如果只有一个超声波雷达，是无法精确描述障碍物的位置的。

如图 3-4 所示，处于 A 处和处于 B 处的障碍物都会返回相同的探测距离 d。所以在仅知道探测距离 d 的情况下，通过单个雷达的信息无法确定障碍物在 A 处还是在 B 处。

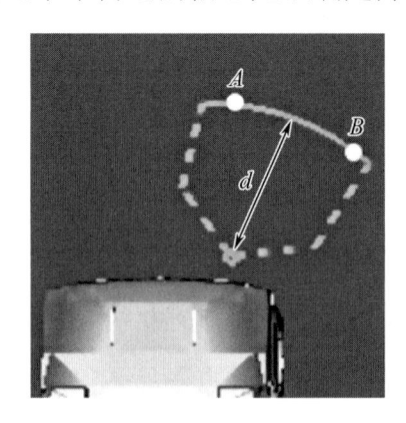

图 3-4 超声波雷达探测障碍物示意图

因此，在汽车上，往往采用多个超声波雷达输出一个相对准确的障碍物位置。

（3）车速高时漏检率高。

超声波雷达自检、初始化需要时间，所以超声波雷达在较高车速时会出现漏检现象，尤其是侧向换道时，漏检率较高。因此，有些车辆在车速高于 20km/h 时会让超声波雷达处于休眠状态，可以起到节能及延长超声波雷达寿命的作用。

（4）存在盲区。

超声波发射器在发送超声波结束后，会由于惯性继续振动，产生余振。而在受到余振干扰期间，超声波接收器无法辨认超声波回波和余振，必须等余振结束后才能运行。一般将这段无法进行测距的时间称之为盲区。

探测距离越长，发射超声波需要的功率越大，余振时间就会越长，相应的盲区也随之增加。要想减少盲区，就需要尽快使余振衰减至零或足够小。在对短距离障碍物进行测量时，可以通过适当减小超声波发射的功率来减小余振。

四、超声波雷达的应用

超声波雷达除了用在倒车预警系统中，还可用于自动泊车、加速踏板防误踩、高速横向辅助驾驶等系统中。

1. 自动泊车

自动泊车分为识别车位和倒车入库两个阶段。

汽车缓缓驶过车位时，通过汽车侧方的 APA 返回的探测距离与时间的关系，计算出车库位置的近似长度，当长度超过车辆泊入所需的最短长度时则认为当前空间有空车位。识别车位如图 3-5 所示。

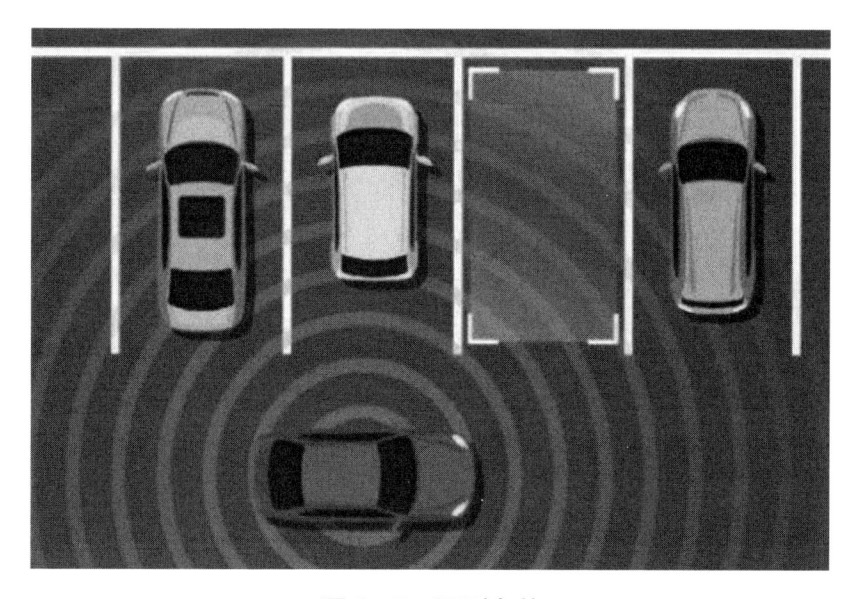

图 3-5 识别车位

检测到空车位后，仪表会给驾驶员提示是否泊车，驾驶员选定空车位后，智能驾驶电子控制单元会自动规划出一条全局路径，然后控制车辆的转向盘、加速踏板、制动踏板进行泊车。倒车入库如图3-6所示。

图3-6 倒车入库

2．加速踏板防误踩

汽车通过超声波雷达实时监测前方或后方障碍物信息，当出现驾驶员误踩加速踏板的情况时，车辆激活制动系统，使汽车减速或停止。

3．高速横向辅助驾驶

将APA用于高速横向辅助驾驶系统，可以增加高速巡航功能的安全性。当检测到侧方驶过的汽车离本车较近时，在确保另一侧有足够空间的情况下，调整本车向另一侧偏移，降低车辆的碰撞风险。

总结与拓展

超声波是机械波的一种，利用超声波传递时遇到障碍物会被反射回来的特性制作成的超声波雷达，可用来探测车辆周围是否存在障碍物或者测量车辆与障碍物之间的距离，以保障行车或者倒车的安全。

智能网联传感器的大量应用，使车辆变得更加智能，在智能网联汽车中，超声波雷达经常用于自动泊车、加速踏板防误踩和高速横向辅助驾驶等系统中。相信在不久的将来，通过人才强国战略的深入实施，会有更多与超声波雷达相关的科技创新产品应用于汽车上。

任务实施

设备信息	设备厂家		
	设备名称		
	设备型号		
任务描述	依据下述实训流程完成各环节实训任务。		
项目	作业记录内容		备注
一、前期准备	1. 更换工装和劳保鞋。 2. 按照场地实际情况进行实训分组。 3. 发放实训工单，自备黑色签字笔。 4. 讲清实训纪律。		
二、超声波雷达的认知	按照分组，在智能网联汽车上查找超声波雷达，将找到的超声波雷达进行标号，并在下方写出每一种标号的超声波雷达的功能特点及所能够参与完成的功能。 ①号超声波雷达 该种雷达属于：□UPA □APA 通常的安装位置： 工作频率： 工作特点：精度____，测量距离一般在_____之间。 可能参与完成的功能： ②号超声波雷达 该种雷达属于：□UPA □APA 通常的安装位置： 工作频率： 工作特点：精度____，测量距离一般在_____之间。 可能参与完成的功能： APA 比 UPA 的探测范围____，成本更____，功率更____。		

续表

项目	作业记录内容	备注
三、实施准备	1．超声波/毫米波雷达虚拟仿真实训台。 2．220V 电源插座。	
四、计划实施	（一）信息收集 1．小组绕实训台记录超声波雷达的位置，讨论其工作原理及工作范围。 2．小组从实训台内部了解其线束连接方式，各端子的含义。 3．测量并记录实训台上超声波雷达各端子输出电压的变化。 （二）目视检查 1．检查有无可能影响超声波雷达信号的物质。 2．检查易于接触或能够看到的系统部件，以查明其是否有明显损坏或存在可能导致故障的情况。 3．检查超声波雷达控制单元的安装及线束连接是否正确。 （三）工作记录 利用便笺在实训台上标出超声波雷达的位置，并通过查阅资料完成下列内容。 1．该实训台模型车前部采用了____个超声波雷达，尾部采用了____个超声波雷达。 2．该实训台上超声波雷达可实现的辅助驾驶功能有哪些？超声波雷达监测障碍物后的预警有何特点？ 3．超声波雷达的特点有哪些？	注意工具使用的规范，环境的维护
五、现场恢复	（不需要填写）	

任务 2

超声波雷达的检测与安装

情景引入

小林是一名质检员，每天都需要检测超声波雷达，在平凡的岗位上做出自己的贡献，你知道他是怎么检测超声波雷达的吗？

资讯信息

一、超声波雷达的检测

为了验证超声波雷达装车前是否正常，通常在安装前会对其进行检测，现对大赛车辆和汽车修理厂采用的超声波雷达的检测方式进行介绍。

1. 大赛车辆超声波雷达的检测方式

（1）检测工具。

超声波雷达检测所需要的工具如表 3-1 所示。

表 3-1 超声波雷达检测工具表

序号	设备名称	图示
1	带有超声波雷达测试软件的笔记本电脑	
2	12V 供电电源	
3	CAN 分析仪及数据线	
4	线束	

续表

序号	设备名称	图示
5	超声波雷达控制器	
6	超声波雷达	

（2）CAN 分析仪的使用。

在汽车上，通常采用 CAN 总线来实现多个设备之间的通信和控制。CAN 分析仪是一种用于分析和监测 CAN 总线通信的工具。CAN 分析仪连接到 CAN 总线上后，可以捕获 CAN 总线上传输的所有信息，并对其进行解码和分析，从而更好地了解系统的运行情况和性能。

如图 3-7 所示，CAN 分析仪侧面有 CAN1 和 CAN2 两个通道，使用前，可以通过自检确保 CAN 分析仪能够正常使用。

图 3-7 CAN 分析仪

当 CAN 分析仪的 CAN1 和 CAN2 端口相互短接后，CAN 总线上将形成 CAN 环路。此时，CAN 分析仪可以通过自检检测 CAN 环路上所有节点的响应情况，从而判断 CAN 总线的状态是否正常。

CAN 分析仪的自检步骤如表 3-2 所示。

表 3-2　CAN 分析仪的自检步骤

步骤	示意图
① 用两根导线，分别短接 CAN1-H 和 CAN2-H，CAN1-L 和 CAN2-L	
② 将 CAN 分析仪的数据线接至电脑	
③ 打开 USB_CAN TOOL 上位机软件	
④ 单击"设备操作"菜单	
⑤ 单击"USBCAN 测试工具"选项	

续表

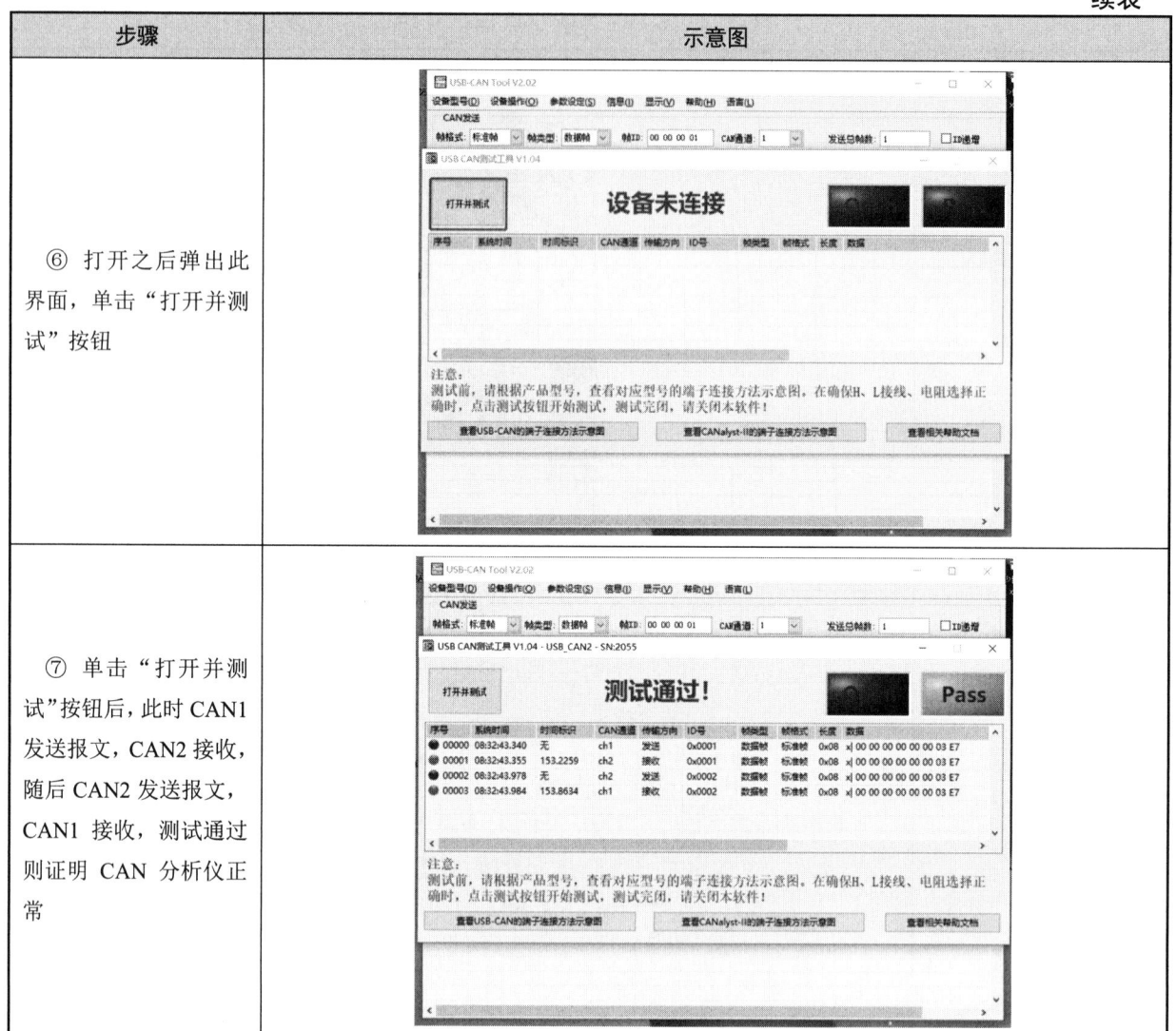

步骤	示意图
⑥ 打开之后弹出此界面，单击"打开并测试"按钮	
⑦ 单击"打开并测试"按钮后，此时CAN1发送报文，CAN2接收，随后CAN2发送报文，CAN1接收，测试通过则证明CAN分析仪正常	

（3）超声波雷达的检测过程。

将超声波雷达控制器的CAN-H和CAN-L分别接到CAN分析仪同一通道上的H和L端口，便可以通过超声波雷达测试软件对超声波雷达进行检测。超声波雷达的检测过程如表3-3所示。

表3-3 超声波雷达的检测过程

步骤	示意图
① 测量供电电源电压	

续表

步骤	示意图
② 检查超声波雷达的引脚、外观和超声波雷达控制器的引脚、外观	
③ 测量线束，确认线束正常后进行线束连接	
④ 连接超声波雷达、超声波雷达控制器、CAN 分析仪，将 CAN 分析仪的数据线接至电脑，最后接通电源进行检测	
⑤ 打开超声波传感器测试软件	
⑥ CAN 通道选择 CAN 线连接的通道；波特率选择 500kbps[①]；探头位置选择超声波雷达连接位置	

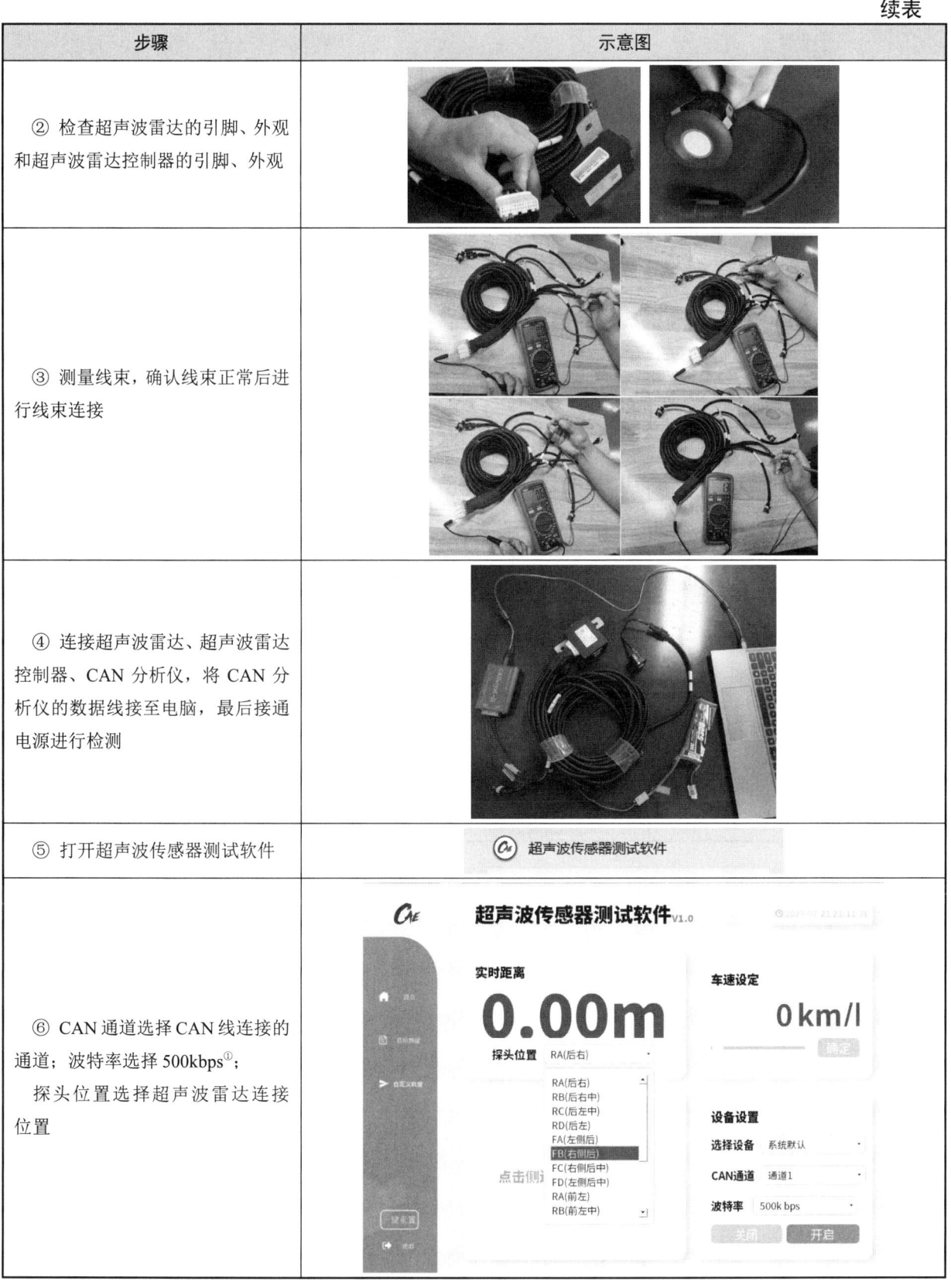

① 正确写法为"kbit/s"，本书软件截图中为"kbps"。

续表

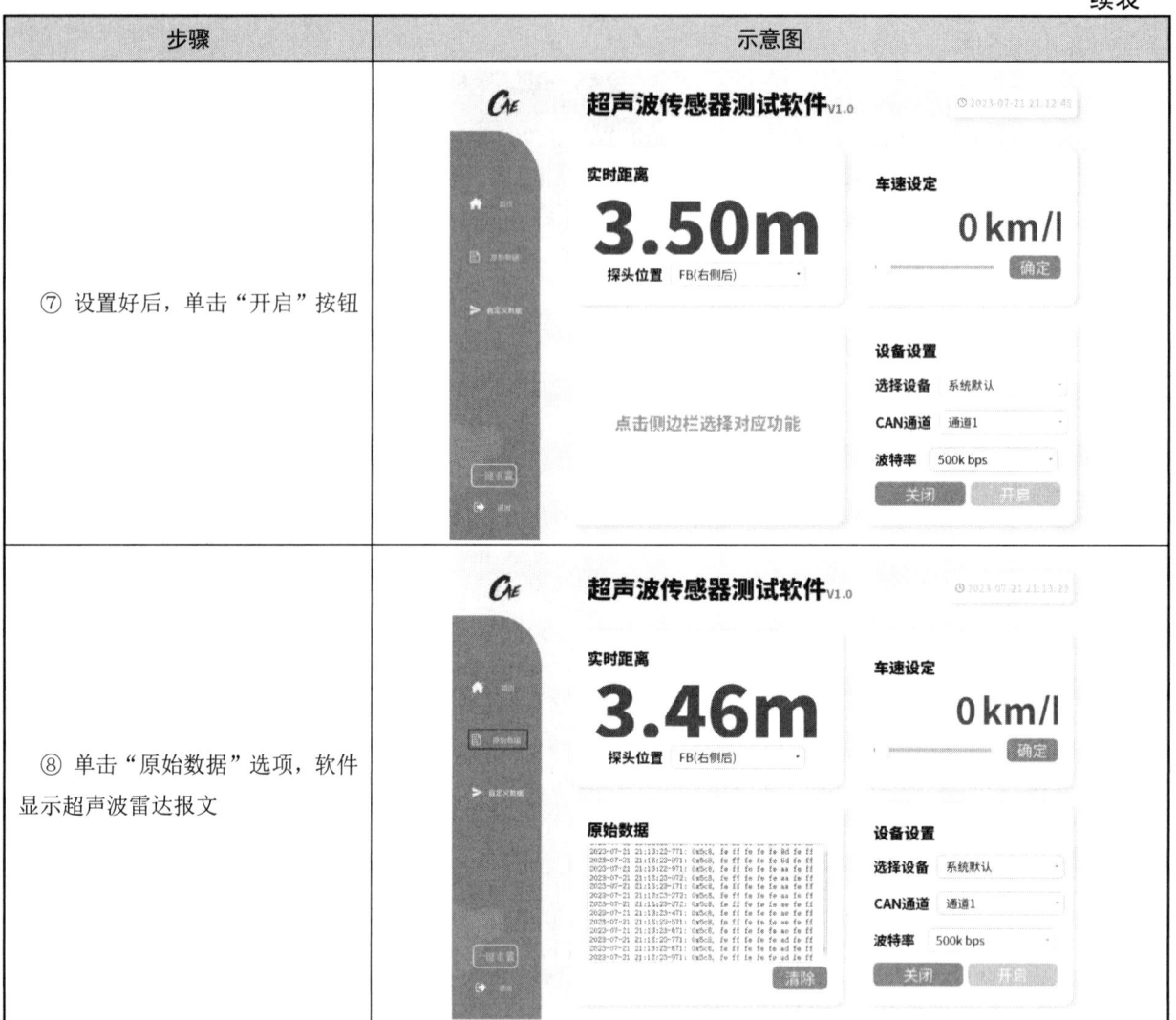

步骤	示意图
⑦ 设置好后，单击"开启"按钮	（超声波传感器测试软件 V1.0 界面，实时距离 3.50m，探头位置 FB（右侧后），车速设定 0 km/l，设备设置：选择设备 系统默认，CAN通道 通道1，波特率 500k bps）
⑧ 单击"原始数据"选项，软件显示超声波雷达报文	（超声波传感器测试软件 V1.0 界面，实时距离 3.46m，探头位置 FB（右侧后），车速设定 0 km/l，原始数据显示报文列表，设备设置：选择设备 系统默认，CAN通道 通道1，波特率 500k bps）

2. 汽车修理厂超声波雷达的检测方式

汽车修理厂在加装倒车雷达和泊车辅助系统时，会检测超声波雷达。超声波雷达系统主要由超声波雷达、超声波雷达控制器和显示器组成，如图3-8所示。

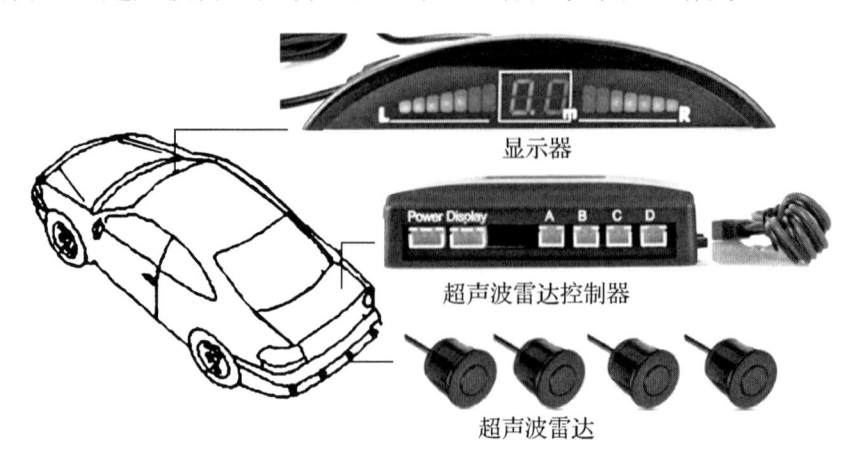

图3-8 超声波雷达系统组成

超声波雷达系统的测试过程如下。

（1）超声波雷达控制器的接线。

将超声波雷达控制器电源线束中的红线与倒车灯的正极相连接，黑线与搭铁线相连接，蓝线与制动灯正极相连接。

（2）显示器的连接与测试。

连接显示器与超声波雷达控制器，选择倒车挡，若显示器被点亮，表明已进入正常的检测状态。

（3）超声波雷达的连接与测试。

将一个超声波雷达插入超声波雷达控制器对应的接口中，根据车辆前后方安装的位置不同，进行调试。

① 不启动车辆，将车辆点火开关置于 ON 挡。

② 前雷达系统调试：一位调试员坐在驾驶位置上，一位调试员站在距离前保险杠 1.5m 处，雷达报警器持续报警为正常。

③ 后倒车雷达系统调试：一位调试员坐在驾驶位置上，选择倒车挡，一位调试员站在距离后保险杠 1.5m 处，由远及近靠近雷达时，倒车雷达蜂鸣器报警音由缓慢变急促为正常。

正常情况下，超声波雷达应能正常探测，并有相应的距离显示及提示音。拔下该超声波雷达，按同样的方法检查其他超声波雷达。

二、超声波雷达的安装步骤

1. 安装孔开孔

很多车辆在生产时会设置超声波雷达的安装预留孔（如图 3-9（a）所示）或者定位标志（如图 3-9（b）所示）。若汽车后保险杠上没有预留孔，则需先根据超声波雷达的数量，按照图 3-10 所示参考高度和宽度进行打孔。超声波雷达安装的高度有具体的范围要求，车前安装距离地面高度为 45~50cm，车后安装距离地面高度为 50~60cm，如果高度过低，会探测到地面从而产生错误的报警信息。

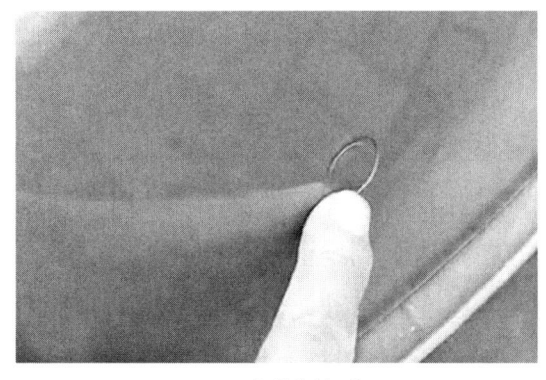

（a）安装预留孔　　　　（b）定位标志

图 3-9　超声波雷达的安装预留孔和定位标志

在安装超声波雷达前，需要根据安装孔尺寸，选择合适的钻头及开孔器（开孔器如图 3-11 所示），在安装位置进行打孔。

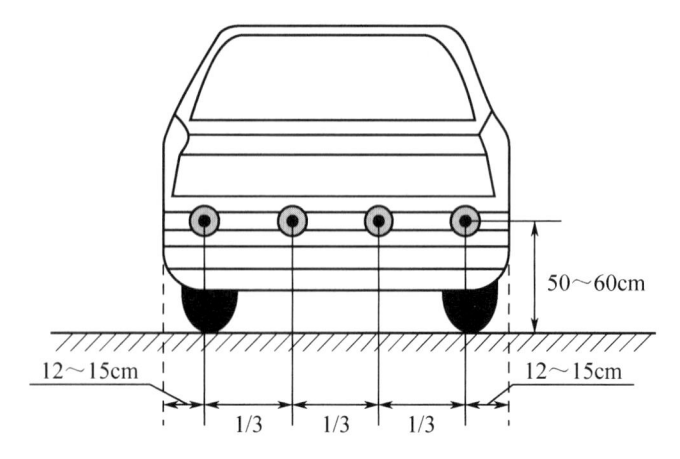

图 3-10　车后超声波雷达的安装孔位置

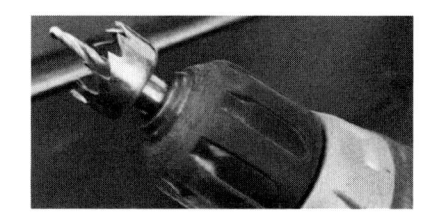

图 3-11　开孔器

2. 超声波雷达的安装

将超声波雷达插入孔中，用手按住超声波雷达两边向里推，由于超声波雷达中间是振动区，受力易受损，因此请勿用力按、挤压。超声波雷达的安装方式如图 3-12 所示。

超声波雷达上有一个小箭头的标志，安装时箭头应向上，如图 3-13 所示。调整好超声波雷达的方向后，将连线理顺。

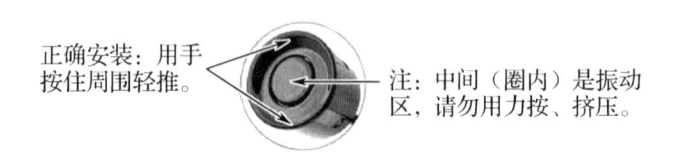

图 3-12　超声波雷达的安装方式

图 3-13　超声波雷达向上标志

3. 超声波雷达安装注意事项

（1）在进行安装时，必须将车置于熄火状态。

（2）超声波雷达上有一个小箭头的标志，安装时箭头应向上。如果保险杠弯曲度较大，可适当调整安装位置。

（3）超声波雷达的安装要松紧适度，并要修整安装孔，确保安装孔无毛刺。若把超声波雷达压得太紧，超声波雷达内部的振动板可能无法振动，从而无法发出超声波；若安装得过松，则超声波雷达易在汽车振动时改变方向，探测到地面从而产生错误的报警信息。

（4）如果超声波雷达安装在铁质挡板上，需要在超声波雷达四周包裹电工绝缘胶布。

（5）超声波雷达控制器应安装在不易受干扰的位置，尤其不能安装在排气管或大量电气布线附近。

三、超声波雷达系统常见故障分析与检修

1. 泊车辅助状态无警示音

（1）故障现象。

在倒车状态下超声波雷达不自检、不探测，蜂鸣器无任何声音输出。

（2）检修步骤。

此故障表明超声波雷达系统不能进入工作状态，检查步骤如下。

① 先检查蜂鸣器是否正常。

② 检查电源线、接收器和各超声波雷达的连线是否正确，接触是否良好。

③ 如果上述检查均正常，则表明超声波雷达控制器损坏。

2. 泊车时无障碍物依然报警

（1）故障现象。

泊车状态下自检正常，但是车后无障碍物蜂鸣器依然鸣叫。

（2）检修步骤。

① 确认车后保险杠附近有无障碍物。

② 检查超声波雷达安装是否正确，尤其要检查超声波雷达固定卡是否将超声波雷达压得太紧。

③ 若上述检查均正常，则说明某个超声波雷达有故障，可断开相应连线进行判断。

3. 超声波雷达系统自检不正常

（1）故障现象。

超声波雷达系统自检不正常。

（2）检修步骤。

① 检查超声波雷达控制器、超声波雷达与车身线束连接是否正常，电源供电是否正常。

② 检查各个超声波雷达安装是否正常。

③ 若上述检查均正常，则更换超声波雷达控制器。

总结与拓展

超声波雷达因为结构简单、体积小、成本低、信息处理简单可靠、易于小型化与集成化等优点在汽车上应用较多。在实际生产过程中，超声波雷达的配件供应商会在供应源头做好质量监督，所以在汽车制造装配生产线上，超声波雷达的检测往往不单独进行，而是和其他智能网联传感器一起待车辆下线后在整车调试中进行。

任务实施一

设备信息	设备厂家		
	设备名称		
	设备型号		
任务描述	依据下述实训流程完成各环节实训任务。		
项目	作业记录内容		备注
一、前期准备	1. 更换工装和劳保鞋。 2. 按照场地实际情况进行实训分组。 3. 发放实训工单，自备黑色签字笔。 4. 讲清实训纪律。		
二、超声波雷达控制器的引脚认知	超声波雷达控制器的型号：_____ 引脚定义 | 引脚号	定义 | |---|---| | 1 | | | 2 | | | 3 | | | 4 | | | 5 | | | 6 | | | 7 | | | 8 | |		
三、实施准备	1. 超声波/毫米波雷达虚拟仿真实训台。 2. 220V 电源插座。 3. 笔记本电脑。		

续表

项目	作业记录内容	备注
四、计划实施	（一）信息收集 1．小组绕实训台记录超声波雷达的位置，讨论其工作原理及工作范围。 2．小组从实训台内部了解其线束连接方式，各端子的含义。 3．测量并记录实训台上超声波雷达各端子输出电压的变化。 （二）目视检查 1．检查有无可能影响超声波雷达系统操作的装置。 2．检查易于接触或能够看到的系统部件，以查明其是否有明显损坏或存在可能导致故障的情况。 3．检查超声波雷达控制单元的安装及线束连接是否正确。 （三）传感器故障诊断 1．教师在故障诊断实训开始前，打开实训设备教学系统，进入"系统管理"板块，设置超声波雷达的相关故障，单击"确定"按钮，故障设置成功，返回"故障检测"模块。 2．学生在"故障检测"模块，单击界面上"启动开关"按钮启动实训平台车辆，再单击超声波雷达功能区按钮，在超声波雷达前方设置障碍物，确认各超声波雷达功能是否正常。功能异常的表现为当超声波雷达前有障碍物时，超声波雷达系统不预警。 3．若识别有超声波雷达功能异常，单击该板块内"维修介绍"按钮，学生可先了解该实训平台上检测端口各端子定义及台架故障设计拓扑图，再使用万用表测试对应端口的电压和电阻，或连接 CAN 分析仪使用电脑查看报文情况，分析故障原因。 4．故障分析完成，在故障问题选项区勾选对应故障，选择完毕，单击"提交成绩"按钮，完成超声波雷达故障诊断实训，实训完毕系统自动判定实训结果，回答正确的考题图标为蓝色，错误的则为红色。	
五、现场恢复	（不需要填写）	

任务实施二

设备信息	设备厂家	
	设备名称	
	设备型号	
任务描述	依据下述实训流程完成各环节实训任务。	

续表

项目	作业记录内容	备注
一、前期准备	1. 规范着装（着装整洁、不戴首饰、挽起长发等）。 2. 正确设置安全警示牌、隔离带。 3. 检查工具仪器。 □电脑　□CAN 分析仪　□12V 供电电源　□线束 □内六角扳手　□一字螺丝刀　　□万用表 4. 检查零部件。 □超声波雷达控制器（前/后）　□固定螺栓 □线束（前/后）　　□超声波雷达	
二、超声波雷达的检测	1. 检测电源电压。 2. 线束连接（将元件序号写在空白处）。 ①超声波雷达　②超声波雷达控制器　③12V 供电电源 ④CAN 分析仪　⑤数据线 3. 检查线束插头连接。 　□到位　□不到位 4. 超声波雷达的编号为：_____。 5. 打开电脑中上位机软件。 6. 正确配置参数。 　CAN 通道：_____　波特率：_____ 　探头位置：_____ 7. 检测障碍物距离，上位机软件界面中有原始报文输出。 8. 关闭上位机软件。 9. 断开线束连接。	
三、车辆状态检查	1. 检查确认车辆驻车状态。 2. 检查确认车辆启动状态。	

续表

项目	作业记录内容	备注
四、超声波雷达的安装	1. 安装超声波雷达。 文字"上" 箭头或文字应处于_____方。 手（□能　□不能）触摸白色部位。 2. 安装超声波雷达控制器。	
五、现场恢复	（不需要填写）	

练习与思考题

一、选择题

1. 超声波雷达属于（　　）。

   A．电控单元　　　　B．传感器　　　　C．执行器　　　　D．开关

2. 超声波雷达识别障碍物采用（　　）的方式。

   A．非接触检测和识别　　　　　　　B．接触检测和识别

   C．IC 卡识别　　　　　　　　　　D．红外识别

3. 超声波雷达通常采用的电压是（　　）。

   A．AC 12V 或 AC 24V　　　　　　B．DC 24V

   C．DC 12V 或 DC 24V　　　　　　D．AC 12V

4. UPA 主要用来测量汽车（　　）方向的障碍物。

   A．上下　　　　B．左右　　　　C．斜角　　　　D．前后

5. APA 主要用来测量汽车（　　）方向的障碍物。

   A．上下　　　　B．左右　　　　C．斜角　　　　D．前后

6. 下列哪项不是超声波雷达的特点？（　　）

   A．对温度敏感　　　　　　　　　B．单个雷达不能精准定位障碍物

   C．应用于高速场景　　　　　　　D．存在盲区

7．超声波雷达系统的组成不包括（　　）。

A．超声波雷达　　　　　　　　　　B．超声波雷达控制器

C．显示器　　　　　　　　　　　　D．倒车制动灯

8．超声波雷达系统中，（　　）可以对传过来的数据进行处理，从而判断出障碍物的位置。

A．超声波雷达　　　　　　　　　　B．超声波雷达控制器

C．显示器　　　　　　　　　　　　D．倒车制动灯

二、判断题

（　　）1．可以被人类听到的声音都属于超声波。

（　　）2．超声波的传播速度高于光波的传播速度。

（　　）3．UPA 的测量距离一般为 30～500cm。

（　　）4．APA 比 UPA 的探测距离远，因此成本更高，功率也更大。

（　　）5．探头是超声波雷达的俗称。

（　　）6．超声波雷达的数量越多，探测的盲区就越大。

（　　）7．有一些倒车雷达系统采用粘贴式安装，这种安装方式无须在车体上打孔。

项目四

毫米波雷达的认知、安装与标定

```
毫米波雷达的认知、安装与标定
├── 毫米波雷达的认知
│   ├── 基本概念
│   │   ├── 电磁波
│   │   └── 毫米波雷达
│   ├── 毫米波雷达的结构原理
│   │   ├── 毫米波雷达的基本结构
│   │   └── 毫米波雷达的工作原理
│   ├── 毫米波雷达的分类及特点
│   │   ├── 毫米波雷达的分类
│   │   └── 毫米波雷达的特点
│   └── 毫米波雷达的应用
│       ├── 毫米波雷达的技术参数
│       ├── 毫米波雷达的引脚及附件
│       └── 毫米波雷达的功能应用
└── 毫米波雷达的安装与标定
    ├── 毫米波雷达的检测
    │   ├── 物料及工具的检查
    │   └── 毫米波雷达的检测
    ├── 毫米波雷达的安装
    │   ├── 毫米波雷达的安装准备
    │   ├── 毫米波雷达的安装位置确认
    │   ├── 毫米波雷达的安装高度确认
    │   └── 毫米波雷达的安装步骤
    └── 毫米波雷达的标定
        ├── 毫米波雷达的标定准备
        └── 毫米波雷达的标定步骤
```

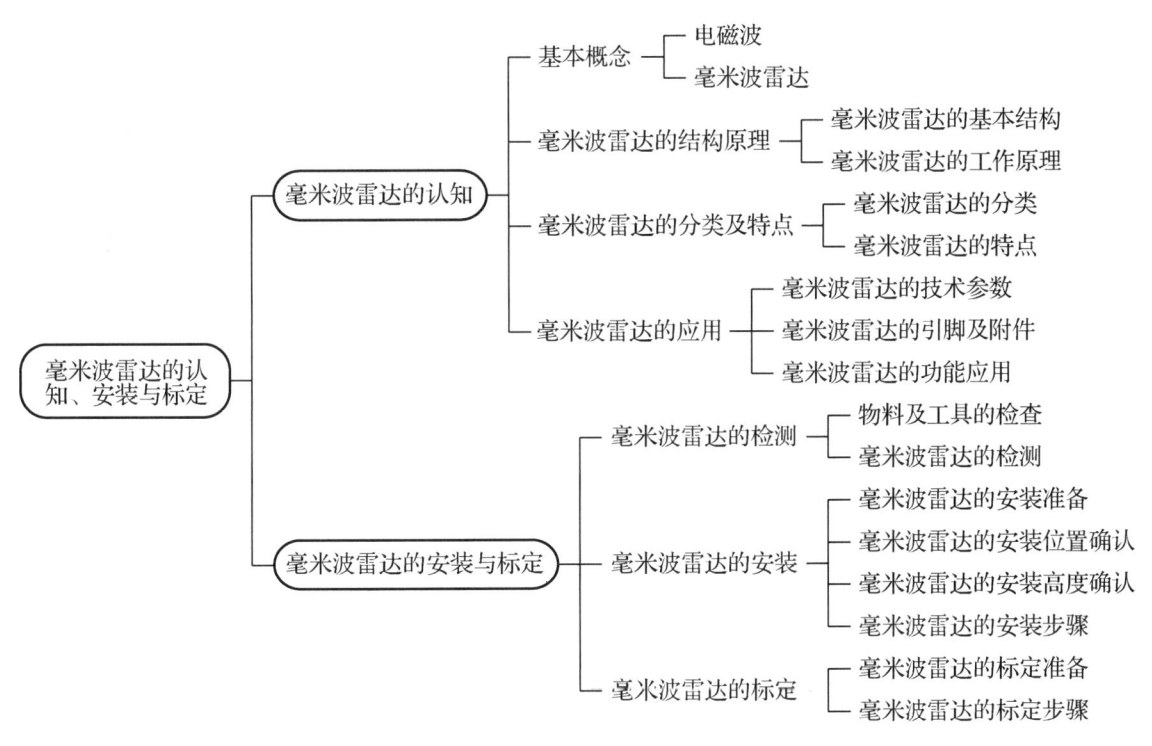

知识目标

1. 能描述毫米波雷达的基本工作原理;
2. 能列举毫米波雷达的分类依据方式、所分种类及特点;
3. 能辨别毫米波雷达的各组成部分,并描述其作用;
4. 能说出毫米波雷达的安装与检测步骤;
5. 能指出毫米波雷达安装与检测过程中的错误操作;
6. 能理解毫米波雷达标定的基本原理。

技能目标

1. 能通过观察指出毫米波雷达相应的功能及适用场景;

2. 能依据不同的应用场景，推荐适用的毫米波雷达；
3. 能通过查阅资料，认识一款新的毫米波雷达；
4. 能协作完成毫米波雷达的安装；
5. 能独立完成毫米波雷达的标定。

素养目标

1. 养成良好的职业道德和行为规范；
2. 提升学生的团队协作能力、人际沟通能力和语言表达能力；
3. 培养学生的自主学习能力、分析问题能力和解决问题能力；
4. 提升学生对自主品牌的认同感，增强科技自信，树立技能报国的信念。

任务 1　毫米波雷达的认知

情景引入

小王是一名汽修工，他的叔叔有一台具有 L2 级自动驾驶功能的新能源汽车。一天小王的叔叔告诉小王，他车上的自适应巡航功能无法使用了，想让小王帮忙看一看是哪里出了问题。经过一番查看，小王发现叔叔的车子前保险杠安装毫米波雷达的位置被泥土遮挡了。清除泥土后，小王进行了测试，车子的自适应巡航功能恢复了。你知道这是为什么吗？

资讯信息

一、基本概念

1. 电磁波

麦克斯韦的电磁场理论表明：变化的电场会产生磁场，变化的磁场又会产生电场。因此，变化的电场与变化的磁场之间相互激发、相互依赖、交替产生，组成一个系统的场，即电磁场。在介质或真空中，以有限速度传播的时变电磁场就是电磁波。

在一根导线中通入交变电流，这个导线的周围就会产生一个环形磁场，变化的磁场马上又会产生一个与磁场垂直的环形电场，如此一环套一环，每相邻两个环之间都是彼此垂直的关系。将磁场的振荡方向设定为 x 轴，电场的振荡方向便是与 x 轴垂直的 y 轴，而电磁波的行进方向便是 z 轴，这样，便确立了一个关于电磁波的三维坐标系，如图 4-1 所示。

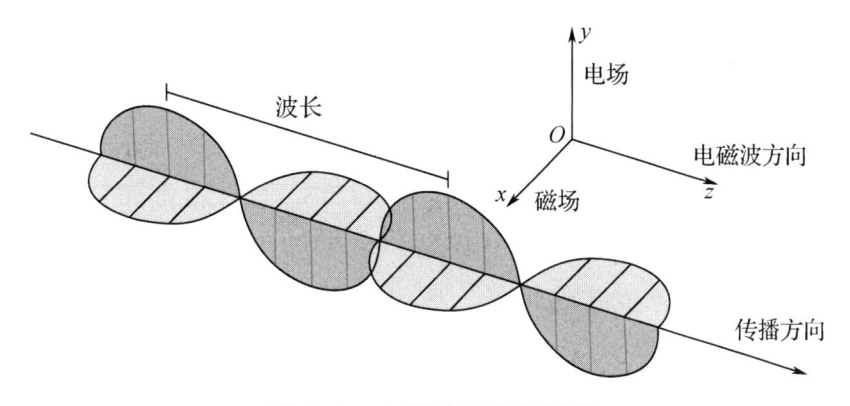

图 4-1 电磁波三维坐标系

如图 4-2 所示，按照波长由长到短可以将电磁波分为无线电波、毫米波、红外线、可见光、紫外线、X 射线、γ 射线等。

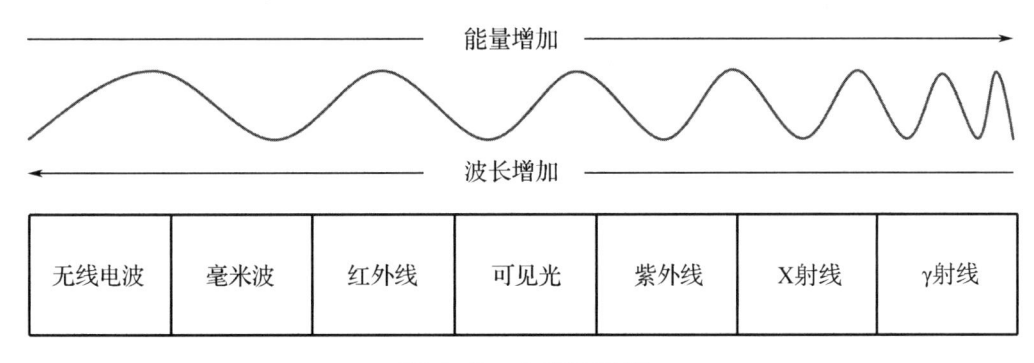

图 4-2 电磁波种类

电磁波的传输不需要依靠介质，各种电磁波在真空中的传输速度是固定的，均为光速（一般取 $3×10^8$ m/s）。每一个振荡周期，电场上下振荡一次，磁场在垂直方向上也振荡一次。当电磁波行进到金属导线附近时，导线内的电子将受到力的作用，从而在导线中产生电流。

电磁波的频率与波长的关系式为

$$v = l × f$$

式中：l 表示波长，f 表示频率，v 表示电磁波的速度。

电磁波由一种介质进入另一种介质时，会发生折射、反射、衍射和散射等现象。电磁波的波长越长，频率越低，衍射能力越强，信号损失衰减越小，传输距离越远，能够实现信号的广域覆盖；电磁波的波长越短，频率越高，信号损失衰减越大，传输距离越短，可实现信号的局域覆盖。

2. 毫米波雷达

根据国家标准 GB/T 3784—2009 的定义，雷达是指利用电磁波发现目标并获取目标位置等信息的装置。因此毫米波雷达指的是利用毫米波发现目标并获取目标位置等信息的装置。

毫米波雷达的工作频段为 30～300GHz，波长为 1～10mm。与激光雷达相比，毫米波雷达受天气影响较小，适用于绝大多数天气环境；与微波雷达相比，毫米波雷达体积小，更易进行系统设计与布置。

毫米波雷达通过发射与接收毫米波来探测目标，通过内部的信号处理器计算被测物体的距离、速度、方位等信息，精度较高。毫米波雷达早期多应用于军事领域，随着雷达技术的发展与进步，成本的降低，它开始应用于汽车电子、无人驾驶、智能交通等方面。

二、毫米波雷达的结构原理

1. 毫米波雷达的基本结构

毫米波雷达主要由天线、信号处理器、信号发射器及信号接收器等部件组成。天线的主要作用是实现电信号和电磁波信号之间的相互转化；信号发射器用于产生射频电信号；信号接收器将接收到的射频信号转换成低频电信号；信号处理器负责从接收到的信号中提取出距离、角度、速度等信息。毫米波雷达如图 4-3 所示。

图 4-3 毫米波雷达

毫米波雷达的天线（如图 4-4 所示）包括发射天线和接收天线两部分，两组发射天线（TX1、TX2）分别负责探测近处和远处的目标，其探测范围如图 4-5 所示。TX1 为横向距离探测天线，TX2 为纵向距离探测天线。由于近处的视角比较大（约为 90°）所以需要较多的天线；而远处的视角比较小（约为 20°）所以只需要两根天线。毫米波雷达通过天线发射和接收电磁波，所发射的电磁波不是各个方向均匀的球面波，而是具有指向性的波束，且在各方向上具有不同的强度。

图 4-4 天线

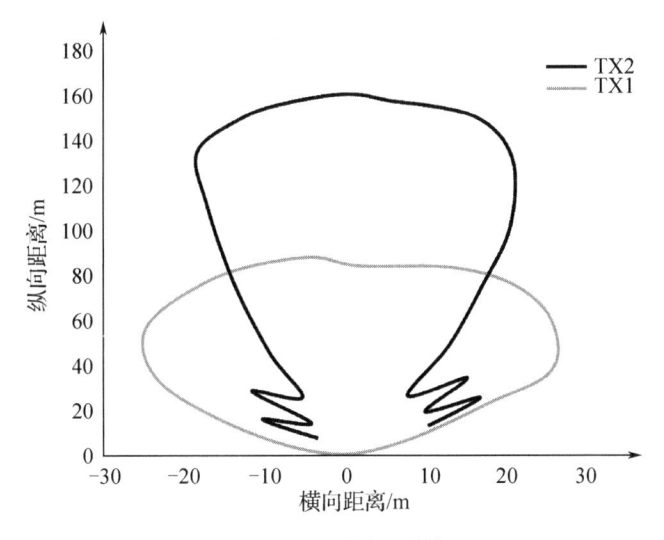

图 4-5 天线探测范围

2. 毫米波雷达的工作原理

（1）工作过程。

毫米波雷达的工作过程如图 4-6 所示，发射天线向外发射毫米波，接收天线接收目标物反射的毫米波，经信号处理器计算后快速准确地获取汽车周围的环境信息，如车辆与其他物体之间的距离、角度、行驶方向等。整车中央处理单元接收毫米波雷达获取的信息，同时融合车辆动态信息，经运算决策后，通过报警装置以声、光及触觉等多种方式告知驾驶员，或通过控制执行装置及时对车辆做出主动干预，从而保证车辆行驶的安全，减少事故发生。

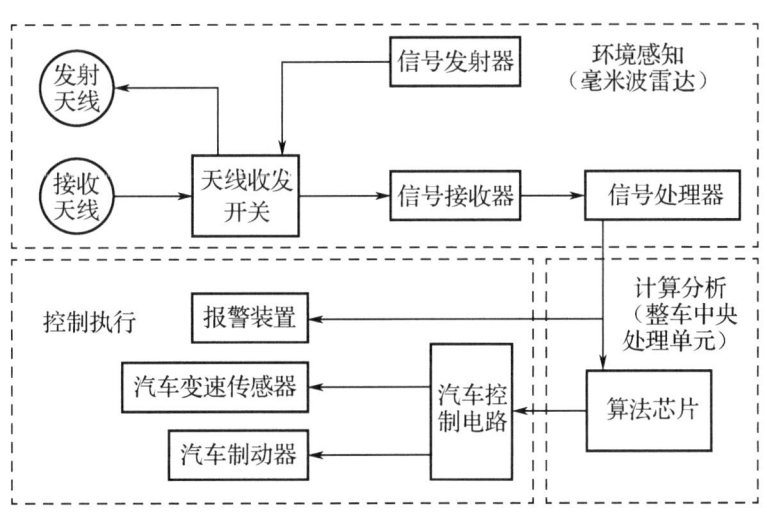

图 4-6 毫米波雷达的工作过程

毫米波雷达发射一串连续调频的电磁波，经目标物反射后产生回波信号。回波信号与发射信号波形相同，但是时间存在间隔，据此，可以确定目标物的距离，计算公式为

$$s = c\Delta t/2$$

式中：s 为目标物距离，c 为电磁波传播速度，Δt 为电磁波回波信号与发射信号的时间间隔。

（2）工作原理。

生活中我们有时会遇到这样的情况，当一架飞机从我们头顶飞过，相比于飞机飞离我们，飞机向我们飞来时声音更响亮，这就是多普勒效应（Doppler Effect），如图 4-7 所示。多普勒效应指的就是当声音、光和无线电波等振动源与观测者以相对速度 u 运动时，观测者所收到的振动频率与振动源所发出的频率会有所不同。对于毫米波雷达，当发射的电磁波与被探测目标物有相对移动时，回波的频率会和发射波的频率不同。当目标物向毫米波雷达靠近时，回波信号频率高于发射信号频率；当目标物远离毫米波雷达时，回波信号频率低于发射信号频率。

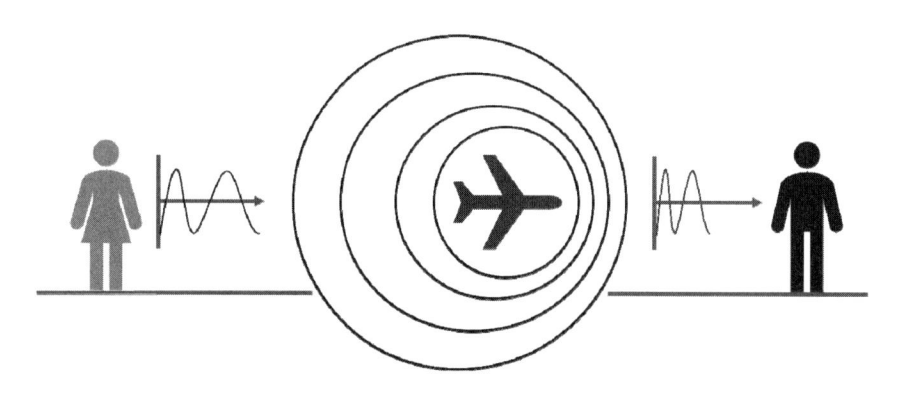

图 4-7 多普勒效应

多普勒效应所形成的频率变化叫作多普勒频移，它与相对速度 u 成正比。实际环境中回波信号与发射信号的时间间隔 Δt 不易准确测定，因此，通过混频监测回波信号与发射信号的频率差，可以测得目标物相对于毫米波雷达的距离和速度。调频毫米波雷达的速度、距离测量原理如图 4-8 所示。根据回波信号与发射信号的频率差，计算目标物相对于毫米波雷达的距离与速度的公式如下。

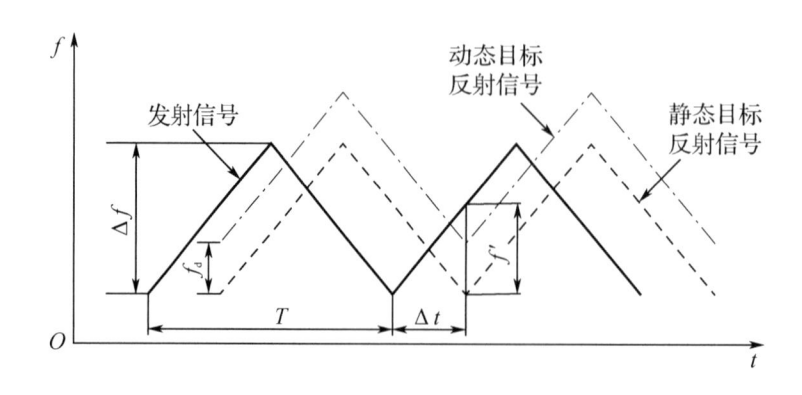

图 4-8 调频毫米波雷达的速度、距离测量原理

目标物的相对距离为

$$s = \frac{cTf'}{4\Delta f}$$

目标物的相对速度为

$$u = \frac{cf_d}{2f_0}$$

式中：s 为目标物的相对距离，c 为电磁波传播速度，T 为发射信号的周期，f' 为回波信号与发射信号的频率差，f_0 为发射信号的中心频率，f_d 为多普勒频率，u 为目标物的相对速度。

毫米波雷达的方位角测量原理如图4-9所示。毫米波雷达方位角公式为

$$\theta = \arcsin\frac{\lambda\Delta\varphi}{2\pi d}$$

式中：λ 为工作波长，θ 为目标物的方位角，d 为毫米波雷达的1号接收天线和2号接收天线之间的距离，$\Delta\varphi$ 为两个接收天线收到的回波信号相位差。

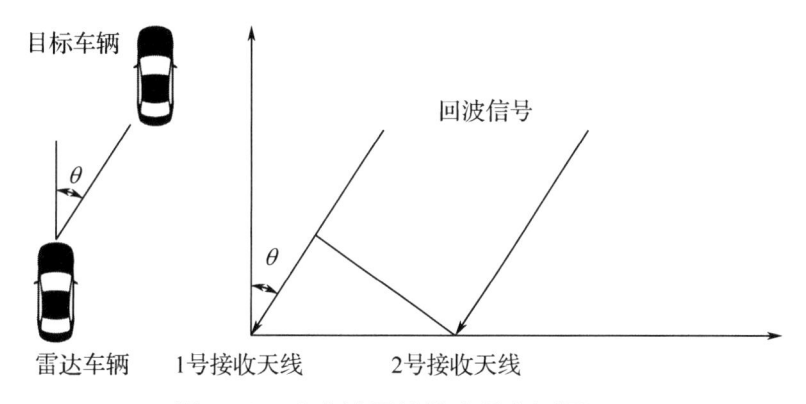

图 4-9 毫米波雷达的方位角测量原理

三、毫米波雷达的分类及特点

1. 毫米波雷达的分类

毫米波雷达可以按照频段、探测距离和工作原理进行分类。

（1）按频段分类。

毫米波雷达按采用的毫米波频段不同，可分为24GHz毫米波雷达、60GHz毫米波雷达、77GHz毫米波雷达和79GHz毫米波雷达等。目前采用的主流频段为24GHz和77GHz，24GHz毫米波雷达可用于短距离探测，77GHz毫米波雷达可用于长距离探测。一般情况下，相比于24GHz毫米波雷达，77GHz毫米波雷达体积更小、探测距离更远、精度更高，但是77GHz毫米波雷达对生产工艺的要求更高，芯片不易获取。

（2）按工作原理分类。

按照工作原理不同，毫米波雷达可以分为脉冲式毫米波雷达和调频式连续毫米波雷达。脉冲式毫米波雷达通过发射脉冲信号与接收到回波信号之间的时间差来计算目标物的距

离。脉冲式毫米波雷达测量原理简单，但是由于技术、元器件等因素的影响，实际应用中很难实现。

调频式连续毫米波雷达利用多普勒效应测量目标物的距离与相对速度。目前，大多数车载毫米波雷达采用调频式连续毫米波雷达。

（3）按探测距离分类。

毫米波雷达按探测距离不同，可分为短距离毫米波雷达、中距离毫米波雷达和长距离毫米波雷达三种。

2. 毫米波雷达的特点

毫米波雷达相较于其他传感器有以下特点。

（1）毫米波雷达探测距离远，最大探测距离可以达到 200m 以上。

（2）响应速度快。毫米波的传播速度与光速相同，并且调制简单，配合高速信号处理系统，可以快速地测量出目标的距离、速度、方位等信息。

（3）探测性能好。毫米波雷达电磁反射强，不受颜色和温度的影响。

（4）适应能力强。毫米波雷达与其他雷达相比，穿透能力比较强，在雨、雪、大雾等极端天气下也能进行工作，具有全天候的特点。

（5）抗干扰能力强。毫米波雷达一般工作在高频段，周围环境的噪声和干扰处于中低频段，基本上不会影响毫米波雷达的正常运行。

（6）毫米波具有波束的特征，发射出去的电磁波是一个锥状波束，存在盲区。

（7）与摄像头相比，毫米波雷达无法识别交通标志和交通标线。

四、毫米波雷达的应用

1. 毫米波雷达的技术参数

毫米波雷达的主要技术参数有最大探测距离、距离精度、距离多目标分辨率、最大探测速度、速度精度、速度多目标分辨率、视场角、角度精度、角度多目标分辨率等。

（1）最大探测距离指的是毫米波雷达能够探测到目标物的最远距离。

（2）距离精度指的是所探测到的目标物的距离与真实距离相比的准确程度。

（3）距离多目标分辨率指的是在一定距离处分辨不同目标物的能力。

（4）最大探测速度指的是毫米波雷达能够探测到目标物的最大速度，包括接近速度和远离速度。

（5）速度精度指的是所探测到的目标物的速度与真实速度相比的准确程度。

（6）速度多目标分辨率指的是分辨同一位置处不同速度的目标物的能力。

（7）视场角指的是在水平方向和垂直方向上毫米波雷达所能探测的最大角度，因此，视场角分为水平视场角和俯仰视场角。

（8）角度精度指的是所探测到的目标物的方位角与真实方位角相比的准确程度。

（9）角度多目标分辨率指的是在角度维度分辨相同距离、相同速度的不同目标物的能力。毫米波雷达的角度多目标分辨率较低，一般通过距离和速度区分不同目标物。

两款毫米波雷达的技术参数如表 4-1 所示。

表 4-1　两款毫米波雷达的技术参数

雷达品牌/型号	易来达（短距离）	大陆 ARS 408-21
频率	76～77GHz	76～77GHz
水平视场角	120°	±9°
俯仰视场角	±5°	±9°
距离范围	0.3～80m	0.2～250m
速度范围	−280～140km/h	−400～200km/h
距离精度	±0.15m	±0.4m
速度精度	±0.2km/h	±0.1km/h
角度精度	±1°	±0.1°
距离多目标分辨率	0.8m	1.79m
速度多目标分辨率	1.5km/h	0.43km/h
角度多目标分辨率	15°	1.6°

2. 毫米波雷达的引脚及附件

毫米波雷达套件中一般带有安装附件，即配套线束和可调节支架，如图 4-10 所示。

不同品牌或不同型号的毫米波雷达插接件的形状可能不同，引脚定义也不同。大陆 ARS 408-21 毫米波雷达插接件引脚定义如表 4-2 所示，纳雷科技 MR76 毫米波雷达插接件引脚定义如表 4-3 所示。大陆 ARS 408-21 毫米波雷达的插接件如图 4-11 所示，纳雷科技 MR76 毫米波雷达的插接件如图 4-12 所示。

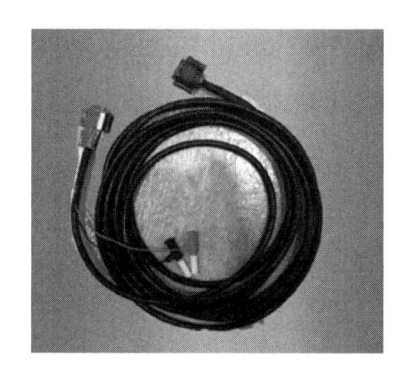

图 4-10　毫米波雷达安装附件

表 4-2 大陆 ARS 408-21 毫米波雷达插接件引脚定义

项目	引脚号	符号	颜色	功能
引脚信息	1	VBAT	红	+9～+36V 直流电源
	4	CAN-L	棕	CAN 线
	7	CAN-H	蓝	CAN 线
	8	GND	黑	地

表 4-3 纳雷科技 MR76 毫米波雷达插接件引脚定义

项目	引脚号	符号	颜色	功能
引脚信息	1	VBAT	棕	+8～+32V 直流电源
	4	GND	黑	地
	5	CAN-H	黄	CAN 线
	6	CAN-L	蓝	CAN 线

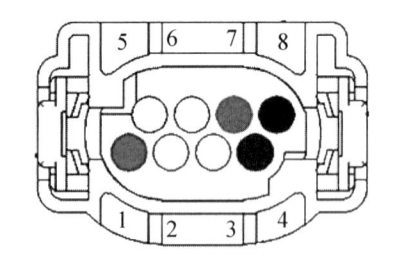

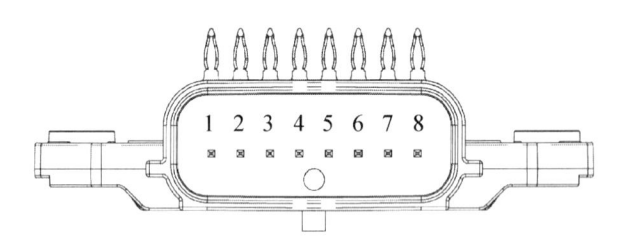

图 4-11 大陆 ARS 408-21 毫米波雷达的插接件　　图 4-12 纳雷科技 MR76 毫米波雷达的插接件

3. 毫米波雷达的功能应用

毫米波雷达是驾驶员辅助驾驶系统的核心传感器之一，不同种类毫米波雷达的技术参数差异较大，应用场景也不相同。毫米波雷达在车辆上的应用如表 4-4 所示。

短距离毫米波雷达的频率为 24GHz，具有探测距离近、水平视场角大、探测精度低的特点，主要应用于汽车的盲区监测（Blind Spot Detection，BSD）系统、变道辅助（Lane Change Assist，LCA）系统等系统中。在变道辅助系统中，短距离毫米波雷达安装在车辆的后保险杠内，用于监测车辆后方及两侧的车道是否有车，可否进行变道。变道辅助系统毫米波雷达探测范围如图 4-13 所示。变道辅助系统可以有效地防止变道、转弯等工况下交通事故的发生。短距离毫米波雷达水平视场角一般可达±80°，相对较大；探测距离一般为 60m 内，相对较近。

表4-4 毫米波雷达在车辆上的应用

毫米波雷达类型		长距离毫米波雷达	中距离毫米波雷达	短距离毫米波雷达
	工作频段/GHz	77～81	76～77	24
功能	自适应巡航系统	前方	前方	—
	前向碰撞预警系统	前方	前方	—
	自动紧急制动系统	前方	前方	—
	盲区监测系统	—	侧方	侧方
	自动泊车辅助系统	—	侧方	前方/后方
	变道辅助系统	—	后方	后方
	后向碰撞预警系统	—	后方	后方
	行人监测系统	—	前方	前方
	驻车开门辅助	—	—	侧方

长距离毫米波雷达的频率为77GHz，具有探测距离远、水平视场角小、探测精度高的特点，主要应用于前向碰撞预警（Forward Collision Warning，FCW）系统、自动紧急制动（Automatic Emergency Braking，AEB）系统、自适应巡航（Adaptive Cruise Control，ACC）系统中。在自适应巡航系统中，毫米波雷达安装在车辆的前保险杠上，主要探测同车道前车的距离和速度，经控制单元计算后，通过动力系统、制动系统等实现自适应巡航功能，解放驾驶员的双脚，提高驾驶舒适性。自适应巡航系统毫米波雷达探测范围如图4-14所示。长距离毫米波雷达与短距离毫米波雷达相比，天线体积更小，频率更高，精度更高。

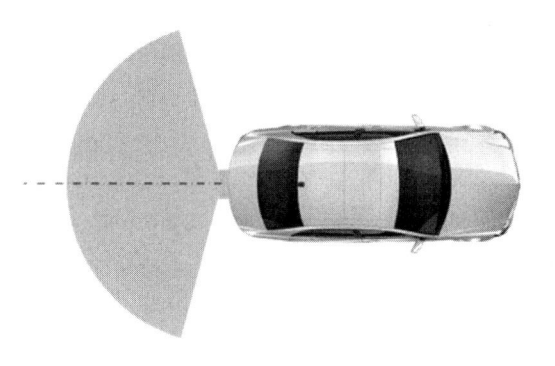

图4-13 变道辅助系统毫米波雷达探测范围

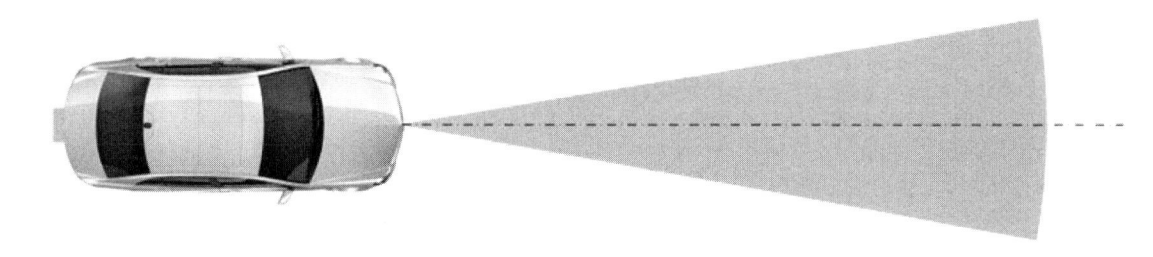

图4-14 自适应巡航系统毫米波雷达探测范围

毫米波雷达是环境感知系统的关键部件，应用于多个高级驾驶辅助系统中。目前，众多车企在中高端车型上配置的毫米波雷达，通常以"1长+4中短"的组合方案为主，同一毫米波雷达可以为多个高级驾驶辅助系统提供环境感知信息。

总结与拓展

本任务介绍了毫米波雷达的概念、工作原理、分类、特点,以及在智能网联汽车上的应用等相关知识。毫米波雷达除了用在智能网联汽车上,还能用在其他方面,如炮火控制、导弹制导、交通测速等。关于毫米波雷达,你所知道的应用领域还有哪些呢?

任务实施

设备信息	设备厂家	
	设备名称	
	设备型号	
任务描述	1. 按要求查找设备上的毫米波雷达,并完成工单。 2. 选择找到的一款毫米波雷达,填写其引脚定义。 3. 按照工单要求,通过查阅资料认识一款新的毫米波雷达。	
项目	作业记录内容	备注
一、前期准备	1. 更换工装和劳保鞋。 2. 按照场地实际情况进行实训分组。 3. 发放实训工单、记号笔、便笺,自备黑色签字笔。 4. 讲清实训纪律。	
二、毫米波雷达的认知	说明:按照分组,在超声波/毫米波雷达虚拟仿真实训台上查找毫米波雷达,对找到的毫米波雷达进行编号,并在下方写出每一个毫米波雷达的性能特点及所能够参与完成的功能。	

续表

项目	作业记录内容	备注
二、毫米波雷达的认知	**毫米波雷达 1** 安装位置： 特点： □长距离　　　□中距离　　　□短距离 □视场角大　　　□视场角小 可能参与完成的功能：	
	毫米波雷达 2 安装位置： 特点： □长距离　　　□中距离　　　□短距离 □视场角大　　　□视场角小 可能参与完成的功能：	
	毫米波雷达 3 安装位置： 特点： □长距离　　　□中距离　　　□短距离 □视场角大　　　□视场角小 可能参与完成的功能：	
	毫米波雷达 4 安装位置： 特点： □长距离　　　□中距离　　　□短距离 □视场角大　　　□视场角小 可能参与完成的功能：	

续表

项目	作业记录内容	备注
三、引脚定义	说明：选择实训设备上已有的一款毫米波雷达，通过观察、测量等方式确认其插接件各引脚的定义，并在下方做好记录。 所选毫米波雷达的品牌型号：＿＿＿＿＿＿＿＿＿＿＿ 插接件引脚定义 	引脚号	定义	 |---|---| | 1 | | | 2 | | | 3 | | | 4 | | | 5 | | | 6 | | | 7 | | | 8 | |	
四、毫米波雷达资料检索	说明：通过查阅资料认识一款毫米波雷达，并将毫米波雷达的相关信息填写完整。 毫米波雷达的品牌：＿＿＿＿＿＿＿＿＿＿＿ 毫米波雷达的型号：＿＿＿＿＿＿＿＿＿＿＿ 插接件引脚定义 | 引脚号	定义 | |---|---| | 1 | | | 2 | | | 3 | | | 4 | | | 5 | | | 6 | | | 7 | | | 8 | | 毫米波雷达的技术参数 | 序号	项目	参数 | |---|---|---| | | | | | | | | | | | | | | | | | | | | | | | | | | | | | | | |	
五、展示汇报	以个人或小组为单位针对实训内容进行展示、汇报、点评。	
六、现场恢复	（不需要填写）	

任务 2　毫米波雷达的安装与标定

情景引入

小王是一名4S店售后服务人员。一天店里送来了一台具有L2级自动驾驶功能的新能源汽车。该车发生了追尾事故，前保险杠变形严重。小王收到车后，经过仔细查看和评估，对顾客说："您的爱车前保险杠变形严重，毫米波雷达已经完全损坏，无法使用。您的爱车的维修内容不仅包含普通电器和机械的维修，还要校准毫米波雷达的安装位置，以及对新换的毫米波雷达进行标定，可能需要较长的维修时间。"同学们，你们知道毫米波雷达为什么要标定吗？

资讯信息

一、毫米波雷达的检测

1. 物料及工具的检查

毫米波雷达检测所需要的物料及工具有毫米波雷达、雷达线束、雷达电源、CAN分析仪、笔记本电脑（带上位机软件）。

在安装毫米波雷达之前需要对毫米波雷达进行检测，保证物料完好。在检测前需要先检查毫米波雷达及其附件，检查毫米波雷达外观有无碰伤、划痕等缺陷；检查线束及插接件是否完好，有无破损、变形等缺陷；检查可调节支架有无明显变形；检查工具是否满足作业要求。

2. 毫米波雷达的检测

毫米波雷达的检测主要是为了确认毫米波雷达本身无故障。毫米波雷达的检测步骤如下。

（1）线束连接。

① 连接毫米波雷达的线束与毫米波雷达。

② 根据毫米波雷达接口引脚定义，连接毫米波雷达电源与毫米波雷达线束，给毫米波雷达供电。

③ 根据毫米波雷达接口引脚定义，将CAN分析仪连接至毫米波雷达的CAN线。

(2) 毫米波雷达的检测。

① 将 CAN 分析仪的 USB 端连接至电脑，并启动对应的毫米波雷达上位机软件。某品牌毫米波雷达上位机软件图标及人机交互界面，如图 4-15 所示。

② 在毫米波雷达天线盖板前端放置障碍物，查看人机交互界面是否有对应的目标物显示指示，若显示，表明毫米波雷达正常，若不显示，表明毫米波雷达异常。

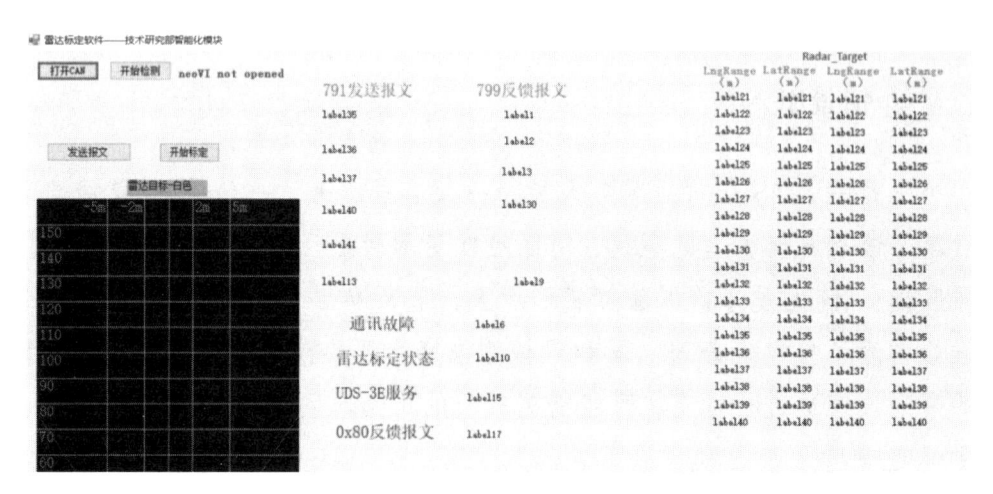

图 4-15　某品牌毫米波雷达上位机软件图标及人机交互界面

二、毫米波雷达的安装

1. 毫米波雷达的安装准备

安装毫米波雷达所需要的物料有检查良好的毫米波雷达、可调节支架和雷达线束；所需要的工具有双轴数显水平仪、扳手套件和记号笔。

双轴数显水平仪用来测量毫米波雷达的水平角和俯仰角，如图 4-16 所示。扳手套件用来调整毫米波雷达安装角度和紧固可调节支架。

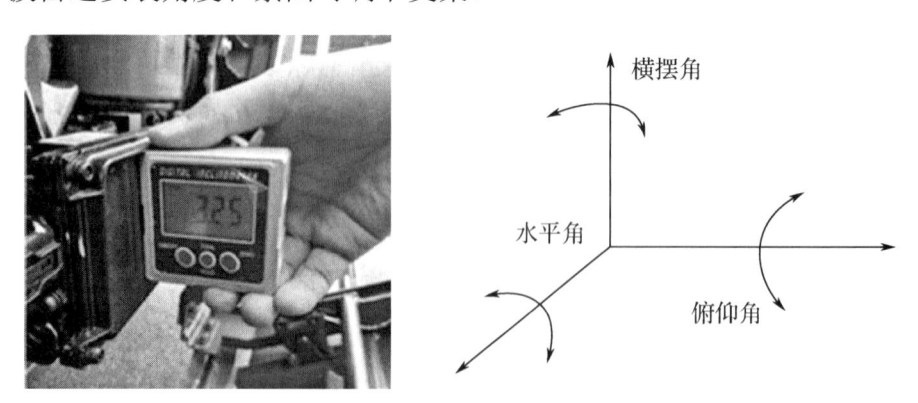

图 4-16　双轴数显水平仪测量角度

若是安装事故中损坏的毫米波雷达，首先需要对可调节支架的安装位置进行调整。

2. 毫米波雷达的安装位置确认

不同功能的毫米波雷达安装位置不同；不同品牌、型号的汽车，毫米波雷达的安装位置也可能不同。依据毫米波雷达的探测距离及所服务的功能，毫米波雷达的安装位置基本如下。

（1）短距离毫米波雷达的安装位置。

短距离毫米波雷达主要用于车辆的侧方探测、预警、变道辅助等功能上。短距离毫米波雷达通常在车辆四角成对称布置，如图 4-17 所示。车辆前部的毫米波雷达法线一般与车辆中轴线成 45°角；车辆后部的毫米波雷达法线一般与车辆中轴线成 30°角；毫米波雷达波束的中心面与地面基本平行，角度偏差控制在 1°以内。也有一些品牌的汽车，将短距离毫米波雷达安装在车身侧面。

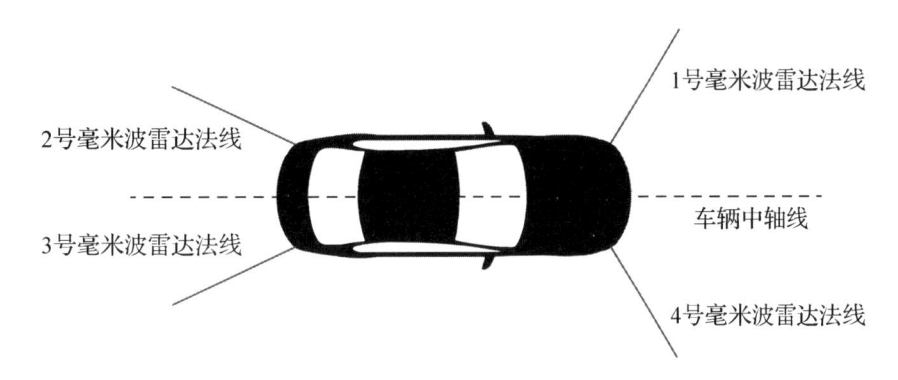

图 4-17 短距离毫米波雷达安装角度

（2）中、长距离毫米波雷达的安装位置。

中、长距离毫米波雷达主要用于自适应巡航系统、自动紧急制动系统等系统中。中、长距离毫米波雷达通常安装在车辆正前方或正后方的中轴线上，外露或隐藏于前、后保险杠内部，如图 4-18 所示。毫米波雷达波束的中心面与地面基本平行，角度偏差控制在 1°以内。特殊情况下，当毫米波雷达无法安装在车辆正前方时，可以采取偏置安装，偏置距离一般在 300mm 以内，偏置距离过大将影响毫米波雷达的探测效果。

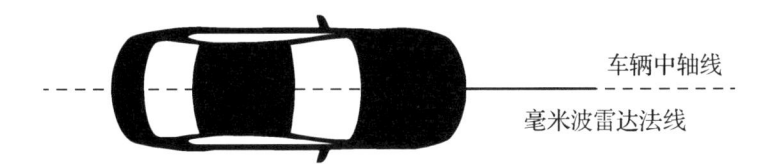

图 4-18 中、长距离毫米波雷达安装角度

3. 毫米波雷达的安装高度确认

毫米波雷达在垂直方向的视场角一般只有±5°，毫米波雷达安装高度过高会导致下侧盲区过大，安装高度过低，地面反射波会干扰毫米波雷达判断。因此，毫米波雷达安装高度在满载时不宜低于 500mm，在空载时不宜高于 1000mm，如图 4-19 所示。

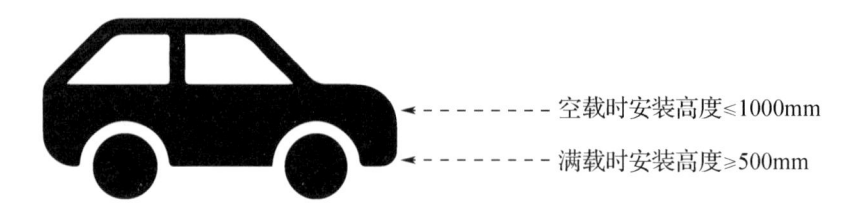

　　　　　　　　　　　　　　- - - - - - - 空载时安装高度≤1000mm
　　　　　　　　　　　　　　- - - - - - - 满载时安装高度≥500mm

图 4-19　毫米波雷达的安装高度

　　在改装车上（如技能大赛用车），安装毫米波雷达时一定要注意毫米波雷达的安装位置。在商品车上，毫米波雷达的安装位置在设计时已经确定，如宇通自动驾驶汽车小宇的正前方和正后方各安装了 1 个毫米波雷达。

4. 毫米波雷达的安装步骤

（1）商品车的安装步骤。

　　在汽车生产制造企业，毫米波雷达的安装位置、角度等参数在前期已经完成了设计和优化，在安装毫米波雷达时要严格按照工艺流程操作。商品车安装毫米波雷达的步骤如下。

① 定位工装。

　　要求定位准确，无明显偏差，不得影响毫米波雷达性能。

② 安装可调节支架。

　　要求严格按照工装定位块定位，安装后无明显位置偏移。

③ 安装毫米波雷达。

　　定位时要求毫米波雷达标签字体朝上，毫米波雷达天线罩指向车辆行驶方向，毫米波雷达安装牢固，无明显歪斜。

④ 校准毫米波雷达。

　　要求毫米波雷达本体在毫米波雷达盖板内侧框中间位置，边沿不超出内侧框，调整到位后，将所有螺栓紧固到位，并用记号笔标记。

⑤ 整理插接件和雷达线束。

　　毫米波雷达安装好后，将插接件插接牢靠，保证插接件防水塞与插接件边缘平齐，不外翻。将雷达线束按照设计要求进行固定。不按照要求安装插接件，易造成插接件进水，从而引起整车短路，有发生火灾的危险。不按要求固定雷达线束，易造成雷达线束混乱，影响美观及雷达的使用与维修。

　　商品车上的毫米波雷达如图 4-20 所示。

（2）技能大赛用车的安装步骤。

　　技能大赛所用的比赛车辆上，按照"1+4"的组合模式，安装有 5 个毫米波雷达，安装位置如图 4-21 所示。毫米波雷达通过可调节支架固定在整车上，可调节支架如图 4-22 所示。

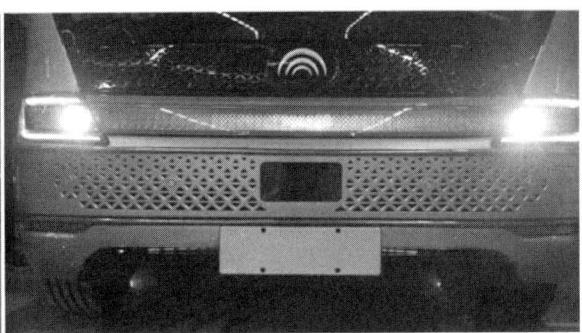

图 4-20　商品车上的毫米波雷达

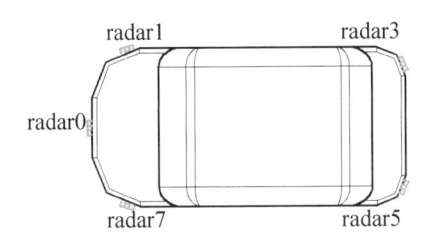

图 4-21　技能大赛用车毫米波雷达安装位置

图 4-22　可调节支架

技能大赛用车安装毫米波雷达的步骤如下。

① 安装毫米波雷达。

将检测良好的毫米波雷达安装在可调节支架上，并进行固定，如图 4-23 所示。

② 安装可调节支架。

将可调节支架安装在车辆固定点上，螺栓稍稍拧紧，保证能够进行调节，如图 4-24 所示。

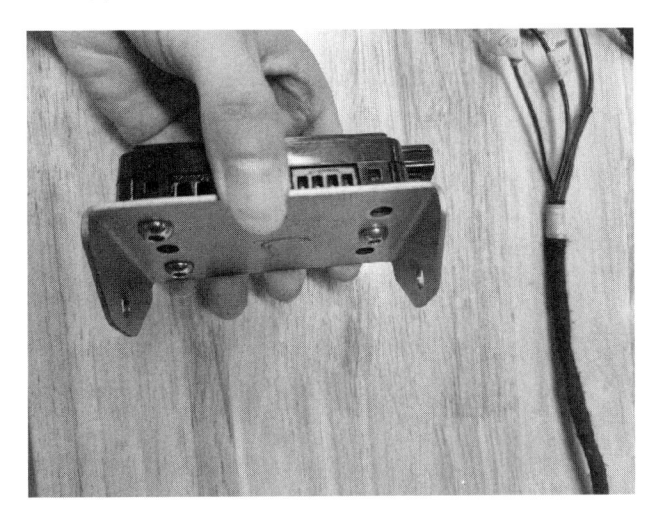

图 4-23　安装毫米波雷达

图 4-24　安装可调节支架

③ 调节安装角度。

用角度尺测量毫米波雷达的横摆角并对其进行调节，如图 4-25 所示；用角度测量仪分别放在毫米波雷达上表面、毫米波雷达发射面，测量毫米波雷达水平角及俯仰角，要求水平角≤1°，俯仰角范围为（90±1）°。

图 4-25 测量并调节毫米波雷达的安装角度

④ 固定可调节支架。

毫米波雷达调整到位后，将所有螺栓固定到位（弹簧垫片压平不开裂），固定完毕用记号笔标记画线。

⑤ 整理插接件和雷达线束。

将插接件插接牢靠，保证插接件防水塞与插接件边缘平齐，不外翻。对雷达线束进行整理，将雷达线束按照设计要求进行固定。

三、毫米波雷达的标定

1. 毫米波雷达的标定准备

（1）准备标定车辆。

将安装毫米波雷达的车辆放置在空旷区域，地面要尽量平整，无沟槽或凸起，区域内除标定所用标准反射器外禁止放置其他物品。检查车辆轮胎，尽量保持轮胎胎压一致，保证车辆处于水平状态。

（2）检查毫米波雷达。

对于商品车，要保证毫米波雷达天线罩前方不能有额外的金属覆盖件或经过喷涂的保险杠。覆盖件或毫米波雷达表面不能有水滴、水膜和积雪等有可能引起信号衰减或功能受限的杂物。

（3）准备标定工具。

所需要的标定工具有电脑、上位机软件、CAN 分析仪、电源、重锤线、激光测距仪、5m 卷尺、角反射器、记号笔等。同一毫米波雷达标定时所用的上位机软件与检测时所用的上位机软件基本相同。但是，不同品牌毫米波雷达所用的上位机软件一般不同。

2. 毫米波雷达的标定步骤

不同毫米波雷达的标定原理基本相同。以车辆正前方的长距离毫米波雷达的标定为例，毫米波雷达的标定步骤如下。

（1）设置目标物。

① 如图 4-26 所示，调整角反射器的高度与毫米波雷达的高度一致。

图 4-26　角反射器高度

② 使用重锤线，将毫米波雷达天线罩面中心线投影到地面，标记为 A。

③ 在毫米波雷达天线罩面取另一条垂直于地面的线，使用重锤线将其投影到地面，标记为 B。

④ 连接地面上两个投影点，并适当延长，如图 4-27 所示。

⑤ 将激光测距仪平置在地面，要求激光测距仪与两个投影点所在直线垂直，且毫米波雷达天线罩面中心线投影点在激光测距仪中心线上。

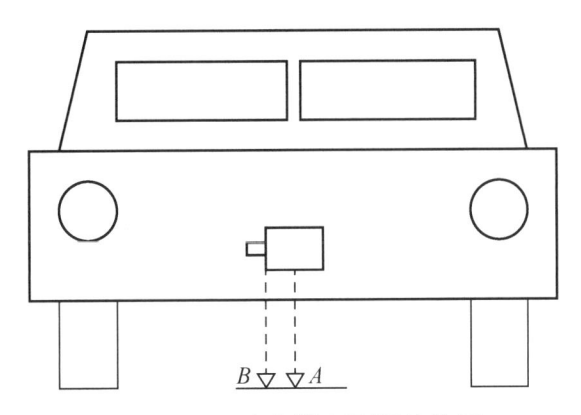

图 4-27　确定激光测距仪位置

⑥ 保持激光测距仪不动，打开激光测距仪，将角反射器放置在激光线上，调整角反射器的位置，直到激光测距仪测得角反射器距离为（5±0.1）m，如图 4-28 所示。

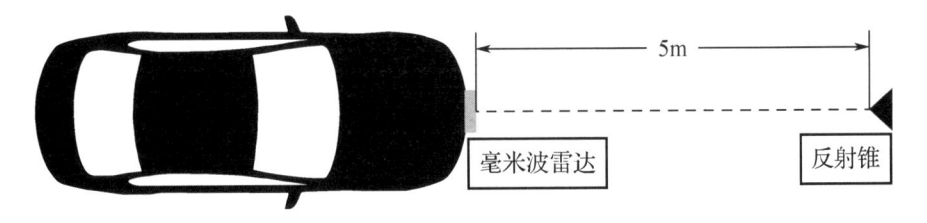

图 4-28　角反射器距离

（2）连接设备。

① 将毫米波雷达的供电引脚与电源连接，保证毫米波雷达供电正常。

② 如图 4-29 所示，用 USB 线将 CAN 分析仪连接至电脑 USB 口。选择 CAN1 或者 CAN2 连接至毫米波雷达的对应的 CAN-H 或者 CAN-L。

（3）标定毫米波雷达。

打开毫米波雷达标定软件，根据一车一单填写参数信息，如图 4-30 所示。设置好参数后，单击"数据标定"按钮，出现"标定成功"提示，单击"确定"按钮完成标定。

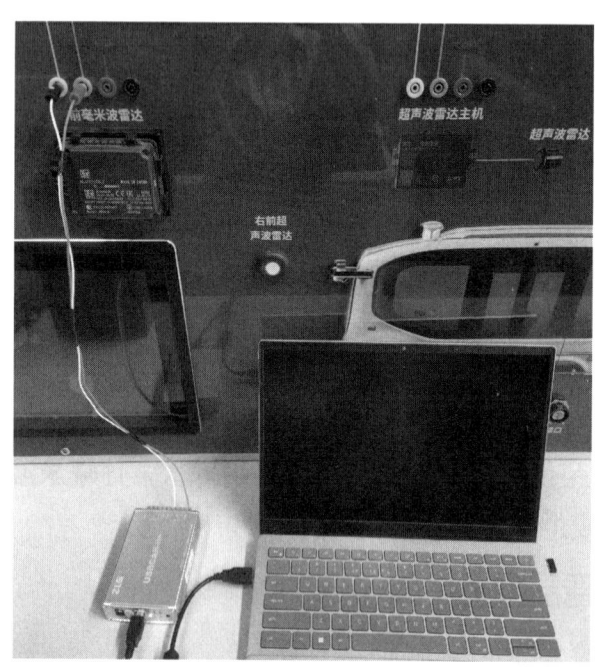

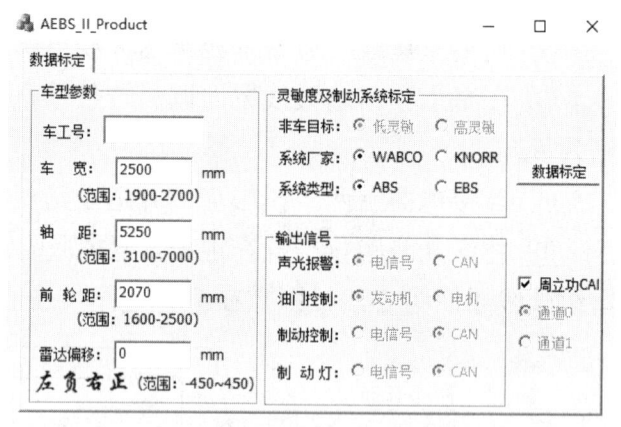

图 4-29　连接 CAN 分析仪　　　　图 4-30　毫米波雷达标定参数设定

注意，毫米波雷达偏移的正负值定义为：车辆前进方向，毫米波雷达位于中心线左边为负，毫米波雷达位于中心线右边为正，毫米波雷达位于车辆 x 轴上为 0。

总结与拓展

本任务介绍了毫米波雷达的检测方法、安装方法、标定方法及注意事项。在生产过程中，市场需要对供应商提供的产品进行各方面的检测，其中包含功能检测、性能检测等。根据所学内容，你是否能够描述出功能检测与性能检测的区别呢？

任务实施

设备信息	设备厂家	
	设备名称	
	设备型号	
任务描述	1. 依据所学毫米波雷达的检测方法、安装步骤和标定步骤，按工单要求在如下超声波/毫米波雷达虚拟仿真实训台上完成毫米波雷达的标定。	

项目	作业记录内容	备注
一、前期准备	1. 更换工装和劳保鞋。 2. 按照场地实际情况进行实训分组。 3. 讲清实训纪律。	
二、毫米波雷达的检测	1. 简述毫米波雷达检测所需要的工具，并说明各工具的作用。 2. 简要画出毫米波雷达检测时的设备连接示意图。 3. 毫米波雷达的检测（在完成的项目上打 √）。 （1）检查毫米波雷达外观。　　　　　　　　　□已完成　□未完成 （2）检查电源、雷达线束、CAN 分析仪。　　　□已完成　□未完成 （3）连接 CAN 分析仪与电脑。　　　　　　　　□已完成　□未完成 （4）连接 CAN 分析仪与毫米波雷达。　　　　　□已完成　□未完成 （5）连接毫米波雷达与电源。　　　　　　　　□已完成　□未完成 （6）找到并打开上位机软件。　　　　　　　　□已完成　□未完成 （7）检测毫米波雷达。　　　　　　　　　　　□已完成　□未完成 （8）检测结果。　　　　　　　　　　　　　　□良好　　□损坏 （9）实训现场整洁情况。　　　　□优秀　□良好　□合格 4. 简述毫米波雷达检测步骤。	

续表

项目	作业记录内容	备注
三、毫米波雷达的安装	1．简述毫米波雷达安装所需要的工具，并说明各工具的作用。 2．毫米波雷达的安装（在完成的项目上打√）。 （1）将毫米波雷达固定在可调节支架上。　　　□已完成　　□未完成 （2）将可调节支架连接在车辆相应位置。　　　□已完成　　□未完成 （3）测量并调节毫米波雷达的横摆角。　　　　□已完成　　□未完成 （4）测量并调节毫米波雷达的水平角。　　　　□已完成　　□未完成 （5）测量并调节毫米波雷达的俯仰角。　　　　□已完成　　□未完成 （6）固定可调节支架。　　　　　　　　　　　□已完成　　□未完成 （7）整理雷达线束、连接插接件、固定雷达线束。□已完成　□未完成 （8）实训现场整洁情况。　　　　　□优秀　　□良好　　□合格 3．简要画出毫米波雷达"1+4"组合模式布置的示意图。 4．简述不同种类的毫米波雷达的应用场景。	
四、毫米波雷达的标定	1．简述毫米波雷达标定所需要的工具，并说明各工具的作用。 2．简要画出角反射器的放置高度和距离的示意图。 3．毫米波雷达的标定（在完成的项目上打√）。 （1）测量并调整角反射器的高度。　　　　　　□已完成　　□未完成 （2）测量并调整角反射器的距离。　　　　　　□已完成　　□未完成 （3）连接CAN分析仪与电脑。　　　　　　　　□已完成　　□未完成 （4）连接CAN分析仪与毫米波雷达。　　　　　□已完成　　□未完成 （5）连接毫米波雷达与电源。　　　　　　　　□已完成　　□未完成 （6）找到并打开上位机软件。　　　　　　　　□已完成　　□未完成 （7）标定毫米波雷达。　　　　　　　　　　　□已完成　　□未完成 （8）标定结果评价。　　　　　　　　　　　　□通过　　　□未通过 （9）实训现场整洁情况。　　　　　□优秀　　□良好　　□合格 4．简述确定角反射器位置的步骤或方法。	
五、现场恢复	（不需要填写）	

练习与思考题

一、选择题

1. 关于电磁波，下列选项按照波长排序正确的是（   ）。
   A．无线电波>X射线>红外线　　　B．无线电波>红外线>X射线
   C．红外线>X射线>无线电波　　　D．红外线>无线电波>X射线

2. 下列电磁波中，频率最大的是（   ）。
   A．红外线　　　B．蓝光　　　C．紫外线　　　D．无线电波

3. 电磁波的波长越长，频率越低，绕射能力越（   ），穿透能力越（   ）。
   A．强，弱　　　B．强，强　　　C．弱，强　　　D．弱，弱

4. 毫米波雷达的工作频段在（   ）。
   A．3～300GHz　　B．3～30GHz　　C．30～300GHz　　D．30～3000GHz

5. 下列选项中，用不到毫米波雷达的是（   ）。
   A．盲区监测　　　B．变道辅助　　　C．自适应巡航　　　D．车辆定位

二、判断题

（   ）1．电磁波的传送需要介质。
（   ）2．电磁波的波长越长频率越大。
（   ）3．电磁波具有能量。
（   ）4．电磁波在通过不同的介质时，会发生折射、反射、绕射、散射等现象。
（   ）5．毫米波雷达按照探测距离可分为脉冲式毫米波雷达与调频式连续毫米波雷达两类。
（   ）6．调频式连续毫米波雷达利用多普勒效应测量不同目标的距离和速度。
（   ）7．短距离雷达用来实现车辆的自适应巡航功能。
（   ）8．毫米波雷达的信号发射器用于产生射频电信号。
（   ）9．毫米波雷达的信号接收器将接收到的射频信号转换成低频电信号。
（   ）10．毫米波雷达通过LIN线传输数据。
（   ）11．毫米波雷达可以在天线罩上覆盖磁性涂料。

三、简答题

1. 简述毫米波雷达的工作原理。
2. 写出脉冲式毫米波雷达的测距公式，并标明各量的含义。
3. 总结毫米波雷达安装的注意事项。
4. 简述毫米波雷达的标定步骤。

项目五

激光雷达的认知、安装与标定

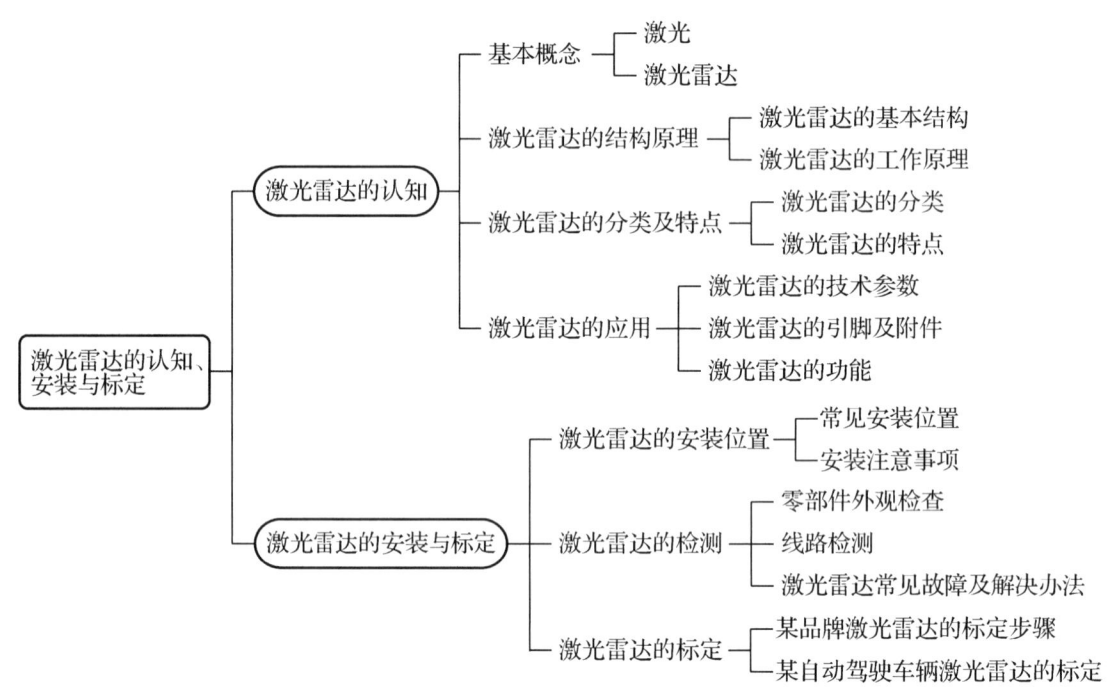

```
激光雷达的认知、安装与标定
├── 激光雷达的认知
│   ├── 基本概念
│   │   ├── 激光
│   │   └── 激光雷达
│   ├── 激光雷达的结构原理
│   │   ├── 激光雷达的基本结构
│   │   └── 激光雷达的工作原理
│   ├── 激光雷达的分类及特点
│   │   ├── 激光雷达的分类
│   │   └── 激光雷达的特点
│   └── 激光雷达的应用
│       ├── 激光雷达的技术参数
│       ├── 激光雷达的引脚及附件
│       └── 激光雷达的功能
└── 激光雷达的安装与标定
    ├── 激光雷达的安装位置
    │   ├── 常见安装位置
    │   └── 安装注意事项
    ├── 激光雷达的检测
    │   ├── 零部件外观检查
    │   ├── 线路检测
    │   └── 激光雷达常见故障及解决办法
    └── 激光雷达的标定
        ├── 某品牌激光雷达的标定步骤
        └── 某自动驾驶车辆激光雷达的标定
```

知识目标

1. 能描述激光雷达的基本工作原理;
2. 能根据激光雷达的安装位置对激光雷达进行分类;
3. 能通过观察激光雷达的外观情况准确地辨别激光雷达,并说出相应的功能及适用场景;
4. 能根据作业要求按照步骤进行激光雷达的安装与标定,并完成报告。

技能目标

1. 能根据不同的应用场景,推荐适合的激光雷达;
2. 能正确安装激光雷达;

3. 能进行激光雷达的调试。

素养目标

1. 能沟通表达个人意见并和团队协作完成任务；
2. 培养职业责任感及社会责任感；
3. 能进行推理和解决问题，养成终身学习的习惯。

任务 1　激光雷达的认知

情景引入

激光雷达是智能网联汽车不可或缺的组成部分。激光雷达在智能网联汽车上扮演的角色类似于人类的眼睛，负责观察道路情况，查看车辆、行人等。有些激光雷达安装在车辆顶部，有些安装在车辆后视镜位置，有些安装在前部牌照位置，它们都发挥着重要作用。你知道它们的区别吗？

资讯信息

一、基本概念

1. 激光

原子受激辐射的光，称为激光。激光具有如下特性。

（1）单色性。

由光学原理得知，光束的颜色由光的波长（或频率）决定，单一波长（或频率）的光称为单色光，发射单色光的光源称为单色光源，如氪灯、氨灯、氖灯、氢灯等。光的波长或频率决定光的颜色，频率宽度越小，光的单色性越强。普通光源发射的光波频率宽度较大，相比之下，纳米频率宽度的激光，有极高的单色性。真正意义上的单色光源是不存在的，如氪灯红光的单色性很好，但谱线宽度范围仍有 0.00001nm。波长（或频率）的变动范围称为谱线宽度。通常把光源的谱线宽度作为光束单色性的定量指标，谱线宽度越小，光源的单色性越好。激光具有良好的单色性，确保了光束能精确地聚焦在一点上，即获得较高的光功率密度。因此，激光能探测很远的距离，有些激光的最大探测距离可达 3000m。

（2）高亮度。

由于激光是定向发光的，因此固体激光器的亮度非常高，激光束经过透镜聚焦后，大量光子聚集在一个极小的空间内，能量密度极高，焦点附近可产生上千度甚至上万度的高温。

（3）高方向性。

一般的光源会在发射了很远后发散开变得微弱，而激光则是在飞行了很远的距离后依然保持原方向，很少散开，即聚光效果好，所以又称激光为平行光。

（4）偏振性。

激光是一种偏振光。激光中光子都以相同的方向和振动模式振动。

（5）相干性。

光波由无数个光量子组成（光量子，简称光子，是传递电磁相互作用的基本粒子），激光发射器发射的光量子在传递过程中发生共振，其波长、频率、偏振方向都一致，具有非常强的相干性。

2. 激光雷达

激光雷达（Laser Radar）是以发射激光束探测目标的位置、速度等特征量的雷达系统，又称光学雷达。激光雷达是一种先进的光学遥感技术，是一种工作在特殊波段——光学波段的雷达。它利用光的反射原理，根据激光从发射到反射接收的时间间隔，来测算雷达和被测物体的实际距离。同时，利用三角函数，根据激光发射角度计算被测物体的位置信息，从而实现定位，即获取被测量物的距离、方位、高度等位置信息和速度、姿态等运动状态。

激光雷达以激光为载波，常用的激光射线波长为 905nm 和 1550nm。激光是电磁波的一种，却比传统雷达使用的电磁波波长更短，即探测精度更高——精度可达厘米级，而探测距离可达 100m 以上，可准确判定物体的位置、大小、形状、材质，甚至颜色。因此，激光雷达是环境感知系统中的重要组成部分。

二、激光雷达的结构原理

1. 激光雷达的基本结构

（1）基本结构。

激光雷达主要由激光发生器（光源）、光电探测器、信号处理系统和控制系统等组成，如图 5-1 所示。

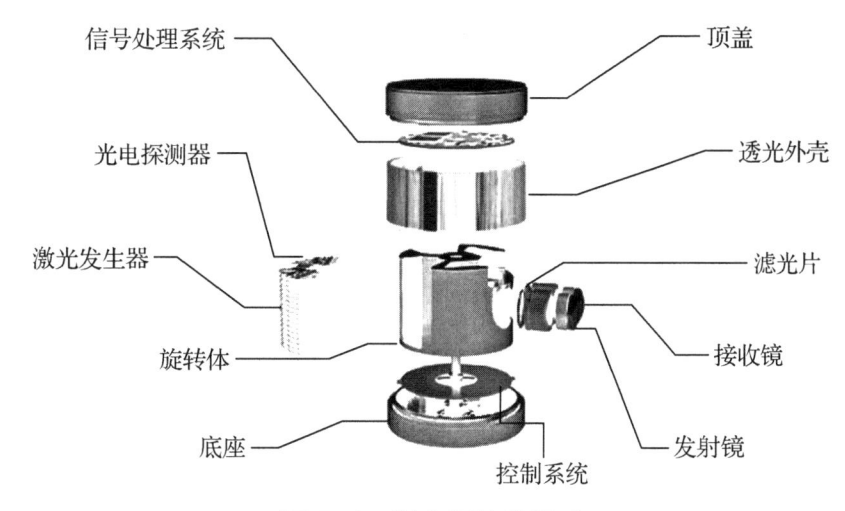

图 5-1 激光雷达的组成

（2）点云图。

点云图是指由激光发生器发射出的激光束（即打点）组成线，再由线组成面，进而由点和线构成的被测物体的实物模型图，如图 5-2 所示。点云人类肉眼即可识别，而机器则需要通过点云识别算法来识别物体特征信息。通常使用目标识别算法、目标跟踪算法、即时定位算法与地图构建算法等来实现计算机对点云图的感知。点云图的识别过程如图 5-3 所示。

图 5-2 激光雷达点云图

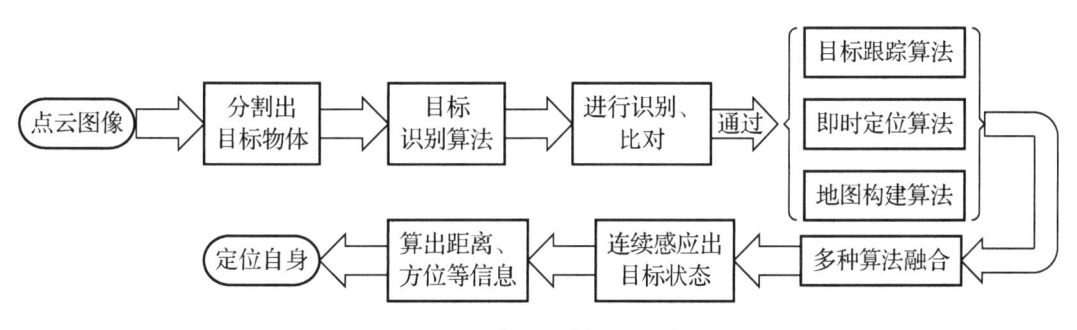

图 5-3 点云图的识别过程

点云图的关键参数如表 5-1 所示。

表 5-1 点云图的关键参数

参数名称	定义	特点
点云视场角	激光雷达的检测范围，即激光雷达能看多宽、多广	通常激光雷达的横向视场角为 120°，即探测水平方向为 120°扇形覆盖面，纵向视场角为 25°
点云密度	又称角分辨率，横向角分辨率为 0.1°：激光雷达每扫描 0.1°即打出一个点。角分辨率越大，数字越小，点云的密度也越高	激光雷达扫描到一个物体，勾勒出物体轮廓的点越多，算法识别起来越容易，准确度越高
ROI（Region Of Interest）动态聚焦	ROI 即感兴趣区域，可以是针对某物体的一小块，也可以是某个角度的一个扇形区，可让激光雷达主动提高角分辨率	分为 ROI 开启和关闭模式，开启时通过加密这个区域的点云密度，就可以提高识别精度
距离	激光雷达能识别的最远距离	激光发生器功率越高，激光能照射的距离也越远

2. 激光雷达的工作原理

激光雷达的工作原理如图 5-4 所示。激光发生器发射出激光脉冲，通过发射镜向外发射激光束；光电探测器则接收透过接收镜的被目标物体反射回的激光束，将其转换成电信号；信号处理系统接收到此信号后，对其进行放大和模数转换，再通过一系列的计算，得出被测物体表面形态、物理属性等特征，从而建立起被测物体的实物模型图，俗称点云图。

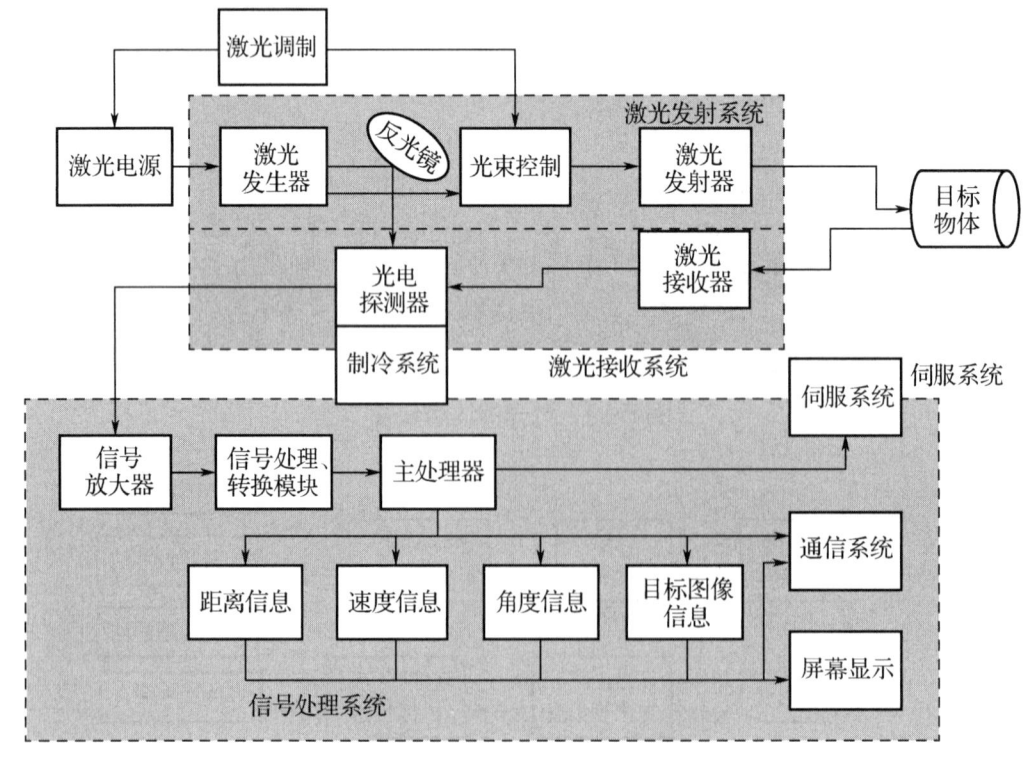

图 5-4 激光雷达工作原理图

三、激光雷达的分类及特点

1. 激光雷达的分类

激光雷达可按照如下方式进行分类。

（1）按照搭载平台。

按照搭载平台，可分为地面基站用激光雷达、飞机用激光雷达、汽车用激光雷达、卫星用激光雷达和手持式激光雷达。

（2）按照信号形式。

按照信号形式（探测方式），可分为飞行时间（Time Of Flight，TOF）激光雷达和调频连续波（Frequency Modulated Continuous Wave，FMCW）激光雷达两种，目前量产的车载激光雷达基本上都是 TOF 的探测方式。

飞行时间激光雷达：当激光发生器发射一个激光脉冲时，它的发射时间和方向都会被记录下来。激光脉冲穿过空气，直到它碰到一个能反射部分能量的障碍物。一部分能量由成对的激光接收器接收，记录采集时间和接收功率。根据激光与障碍物的距离、光速、发送和接收的时间差，即可求出激光与障碍物的距离。

调频连续波激光雷达：激光发生器发射的激光束被反复调制，信号频率不断变化。激光束击中障碍物被反射，当反射光返回到激光接收器时，信息处理系统可以测量出发射光与接收光的频率差，进而可以计算出物体的位置信息。调频连续波的反射光频率会根据前方移动目标的速度而改变，结合多普勒效应，即可计算出目标的速度。

（3）按照激光线束。

按照激光线束，可分为单线激光雷达和多线激光雷达。激光雷达的线束如图 5-5 所示。

单线激光雷达，即激光雷达扫描一周只产生一条扫描线，获得的数据为二维（2D）模型，无法区分障碍物的立体信息，只能测量距离。单线激光雷达的特点是测量速度快，数据处理量少，多应用在安全防护、地形测绘等领域。

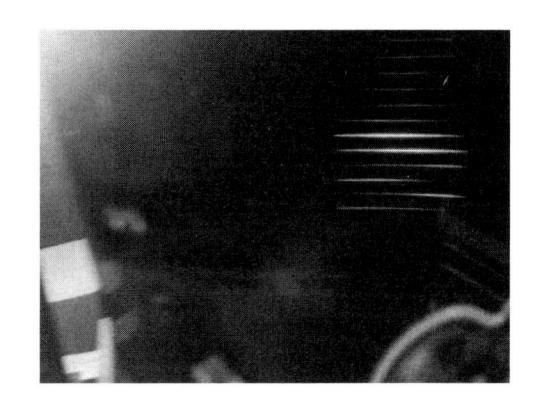

图 5-5 激光雷达的线束

多线激光雷达，即激光雷达扫描一周可产生多条激光线束，如 4 线、8 线、16 线、32 线、64 线、128 线等。多线激光雷达可细分为 2.5D 和 3D 激光雷达等。2.5D 激光雷达的垂直视野一般不超过 10°，3D 激光雷达的视野可达 30°～40°。某品牌多线激光雷达如图 5-6 所示，其线束 1～6 相邻两条线之间垂直角分辨率为 1°，线束 6～30 相邻两条线之间垂直角分辨率为 0.33°，线束 30～40 相邻两条线之间垂直角分辨率为 1°。

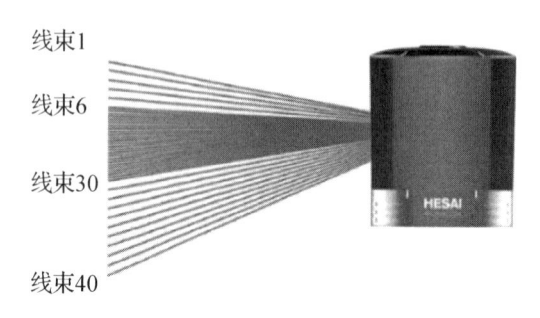

图 5-6　某品牌多线激光雷达

（4）按照结构形式。

按照结构形式，可分为机械式激光雷达（整体旋转、旋镜式、棱镜式）、混合固态激光雷达（MEMS）和固态激光雷达（Flash、OPA）。

机械式激光雷达如图 5-7 所示，在水平方向采用机械 360°旋转扫描，在垂直方向采用定向分布式扫描以搜集动态信息，探测距离为 0.3～200m，水平视场角为 360°，垂直视场角为-16°～7°。

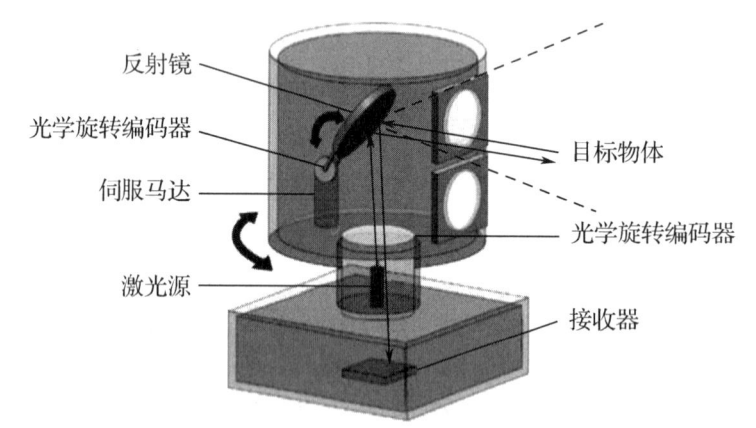

图 5-7　机械式激光雷达

混合固态激光雷达 MEMS（微机电系统），采用固定激光光源，取消了大体积旋转机构，通过内部玻璃片旋转的方式改变激光光束方向，实现多角度测量，并且采用嵌入式安装方式。

固态激光雷达，如图 5-8 所示，依靠电子部件来控制激光发射角度，不需要机械旋转部件，故尺寸小，可安装于车内。固态激光雷达的精度可达到厘米级。固态激光雷达可分为OPA固态激光雷达和Flash固态激光雷达，OPA技术原理与相控阵雷达类似，它由元件阵列组成，通过控制每个元件发射光的相位和振幅来控制光束，不需要任何机械部件。Flash固态激光雷达不同于以上三种逐点扫描的模式，它利用激光发生器同时照亮整个场景，对场景进行光覆盖，一次性实现全局成像。

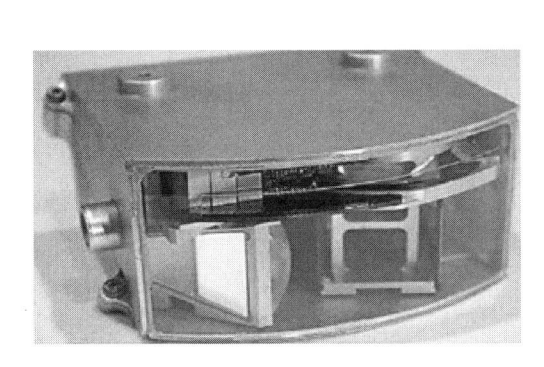

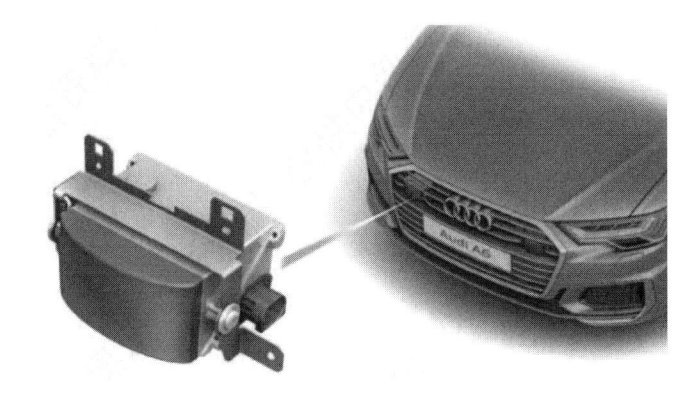

图 5-8　固态激光雷达

（5）按照功能用途。

按照功能用途，激光雷达可分为测距雷达、测速雷达、测角度雷达、跟踪雷达和成像雷达等。

（6）按照激光波段。

按照激光波段，可分为紫外线激光雷达、可见光激光雷达和红外线激光雷达等。

（7）按照激光介质。

按照激光介质，可分为气体激光雷达、固体激光雷达、半导体激光雷达和二极管激光雷达等。

2. 激光雷达的特点

激光雷达具有以下特点。

（1）探测范围广。

由于激光具有单色性、高亮度、高方向性，以及激光发射角度小、能量集中，因此激光雷达分辨率高，灵敏度好，探测精度高，探测距离最远可达300m。

（2）探测信息分辨率高。

激光雷达的角度、速度、距离分辨率高，其中，距离分辨率可达0.1m，速度分辨率可达10m/s，角度分辨率不低于0.1mrad，并可以实现多个目标同时追踪。

（3）探测信息内容丰富。

激光雷达探测信息内容丰富，如可探测目标的距离、角度、反射强度、速度等信息，同时生成目标多维度图像。

（4）抗干扰能力强。

激光雷达不依赖于外界条件或目标本身的辐射特性，仅通过自身发射激光束，探测回波信号来获取目标信息。

（5）需要配合其他传感器使用。

激光雷达不能识别道路交通标志和信号灯，容易受到大气条件及烟尘影响，在复杂交通驾驶场景中，存在如高反物体、近处障碍物、阳光照射、多雷达对射等极端工况，这会对激光雷达点云成像带来影响，容易使后期算法产生误判，进而导致事故。因此，在实际应用中通常需要配合其他传感器一起使用。但随着激光雷达的创新与应用，激光雷达的能力得到了显著提升，特别是纳米材料的应用，人工智能技术的融合，使激光雷达仍能够精准地探测。

激光雷达最大的优点是精准、快速、高效，在无人驾驶中相当于人类的眼睛，能够准确定位被测物体的位置信息、大小、形状，甚至材质和颜色。

四、激光雷达的应用

1. 激光雷达的技术参数

激光雷达的技术参数（评价指标）有探测距离范围、测距精度、测量帧频、距离分辨率等。机械式激光雷达和固态激光雷达性能比较如表 5-2 所示。

表 5-2　机械式激光雷达和固态激光雷达性能比较

序号	评价指标	机械式激光雷达	固态激光雷达	备注
1	探测距离范围	0.5~200m	0.5~200m	有些可达 500m，通常需要标注反射率
2	测距精度	2cm	<5cm	
3	回波强度	≥8bits	≥8bits	
4	水平视场角	360°	>100°	
5	垂直视场角	>30°	>30°	
6	测量帧频	10~20Hz	10~20Hz	数值越高，刷新越快，响应越快
7	测量点频	>500kHz	>500kHz	
8	距离分辨率	<5mm	<5mm	
9	水平分辨率	<0.1°	<0.1°	
10	扫描线束	≥32	≥8	
11	通信接口	Ethernet,PPS	Ethernet,PPS	以太网，每秒实际传送数据帧的数目，即 packet per second
12	工作温度	-40~85℃	-40~85℃	

续表

序号	评价指标	机械式激光雷达	固态激光雷达	备注
13	相对湿度	0%～95%	0%～95%	
14	防护等级	不低于 IP65	不低于 IP65	
15	供电电源电压	9～32V（DC）	9～32V（DC）	
16	雷达模块尺寸	体积大	体积小	

2. 激光雷达的引脚及附件

以某 16 线机械式激光雷达为例，激光雷达从主机下壳体侧面引出的缆线（电源/数据线）的另一端连接 SH1.25 接线端子。激光雷达电缆接线端子如图 5-9 所示，激光雷达接线端子引脚序号及含义如表 5-3 所示。

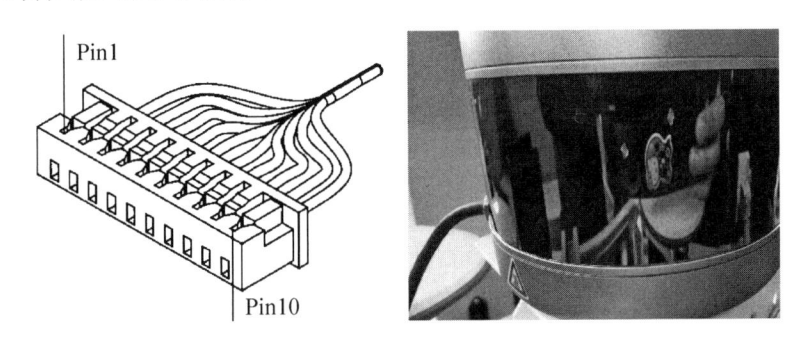

图 5-9 激光雷达电缆接线端子

表 5-3 激光雷达接线端子引脚序号及含义

端子引脚序号	线束颜色	描述	数量
1	蓝色	GPS REC	1
2	绿色	GPS PULSE	1
3	红色	+12V	1
4	黄色	+12V	1
5	白色	GND	1
6	黑色	GND	1
7	棕色	LiDAR Ethernet RX-	1
8	棕白	LiDAR Ethernet RX+	1
9	橙色	LiDAR Ethernet TX-	1
10	橙白	LiDAR Ethernet TX+	1

激光雷达控制器俗称激光雷达盒子，如图 5-10 所示。激光雷达控制器主要负责完成以下工作。

（1）给激光雷达提供电源。

（2）接收激光雷达和惯性导航系统的信号，并将它们进行融合。

（3）将融合后的信号转换成网络信号发送给工控机（又称控制电脑）。

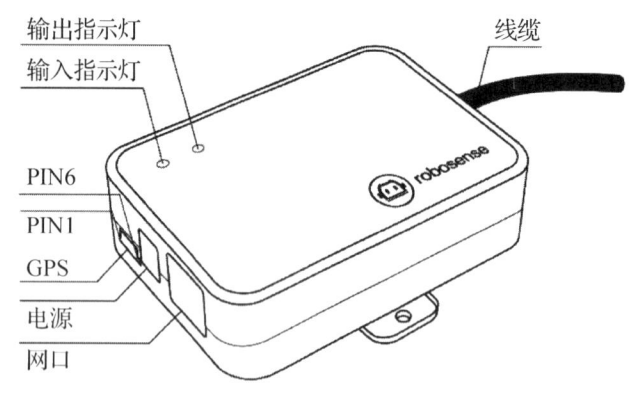

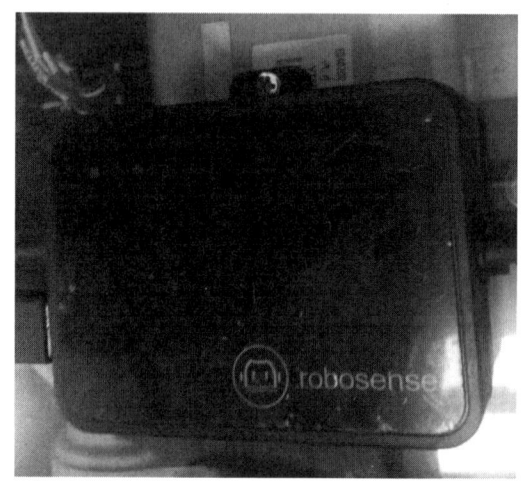

图 5-10　激光雷达控制器

激光雷达控制器有电源指示灯及各种接口，其接口含义如表 5-4 所示。

表 5-4　激光雷达控制器各接口含义

接口	V4.0 和更高版本	其他版本
PIN1	GPS PULSE	GPS REC
PIN2	+5V	GPS PULSE
PIN3	GND	GND
PIN4	GPS REC	NC
PIN5	GND	NC
PIN6	NC	+5V

注意：该激光雷达的"地"与外部系统连接时，外部系统供电电源负极（"地"）与 GPS 的"地"必须为非隔离共地系统。

电源正常输入时，红色电源输入指示灯亮；电源正常输出时，绿色电源输出指示灯亮。当输入指示灯亮，输出指示灯暗时，激光雷达控制器进入保护状态。当输入指示灯及输出指示灯同时暗时，请检查电源输入是否正常，若电源输入正常，则激光雷达控制器可能已经损坏，联系厂家返厂维修。

GPS 接口定义：GPS REC 为 GPS UART 输入；GPS PULSE 为 GPS PPS 输入。

有些激光雷达使用航插接口，雷达主机侧面到航插接口的电缆线长 1 米，航插接口如图 5-11 所示，其各引脚含义如表 5-5 所示。

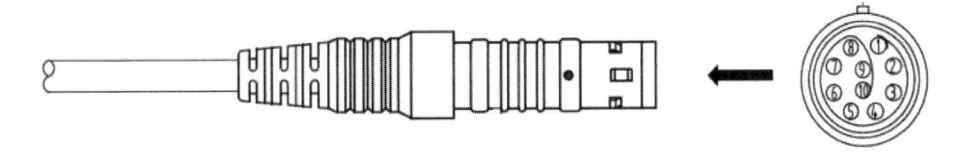

图 5-11 航插接口

表 5-5 航插接口引脚含义

引脚	颜色	功能	备注
1	红色	+12V	
2	黄色	+12V	
3	白色	GND	
4	黑色	GND	
5	绿色	GPS PULSE	
6	蓝色	GPS REC	
7	棕色	LiDAR Ethernet RX-	
8	棕白	LiDAR Ethernet RX+	
9	橙色	LiDAR Ethernet TX-	
10	橙白	LiDAR Ethernet TX+	

激光雷达、工控机、激光雷达控制器等的连接方式如图 5-12 所示。

激光雷达 → 激光雷达控制器 → 数据交换机 → 4G/5G 路由器 → 工控机

图 5-12 激光雷达的连接方式

3. 激光雷达的功能

激光雷达可应用于高精度电子地图和定位、障碍物识别、可通行空间检测、障碍物轨迹预测等功能上。

（1）高精度电子地图和定位。

利用多线束激光雷达的点云信息和车载组合惯性导航系统采集的信息，进行高精度电子地图制作。无人驾驶汽车通常利用激光点云信息与高精度电子地图实现高精度定位，如图 5-13 所示。

图 5-13　高精度定位图

（2）障碍物识别。

利用高精度电子地图限定感兴趣区域（ROI）后，根据障碍物特征和识别算法，进行障碍物的检测与识别，如图 5-14 和图 5-15 所示。

图 5-14　激光雷达障碍物识别（ROI 开启）

图 5-15　激光雷达障碍物识别

（3）可通行空间检测。

可通行空间检测如图5-16所示，可通行空间，即可行驶道路范围。通过交叉口点云的高度及连续性信息判断点云处是否可通行。

图 5-16　可通行空间检测

（4）障碍物轨迹预测。

根据激光雷达的感知数据与障碍物所在车道的拓扑关系（道路连接关系）进行障碍物的轨迹预测，以此作为无人驾驶汽车规划（避障、换道、超车等）的判断依据。

总结与拓展

激光雷达具有探测范围广、探测信息分辨率高、探测信息内容丰富、抗干扰能力强等优点，但激光雷达不能识别道路交通标志和信号灯，容易受到大气条件及烟尘影响，故通常需要配合其他传感器一起使用。

车载激光雷达广泛应用在各种车辆上，以实现单车智能和自动驾驶。但由于其高昂的价格，限制了其装机率，相信随着自动驾驶技术的发展，车载激光雷达会越来越普遍，激光雷达的适用范围也会越来越广。

"火眼金睛"的激光雷达

中国四大名著之一的《西游记》，是一部浪漫主义长篇神魔小说，书中主要描述了唐僧、孙悟空、猪八戒、沙僧师徒四人，一路西行去往西天取经，历经九九八十一难最后取得真经，功德圆满的故事。其中，孙悟空这一形象，以其鲜明的个性、神通广大的本领，尤其是一双火眼金睛，助其一路降妖除魔，在中国文学史上树立了不朽的丰碑。还有天宫的千里眼，顺风耳等人物形象，都体现了古人对超自然力量的想象。

如今，激光雷达将"火眼金睛""千里眼"轻松实现。激光雷达具有响应快、高精度、高分辨率、探测距离远等特点，将激光雷达应用在汽车上，使无人驾驶成为了可能。

五千年的中华优秀传统文化中不乏"手可摘星辰"的文字瑰宝，五千年延续的华夏文明更不缺精益求精的匠心精神。作为新时代的学生，了解自己的传统文化，传承千年文明，赓续创新精神血脉，义不容辞。

设备信息	设备厂家	
	设备名称	
	设备型号	
任务描述	依据下述实训流程完成各环节实训任务。	
项目	作业记录内容	备注
一、前期准备	1. 更换工装和劳保鞋。 2. 按照场地实际情况进行实训分组。 3. 发放实训工单，自备黑色签字笔。 4. 讲清实训纪律。	
二、信息收集	1. 汽车用雷达有（　　）。 　A. 超声波雷达　　　B. 毫米波雷达　　　C. 激光雷达　　　D. 以上全是 2. 激光雷达具有高精度电子地图和定位、（　　）、（　　）、（　　）等功能。 　A. 障碍物识别　　　　　　　　　B. 可通行空间检测 　C. 障碍物轨迹预测　　　　　　　D. 车道线识别 3. （判断题）激光雷达的激光线束越少，成本越低。（　　） 4. （判断题）激光雷达比毫米波雷达体积大，成本高，测量距离远。（　　） 5. （判断题）激光雷达可全天候、全天时、全地形使用。（　　） 6. （判断题）多个激光雷达同时装在一台车上时，可以随意安装，其测距精度不变。（　　） 7. （判断题）激光雷达和毫米波雷达都是雷达，故其工作原理相似，只不过光源不同。（　　） 8. （判断题）量产车上安装激光雷达的数量越多，控制精度越高。（　　） 9. （判断题）由于激光的高亮度特点，所以车上安装激光雷达很危险。（　　）	
三、模块认知	说明：将图片中元器件所对应的名字写在方框中。	

续表

项目	作业记录内容	备注
三、模块认知	说明：如图所示为奥迪某款车上的激光雷达，请查阅相关资料后简要介绍此款激光雷达的组成、性能特点及应用，并查询出该品牌此类型雷达最新型号的相关信息，将各部件名称写在对应的方框中。	
四、连线题	说明：请将下列传感器与各自安装位置连接起来。 单线激光雷达　　　　车辆顶部 4线激光雷达　　　　车辆四周 8线激光雷达　　　　后视镜处 16线激光雷达　　　　前保险杠 32线激光雷达　　　　内视镜处 64线激光雷达　　　　前、后牌照处	
五、知识拓展	通过搜集资料，列举某一车型所搭载的激光雷达有哪些类型，分别有什么特点。	
六、现场恢复	（不需要填写）	

任务2

激光雷达的安装与标定

情景引入

某款汽车的激光雷达安装在车辆前部牌照处，在经历了一次追尾事故后，需要对其进行检测与标定。你知道激光雷达的安装与标定工作如何进行吗?

资讯信息

一、激光雷达的安装位置

1. 常见安装位置

激光雷达可以安装在车辆（如体型稍大的商用车）的四周，如图 5-17 所示；也可以安装在车辆（如某款乘用车）的车顶，如图 5-18 所示；还可以安装在车辆前部牌照位置，如图 5-19 所示；另外如 L4 自动驾驶级别的宇通自动驾驶小巴小宇，其搭载的激光雷达位置如图 5-20 所示。不同的车体形状使雷达安装的水平、垂直方向和旋转姿态具有差异，最终导致理论上相同的定位点，在实际安装中会存在差异。

图 5-17　宇通 U12 公交激光雷达安装位置

图 5-18　安装在车辆车顶的激光雷达

图 5-19 安装在车辆前部牌照位置的激光雷达

图 5-20 宇通自动驾驶小巴小宇的激光雷达安装位置

大型商用车的激光雷达，通常安装在车辆四周，故其激光线束通常会选择小于 32 线的，常用 8 线、16 线激光雷达，偶尔选用 32 线激光雷达。小型车辆的激光雷达，若安装于车辆顶部，其激光线束通常不小于 16 线，通常选用 16 线、32 线、64 线激光雷达，而安装于车辆前部牌照位置的通常选用 4 线激光雷达。有些车型选择安装 2 个 128 线激光雷达。不同车企控制策略不一样，激光雷达选型也不一样。

2. 安装注意事项

（1）注意事项。

以智能网联实训小车为例，激光雷达安装于小车顶部，如图 5-21 所示，位于小车顶部中心线上，对地高度 1.860m，水平放置，安装角度允许误差为±2°以内。

安装激光雷达时，线缆方向朝向车辆后部。用于固定激光雷达的安装底座建议尽可能平整，不要出现凹凸不平的现象。激光雷达安装底座如图 5-22 所示。安装底座上的定位柱应严格匹配激光雷达底部定位柱的深度，定位柱的高度不能高于 4mm。

激光雷达安装的时候，如果激光雷达上、下都有接触式的安装面，须确保安装面之间的间距大于激光雷达的高度，避免挤压激光雷达。另外，激光雷达安装时，倾斜角度不建议超过 90°，倾斜角度过大会对激光雷达的寿命造成影响。激光雷达安装布线时不要将线缆拉得太紧，线缆须保持一定的松弛度。

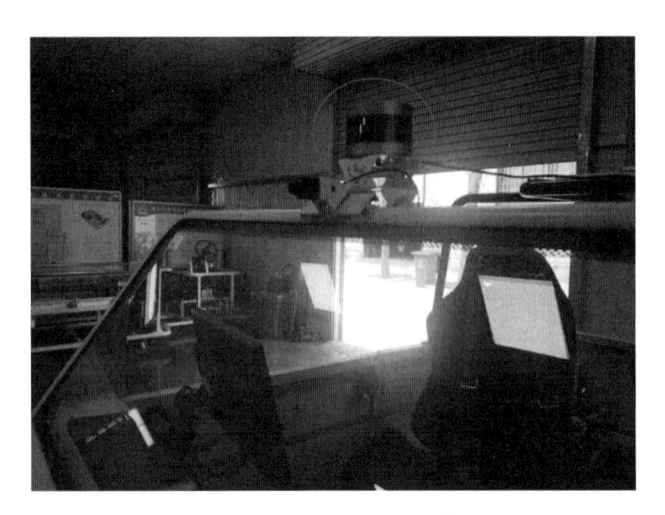

图 5-21 激光雷达安装位置　　图 5-22 激光雷达安装底座

（2）安装步骤。

根据激光雷达抗振动和冲击能力，确定是否需要减振支架。如果不需要减振支架，可以使用安装耳固定或者用激光雷达上面的螺钉孔固定。如果有倾斜角度的话，激光雷达在不同位置探测出来的轮廓会有较大误差，最终影响定位精度。安装激光雷达时，可以选择安装在车头中间位置或者车的 4 个对角点。

（3）位置调整。

因为测量激光雷达的水平位置对于定位精度有较大影响，所以在对精度要求较高的场合，必须进行激光雷达的水平调整。首先在激光雷达安装机构上必须预留水平微调机构，有些雷达厂家会提供可调整旋转角度的支架。

（4）接通电源。

接通电源，激光雷达通电运行，激光雷达安装完毕。

二、激光雷达的检测

1. 零部件外观检查

（1）检查激光雷达外壳是否脏污、破损，若有脏污，将其清洁干净。

（2）检查激光雷达连接线束，应无破损、松动。

2. 线路检测

（1）断开车辆电源开关，拆下盖板。

（2）拔下激光雷达控制器电源插头。

（3）测量激光雷达控制器电源插头，是否有 12V 工作电压。

（4）打开激光雷达控制器上盖，测量激光雷达电源端子应有 12V 电压，否则检查内部熔断器是否损坏。

（5）检查激光雷达控制器网线是否松动、破损，用网络检测仪检测网线是否存在故障。

（6）若无误，则按相反顺序组装激光雷达控制器。

3. 激光雷达常见故障及解决办法

激光雷达常见故障及解决办法如表 5-6 所示。

表 5-6 激光雷达常见故障及解决办法

序号	故障	解决办法	备注
1	Interface Box 上面红/绿色指示灯不亮/闪烁	● 检查 Interface Box 与电源端的连接线是否松动	
2	设备电机不旋转	● 检查 Interface Box 与电源端的连接线是否松动 ● 检查 Interface Box 上面指示灯是否正常 ● 检查 Interface Box 与设备端的连接线是否松动	
3	设备在启动时不断重启	● 检查输入电源连接和极性是否正常 ● 检查输入电源的电压和电流是否满足要求（12V 电压输入条件下，输入电流≥2A） ● 检查设备安装平面是否水平或雷达底部固定螺钉是否拧得太紧	
4	设备内部旋转，但是没有数据	● 检查网络连接是否正常 ● 确认电脑端网络配置是否正确 ● 使用另外的软件（如 Wireshark）检查数据是否有被接收 ● 关闭防火墙和其他可能阻止网络的安全软件 ● 检查电源供电是否正常 ● 尝试重启设备	
5	Wireshark 可以收到数据但是 RSView 不显示点云	● 关闭电脑防火墙，并且运行 RSView ● 确认电脑的 IP 配置和设备设置的目的地址一致 ● 确认 RSView 上面的 Data Port 设置正确 ● 确认 RSView 安装目录或配置文件存放目录不包含任何中文字符 ● 确认 Wireshark 中收到的数据包是 MSOP 类型的包	
6	设备存在频发的数据丢失	● 确认网络中是否有大量的其他网络数据包或网络冲突 ● 确认网络中是否存在其他网络设备以广播模式发送大量数据造成数据阻塞 ● 确认电脑的性能和接口性能是否满足要求 ● 移除所有网络设备，直连电脑确认是否存在丢包现象	
7	无法同步 GPS/PTP 时间	● 确认已在网页端将同步模式切换到正确模式 ● 确认 GPS 模块波特率为 9600bps，数据位为 8bit，无校验位，停止位为 1 ● 确认 GPS 模块输出为 3.3V TTL 还是 RS232 电平 ● 确认 1PPS 脉冲连续且连线正确 ● 确认 GPRMC 的 NMEA 消息格式正确 ● 确认 GPS 模块和 Interface Box 共地 ● 确认 GPS 模块收到了有效的解 ● 确认 GPS 模块处于室外 ● 确认 PTP Master 同步协议是否符合当前 PTP 协议 ● 确认 PTP Master 是否正常工作	

续表

序号	故障	解决办法	备注
8	设备通过路由器后无数据输出	● 关闭路由器的 DHCP 功能或在路由器内部设置传感器的 IP 地址为正确的 IP 地址	
9	整车某一激光雷达网络连接异常,无法 ping 通	● 拔插故障激光雷达与工控机连接的网络端口,确认网络端口是否连接正常 ● 确认激光雷达电源线是否存在故障导致无法 ping 通 ● 确认激光雷达是否存在故障导致无法 ping 通	
10	整车某一激光雷达网络速率不达标	● 检查网卡连接并调整	
11	激光雷达标定失败	● 按照设计图纸激光雷达安装角度要求,检查角度是否满足技术要求 ● 现有标定场地 GPS 信号弱,需调整至信号强的场地进行标定	

三、激光雷达的标定

激光雷达的标定就是计算激光雷达自身坐标系与其他坐标系(如车辆坐标系)之间的相对变换关系,从而在车辆坐标系下得到激光雷达的检测结果,如障碍物相对本车的距离、速度、角度等信息,方便后续计算。激光雷达的极坐标与 X、Y、Z 坐标映射关系如图 5-23 所示。

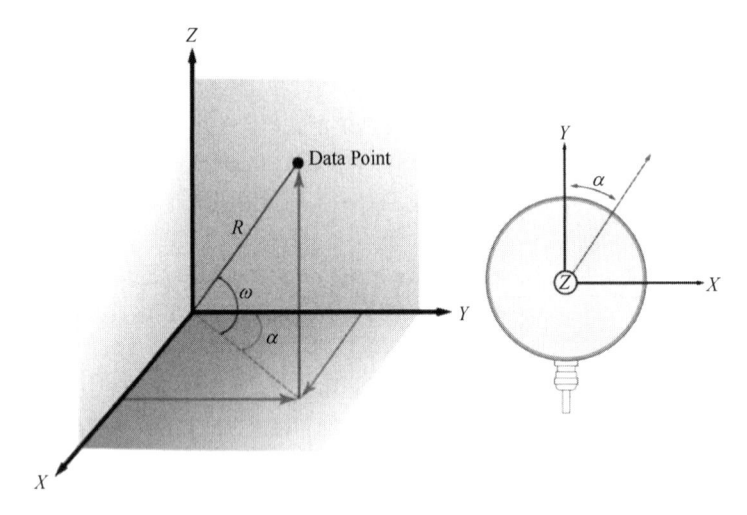

图 5-23 激光雷达的极坐标与 X、Y、Z 坐标映射关系

1. 某品牌激光雷达的标定步骤

在激光雷达安装完毕后,需要在车辆上进行激光雷达的标定。不同品牌的控制策略不一样,标定方法也不一样,但常规标定步骤如下。

(1) 在工作区放置工作牌,将激光雷达安装在支架上。

(2) 将激光雷达的 USB 接口与试验台 USB 接口连接。

(3) 打开计算机的"设备管理器",查看"连接硬件的识别端口"。

（4）打开"RSView"软件，读取设备参数，根据硬件识别端口进行设置（也可使用其他定制软件）。

（5）单击"command-scan"按钮，启动激光雷达扫描。

（6）在激光雷达正前方放置障碍物模拟目标，观察扫描的点云图像、角度和距离信息。

（7）移动物体，观察点云变化，并记录。

（8）单击"set motor PWM"按钮，调节激光雷达转速。

（9）连接显示器。

（10）根据激光雷达接口及定义，测试激光雷达供电电压值。

（11）测试激光雷达输出、输入信号波形，并记录。

（12）测试激光雷达 PWM 脉冲调制信号，并记录。

2. 某自动驾驶车辆激光雷达的标定

（1）标定前准备。

① 整车上电，车辆软件系统自动启动激光雷达、毫米波雷达等传感器。

② 平板电脑搜索并连接车辆无线网络，确保平板电脑无线网络连接标识点亮、电脑图标　　为黑色，如图 5-24 所示。

③ 打开标定 App，驾驶车辆在标定场地进行直行、掉头等操作，至车辆 GPS 定位选项正常点亮，如图 5-25 所示。

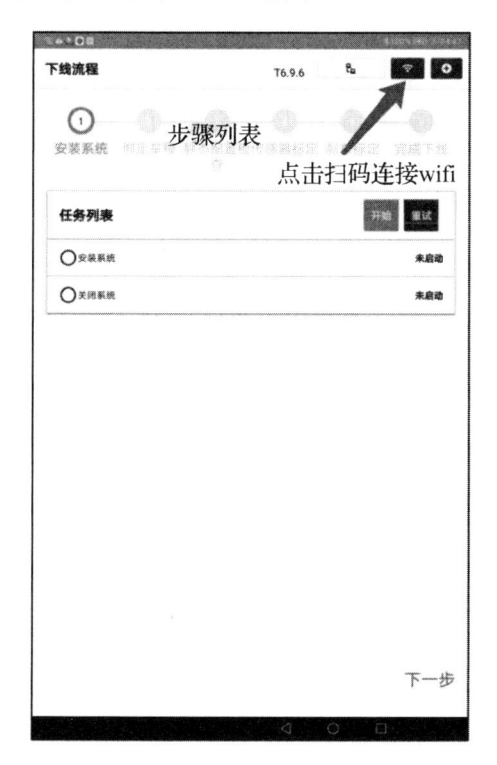

图 5-24　无线网络连接　　　　　图 5-25　打开标定 App 界面

注意：行车过程中，通过 GPS 接收卫星信号，对车辆进行定位时，须按照厂区限速要求驾驶车辆，且若驾驶时间≥10min，GPS 定位信号仍显示灰色，须尽快联系设计部门对实车进行处理。

（2）标定前检查。

各传感器消息正常，标定传感器选择正确。

① 在 App 标定软件界面，检查各传感器消息是否正常。该检测项为车载传感器标定软件系统自动检测并在人机交互界面上显示检测结果。

② 若检测结果无异常，则按图 5-26（a）所示进行标定传感器选择。

③ 按照图 5-26（b）所示选择完毕，单击"下一步"按钮。

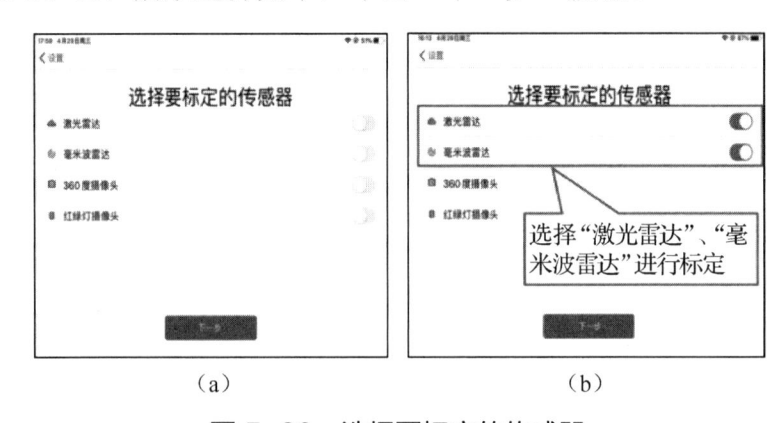

图 5-26 选择要标定的传感器

（3）测量并调整各激光雷达的安装角度。

① 进入"激光雷达角度检查录数据"界面，如图 5-27 所示，驾驶员以≤4km/h 的速度直线行驶，标定人员单击"开始录制"按钮，进行检测数据采集，数据采集过程中驾驶员不对转向盘、制动踏板和加速踏板进行操作。

② 录制 12s 后，软件自动结束录制，标定人员通知驾驶员停车，并单击"下一步"按钮，进入如图 5-28 所示界面，根据录制数据对激光雷达角度进行计算。

③ 若 4 个激光雷达检测结果均为成功，则单击"下一步"按钮，进入标定数据采集界面；若出现有 1 个或者多个激光雷达检测结果为失败，如图 5-29 所示，则在调整对应位置激光雷达安装角度后，重复上述①、②步骤，重新检测激光雷达角度，直至所有激光雷达角度检测结果均为成功。

④ 查看检测失败的激光雷达的 roll、pitch、yaw 角度具体值，对检测数值>3 的角度进行调整。若 roll 角为激光雷达绕车长方向（x 轴）的旋转角度，逆时针旋转调整角度为正向调整角度；pitch 角为激光雷达绕车宽方向（y 轴）的旋转角度，逆时针旋转调整角度为正向调整角度；yaw 角为激光雷达绕车高方向（z 轴）的旋转角度，逆时针旋转调整角度为正向调整角度。

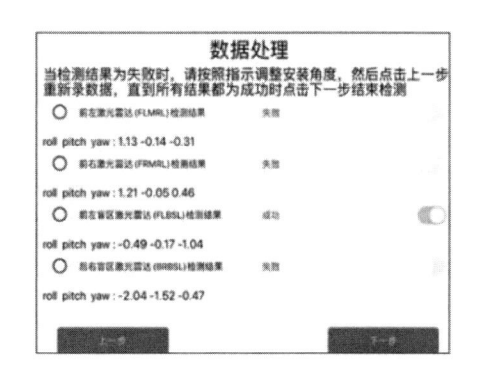

图 5-27 "激光雷达角度检查录数据"界面

图 5-28 "数据处理"界面

图 5-29 数据处理结果

（4）采集标定数据。

室外场地数据采集严格按照软件要求路况及车速进行。

① 进入如图 5-30 所示"录制数据"界面。

② 在标定场地，驾驶员与标定人员配合，分别从 4 个方向驾驶车辆通过路口，采集 4 趟数据，数据采集过程中，车速保持在 10km/h，且不对转向盘、制动踏板和加速踏板进行操作，每趟录制数据 10～15 秒，如图 5-31 所示，软件自动结束录制。

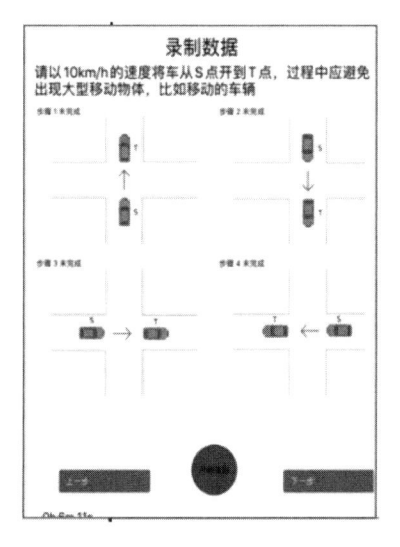

图 5-30 "录制数据"界面

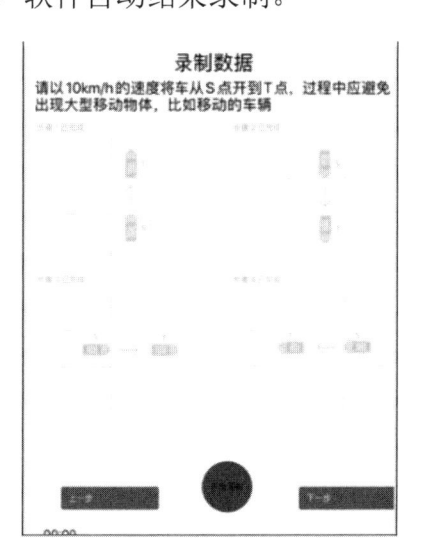

图 5-31 数据录制进行中

注意：数据录制过程中，标定场地严禁有移动的车辆经过，若中途有移动的车辆经过，录制数据无效，需要重新进行录制。

③ 数据采集完成，单击"下一步"按钮继续。

（5）标定激光雷达。

标定界面显示标定成功，单击"下一步"按钮，如图 5-32 所示；若标定失败，单击"上一步"按钮重新标定，标定时间约 10 分钟，标定界面如图 5-33 所示，若 10 分钟之后显示失败需重新录制数据，若标定后几分钟便显示失败，则重新检查激光雷达。

图 5-32　激光雷达标定成功

图 5-33　激光雷达重新标定

（6）上传标定数据。

① 进入如图 5-34 所示界面，软件进行自动化操作。

② 上传数据操作成功后，单击"下一步"按钮，即表示标定完成，如图 5-35 所示。

图 5-34　"上传数据"界面

图 5-35　上传数据成功

项目五 激光雷达的认知、安装与标定

总结与拓展

激光雷达是智能网联汽车上不可或缺的组成部分。激光雷达因其线束数量不同,通常被安装在车辆不同的位置。了解激光雷达常见故障与解决办法,可有效提高车载激光雷达的使用率和数据正确率。目前,64 线机械式激光雷达广泛应用在测绘、高精度电子地图构建等领域。更多线束、更高成本的 128 线激光雷达已经市场化。同时,体积更小、装机更方便的固态激光雷达已经量产化,相信在未来会被装载到越来越多的车辆上。自动驾驶,势不可挡。"飞行汽车"即将来临。

任务实施

设备信息	设备厂家		
	设备名称		
	设备型号		
任务描述	依据下述实训流程完成激光雷达的标定。		
项目	作业记录内容		备注
一、前期准备	1. 更换工装和劳保鞋。 2. 按照场地实际情况进行实训分组。 3. 讲清实训纪律。		
二、设备工具准备	1. 激光雷达虚拟仿真实训台。 2. 电脑。 3. 角反射器。 用来进行激光雷达标定。 4. 盒尺。 用来测量距离。 5. 反光锥、箱体等障碍物模拟物品。		
三、标定环境准备	摆放车辆、角反射器和障碍物。		

续表

项目	作业记录内容	备注
四、标定软件登录与设置	按照如下步骤操作。 1．打开计算机的"设备管理器"，查看"连接硬件的识别端口"。 2．打开"RSView"软件，读取设备参数，根据硬件识别端口进行设置（也可使用其他定制软件）。 标定过程是否存在异常。 □存在　　□不存在 处理方式（若存在）。	
五、激光雷达校准	按照如下步骤操作。 1．设置目标物信息显示。 2．接收并加载数据。 3．行驶车辆并判断激光雷达是否存在虚警。 是否存在虚警。 □存在虚警　　□不存在虚警 处理方式（若存在虚警）。	
六、激光雷达的标定	按照如下步骤操作。 1．单击"command-scan"按钮，启动激光雷达扫描。 2．在激光雷达正前方放置障碍物模拟目标，观察扫描的点云图像、角度和距离信息。 3．移动物体，观察点云变化，并记录。 4．单击"set motor PWM"按钮，调节激光雷达转速。 5．连接显示器。 6．根据激光雷达接口及定义，测试激光雷达供电电压值。 7．测试激光雷达输出、输入信号波形，并记录。 8．测试激光雷达 PWM 脉冲调制信号，并记录。 标定过程是否存在异常。 □存在　　□不存在 处理方式（若存在）。	
七、现场恢复	（不需要填写）	

练习与思考题

一、选择题

1. 激光雷达主要由激光发生器、光电探测器、（　　）等组成。
   A．信号处理系统　　B．视觉控制器　　C．图像存储器　　D．光传感器

2. 激光雷达应用于障碍物识别功能时，要求在各种天气、路况条件下能够识别出（　　）。
   A．车道线　　　　　　　　　B．汽车、行人、自行车
   C．交通标识　　　　　　　　D．路标

3. 按照发射激光线束的不同，激光雷达又分为（　　）、4线、8线、16线、32线、64线等。
   A．单线　　　B．双线　　　C．3线　　　D．聚拢式

4. 激光雷达在进行目标距离测量时，通过（　　）来估算目标距离。
   A．激光线束飞行时间　　　　B．点云图像清晰度
   C．图像远近　　　　　　　　D．图像大小

5. 16线激光雷达一般安装在（　　），用于探测车辆前方环境。
   A．车顶　　　B．前挡风玻璃　　C．左右倒车镜　　D．前部牌照

6. 从激光雷达的特性上来看，目前小型车辆上主要使用的激光雷达是（　　）。
   A．机械式激光雷达　　　　　B．固态激光雷达
   C．混合固态激光雷达　　　　D．以上都是

7. 激光雷达可用于检测目标（　　）、位移、角度、材质等。
   A．色彩　　　B．重量　　　C．速度　　　D．以上都不对

8. 机械式激光雷达通常安装在车辆四周，其采用的激光线束通常不超过（　　）。
   A．8线　　　B．16线　　　C．32线　　　D．64线

二、判断题

（　　）1．多线激光雷达的激光线束越多，垂直角度分布得越均匀。

（　　）2．单线激光雷达成本相对较低，故性能较差，只适合在白天工作，不适合在夜间工作。

（　　）3．激光雷达具有车道线识别、障碍物识别、交通标志识别、可通行空间检测等功能。

（　　）4．固态激光雷达由于其体积小，故比机械式激光雷达性价比高。

（　　）5．由于激光雷达具有强大的功能，故在实际车辆中可以替代摄像头。

项目六

视觉传感器的认知、安装与标定

```
视觉传感器的认知、安装与标定
├── 视觉传感器的认知
│   ├── 基本概念
│   │   ├── 视觉传感器
│   │   └── 视觉传感器环境感知流程
│   ├── 视觉传感器的工作原理
│   ├── 视觉传感器的分类及特点
│   │   ├── 视觉传感器的分类
│   │   └── 视觉传感器的特点
│   └── 视觉传感器的功能及应用
└── 视觉传感器的安装与标定
    ├── 单目摄像头的安装与标定
    │   ├── 安装单目摄像头
    │   └── 标定单目摄像头
    ├── 双目摄像头的安装与标定
    │   ├── 安装双目摄像头
    │   └── 标定双目摄像头
    └── 环视摄像头的安装与标定
        ├── 安装环视摄像头
        └── 标定环视摄像头
```

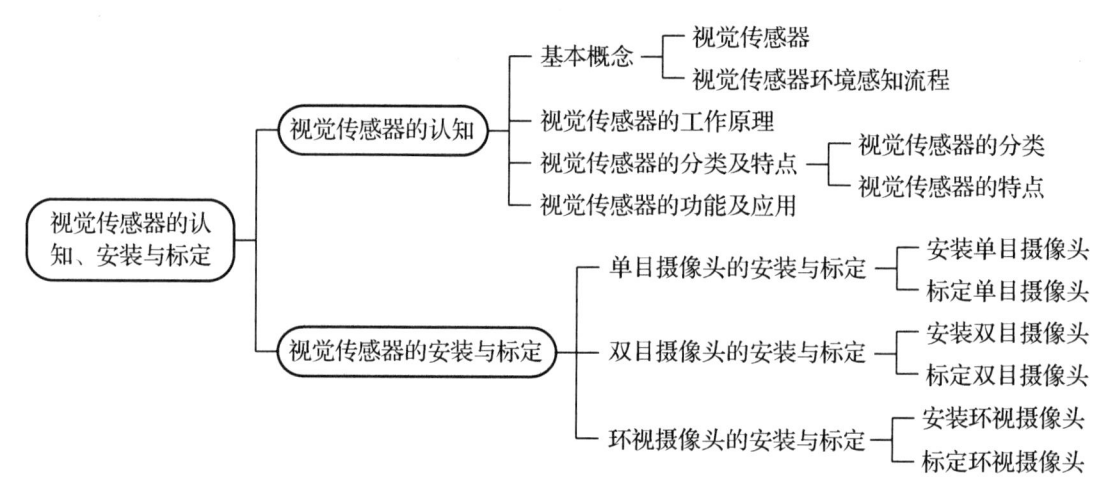

知识目标

1. 能讲述视觉传感器的定义、特点及类型；
2. 能讲述每种类型视觉传感器的功能；
3. 能讲述视觉传感器的工作流程及感知原理。

技能目标

1. 能对视觉传感器实物进行分类并讲述原理及功能；
2. 能对视觉传感器进行安装和标定。

素养目标

1. 培养学生的科学精神和工匠精神；
2. 培养学生互帮互助的团队意识；
3. 培养学生实际动手能力和自主学习能力。

任务 1 视觉传感器的认知

情景引入

视觉传感器主要应用于倒车辅助、泊车辅助、驾驶员行为监测等功能上。例如，特斯拉的智能驾驶方案依赖于视觉传感器。然而，视觉传感器存在一定的局限性，尤其是对于训练数据的依赖性较强。例如，视觉传感器的工作状态会受到天气状况、光线强弱及拍摄物体形状的影响，这可能导致在某些情况下视觉传感器无法识别障碍物，从而引发碰撞事故。那么，视觉传感器究竟是如何工作的呢？

资讯信息

一、基本概念

1. 视觉传感器

视觉传感器又叫摄像头，主要由光源、镜头、图像传感器、模数转换器、图像处理器、图像存储器等组成，如图 6-1 所示。视觉传感器的主要功能是获取足够多的机器视觉系统要处理的原始图像。

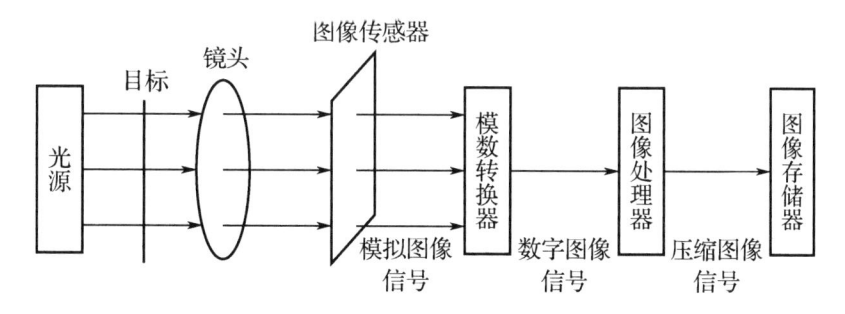

图 6-1 视觉传感器的组成

2. 视觉传感器环境感知流程

视觉传感器环境感知流程一般包括图像采集、图像预处理、图像特征提取、图像模式识别、结果传输等，如图 6-2 所示。根据具体识别对象和采用的识别方法不同，环境感知流程也会有所不同。

图像采集 → 图像预处理 → 图像特征提取 → 图像模式识别 → 结果传输

图 6-2 视觉传感器环境感知流程

（1）图像采集。

图像采集主要是通过摄像头采集图像，如果是模拟信号，要把模拟信号转换为数字信号，并把数字图像以一定格式表现出来，一般需要根据具体研究对象和应用场合，选择性价比高的摄像头。

（2）图像预处理。

图像预处理包含的内容较多，有图像分割、图像增强与复原、图像压缩等，要根据具体情况进行选择。

（3）图像特征提取。

为了完成图像中的目标识别，要对图像进行分割且提取所需要的特征，并对这些特征进行测量、计算、分类，以便计算机对其特征值进行图像分类和识别。

（4）图像模式识别。

图像模式识别的方法有很多，从图像模式识别提取的特征对象来看，图像模式识别方法可分为基于纹理特征的识别技术、基于形状特征的识别技术、基于色彩特征的识别技术等。

（5）结果传输。

把车辆环境感知系统识别的关键信息，传输到该车辆其他控制系统或者周围其他车辆，以完成相应的控制功能。

利用视觉传感器进行道路识别的流程，如图 6-3 所示。

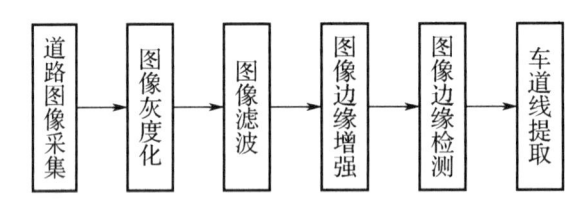

道路图像采集 → 图像灰度化 → 图像滤波 → 图像边缘增强 → 图像边缘检测 → 车道线提取

图 6-3 视觉传感器道路识别流程图

二、视觉传感器的工作原理

视觉传感器在工作时，被摄物体经过镜头聚焦至电荷耦合器件（Charge Coupled Device，CCD）上。电荷耦合器件由多个 X-Y 纵横排列的像素组成，每个像素都由一个光电二极管及相关电路组成。光电二极管将光线转变成电荷，收集到的电荷总量与光线强度成比例，所积累的电荷在相关电路的控制下，逐点移出，经滤波、放大，经过处理后形成视频信号输出，再通过 I/O 接口传输到计算机进行处理后，通过显示设备就可以看到图像，视觉传感器的工作原理如图 6-4 所示。

一般情况下，视觉传感器按一定的分辨率，以隔行扫描的方式采集图像上的点，当扫描到某点时，就通过图像处理器将该点处图像的灰度转换成与灰度一一对应的电压值，然后将此电压值通过视频信号端输出。

若视觉传感器连续地扫描图像上的某一行，则输出就是一段连续的电压信号，电压信号的高低起伏反映了该行图像灰度的变化。当扫描完一行后，视频信号端就输出一个低于最低视频信号电压的电平（如0.3V），并保持一段时间，这相当于每行图像信号之后会有一个电压"凹槽"，此"凹槽"称为行同步脉冲，它是扫描换行的标志。视觉传感器跳过一行后（因为视觉传感器是隔行扫描的），开始扫描新的一行，如此下去，直到扫描完该场的视频信号，会出现一段场消隐区。该区中有若干个复合消隐脉冲，其中有个远宽于（即持续时间远长于）其他脉冲的消隐脉冲，称为场同步脉冲，它是扫描换场的标志。

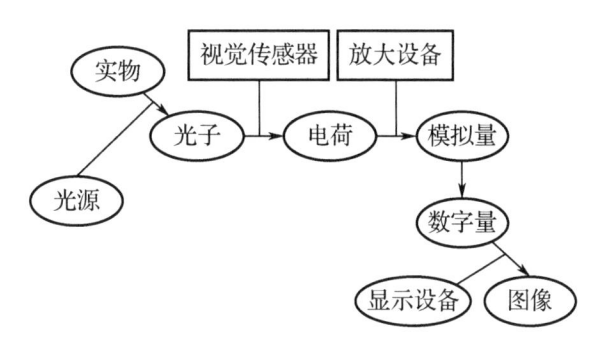

图 6-4 视觉传感器的工作原理

场同步脉冲标志着新的一场的到来，场消隐区恰好跨在上一场的结尾和下一场的开始部分，需要等场消隐区过去，下一场的视频信号才真正到来。视觉传感器通常每秒扫描25张图像，每张又分奇、偶两场，先奇场后偶场，故每秒扫描50场图像，奇场时只扫描图像中的奇数行，偶场时则只扫描图像中的偶数行。视觉传感器扫描方式如图6-5所示。

视觉传感器有两个重要的指标：分辨率和有效像素。分辨率实际上就是每场行同步脉冲数。行同步脉冲数越多，则对每场图像扫描的行数也越多。有效像素常写成两数相乘的形式，如"320×240"，其中前一个数值表示单行视频信号的精细程度，即行分辨能力，后一个数值为分辨率，因此，有效像素=行分辨能力×分辨率。

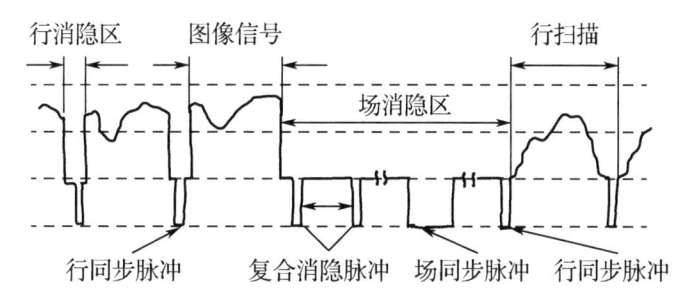

图 6-5 视觉传感器扫描方式

三、视觉传感器的分类及特点

1. 视觉传感器的分类

视觉传感器按照镜头数目和布置方式的不同分为单目视觉传感器、多目（双目、三目等）视觉传感器和环视视觉传感器；按照芯片类型主要分为电荷耦合器件（Charge Coupled Device，CCD）图像传感器和互补金属氧化物半导体（Complementary Metal Oxide Semiconductor，CMOS）图像传感器两大类。

在智能网联汽车中，视觉传感器通常以摄像头的方式出现，其主要用于盲区监测系统、自动紧急制动系统、车道偏离预警系统、车道保持辅助系统等系统中。摄像头一般分为单目摄像头、双目摄像头、三目摄像头和环视摄像头等。

（1）单目摄像头。

单目摄像头一般安装在前挡风玻璃上部，用于探测车辆前方环境，识别道路、车辆、行人等，如图6-6所示。单目摄像头先通过图像匹配进行目标识别（识别内容包括各种车型、行人等），再通过目标在图像中的大小去估算目标距离。这就需要对目标进行准确识别，并建立和维护一个庞大的样本特征数据库，保证这个数据库包含待识别目标的全部特征数据。如果缺乏待识别目标的特征数据，就无法估算目标的距离，进而导致数据的错报和漏报。

单目摄像头的优点是成本低，能够识别具体障碍物的种类，且比较准确，但单目摄像头有两个先天的缺陷。

① 测量范围有限。

摄像头的视野完全取决于镜头，镜头的焦距短，视野广，但会缺失远处的信息；镜头的焦距长，可以捕捉到更远处的信息，但视野相对较窄。单目摄像头只有一个镜头，因此，一般选用焦距适中的镜头。

② 测距的精度低。

摄像头的成像图是透视图，即越远的物体成像越小。同样大小的物体，在远处时可能只有几个像素点，在近处时则需要用大量的像素点描述，因此对单目摄像头来说，物体越远，测距的精度越低。

单目摄像头的特点导致其无法判断具有同样数量像素点的物体大小、远近关系。因此，需要和多目（双目、三目等）摄像头协同工作。

（2）双目摄像头。

双目摄像头通过对两幅图像的视差进行计算，对前方景物（图像所拍摄到的范围）进行距离测量，从而建立起被测物体的三维坐标，而无须判断前方出现的是什么类型的障碍物。它依靠两个平行布置的摄像头产生的视差，找到同一个物体所有的点，依据精确的三角测距，计算出摄像头与前方障碍物的距离，实现更高的识别精度和更广的探测范围。双目摄像头需要两个摄像头有较高的同步率和采样率，因此其技术难点在于双目标定及双目定位。相比于单目摄像头，双目摄像头没有识别率的限制，无须先识别，可直接进行测量，直接利用视差计算距离，精度更高，无须维护样本数据库。但因为检测原理上的差异，相比于单目，双目摄像头在距离测算上的硬件成本和计算量级都大幅增加。宇通智能网联汽车小宇使用的双目摄像头如图6-7所示。

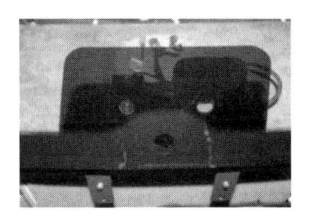

图6-6　单目摄像头　　　　图6-7　宇通智能网联汽车小宇使用的双目摄像头

（3）三目摄像头。

三目摄像头的感知范围更大，"长""短""广"三组定焦镜头相互配合，长焦捕捉远景细节、短焦摄录完整事件、广角覆盖视野全局，从而使成像效果更佳，画质更高清。三目摄像头如图6-8所示。

（4）环视摄像头。

环视摄像头包括四个摄像头，能够实现360°环境感知。摄像头分为红外摄像头和普通摄像头。红外摄像头既适合在白天工作，也适合在夜间工作。普通摄像头只适合在白天工作，不适合在夜间工作。目前车辆上使用的环视摄像头主要是红外摄像头。宇通智能网联汽车小宇安装的环视摄像头如图6-9所示。

图6-8　三目摄像头　　　　图6-9　宇通智能网联汽车小宇安装的环视摄像头

2. 视觉传感器的特点

（1）信息量丰富。

视觉图像，尤其是彩色图像，含有的信息量非常丰富。视觉传感器不仅能够识别出视野内相关物体的距离信息，还能够识别出物体的颜色、纹理、深度和形状等信息。

（2）检测类型多。

视觉传感器在视野范围内可同时实现车辆检测、道路检测、交通标志检测、交通信号灯检测、行人检测等，检测信息类型多，而且当多辆智能网联汽车同时工作时，视觉传感器也不会出现相互干扰的现象。

（3）适应能力强。

视觉传感器获取的是实时场景图像，实时场景图像不依赖于先验知识，因此，视觉传感器需要有较强的适应环境的能力。

（4）应用广泛。

视觉传感器应用广泛，在智能网联汽车中视觉传感器可以实现前视、后视、侧视、内视、环视等功能。以前视为例，视觉传感器可以识别车道线、车辆、障碍物、交通标志等，从而实现碰撞预警、交通限速预警、车道偏离预警、夜视等功能。

四、视觉传感器的功能及应用

视觉传感器具有车道线识别、障碍物检测、交通标志和地面标志识别、交通信号灯识别、可通行空间检测、前向碰撞预警等功能，如表6-1所示。

表6-1 视觉传感器功能

功能名称	功能介绍	图例
车道线识别	通过摄像头获取的图像检测并识别路面车道线	
障碍物检测	通过摄像头获取的图像识别障碍物的轮廓信息从而检测障碍物	
交通标志和地面标志识别	通过摄像头获取的图像特征来进行标志识别	
交通信号灯识别	通过摄像头获取的图像识别当前信号灯状态	
可通行空间检测	通过摄像头获取图像，对其进行分析，甄别当前道路是否可通行	
前向碰撞预警	通过摄像头获取的图像来检测前方目标车辆，当本车与目标车辆的距离小于设定值时，系统会发出报警声音	

根据不同高级驾驶辅助系统功能的需要，摄像头的安装位置也不同，根据安装位置，可分为前视、后视、侧视和内置摄像头。这些摄像头主要应用在高级驾驶辅助系统中。摄像头在汽车上的应用如表 6-2 所示。

表 6-2　摄像头在汽车上的应用

应用系统	使用的摄像头
车道偏离预警系统	前视
盲区监测系统	侧视
自动泊车辅助系统	后视
全景泊车系统	前视、侧视、后视
驾驶员疲劳预警系统	内置
行人碰撞预警系统	前视
车道保持辅助系统	前视
交通标志识别系统	前视、侧视
前向碰撞预警系统	前视

总结与拓展

摄像头可以分为单目摄像头、双目摄像头、三目摄像头、环视摄像头等。摄像头可应用在车道线识别、障碍物检测、交通标志和地面标志识别、交通信号灯识别、可通行空间检测等功能上。

随着物联网的发展，视觉传感器作为汽车环境感知系统的组成部分，势必与互联网、大数据形成相辅相成的发展态势。汽车通过视觉传感器感知车况的变化，将收集到的数据与信息传递给控制器进行决策，实现车与车之间的互联互通；同时视觉传感器将数据传递给整车厂商后台，后台对这些数据进行分析，让厂商能够第一时间了解汽车上各系统和各部件的实时状况，从而为车主提供安全顺畅的驾驶环境。

任务实施

设备信息	设备厂家	
	设备名称	
	设备型号	
任务描述	依据下述实训流程完成各环节实训任务。	

续表

项目	作业记录内容	备注
一、前期准备	1. 更换工装和劳保鞋。 2. 按照场地实际情况进行实训分组。 3. 发放实训工单、记号笔、便笺，自备黑色签字笔。 4. 讲清实训纪律。	
二、视觉传感器的认知	说明：按照分组，在视觉传感器虚拟仿真实训台上查找视觉传感器，将找到的视觉传感器进行标号，并在下方写出每一个标号的视觉传感器的功能特点及所能够参与完成的功能。 单目摄像头 安装位置： 特点： □长距离　　　□中距离　　　□短距离 □视域角度大　　　□视域角度小 可能参与完成的功能： 双目摄像头 安装位置： 特点： □长距离　　　□中距离　　　□短距离 □视域角度大　　　□视域角度小 可能参与完成的功能：	

续表

项目	作业记录内容	备注
二、视觉传感器的认知	环视摄像头 安装位置： 特点： □长距离　　　□中距离　　　□短距离 □视域角度大　　　□视域角度小 可能参与完成的功能：	
三、视觉传感器资料检索	说明：通过查阅资料认识一种视觉传感器，并将该视觉传感器的相关信息填写完整。 视觉传感器的品牌：_____ 视觉传感器的型号：_____ 视觉传感器的技术参数 | 序号	项目	参数
四、现场恢复	（不需要填写）	

任务 2

视觉传感器的安装与标定

情景引入

视觉传感器主要用于车道线识别、障碍物检测、交通标志和地面标志识别、交通信号灯识别等功能上，视觉传感器安装与标定的质量直接决定其识别和检测的效果。同学们，你们知道视觉传感器在安装时应该怎样测量定位，安装过程中有哪些注意事项，视觉传感器的标定过程是怎样的吗？

资讯信息

视觉传感器的安装与标定主要涉及到单目、双目、环视摄像头的安装标定工作。摄像头安装完成后需要对其进行标定，标定过程即为摄像头寻找标准的过程，这直接决定识别效果及精度。

一、单目摄像头的安装与标定

1. 安装单目摄像头

（1）测量定位。

① 水平方向。

使用卷尺测量前挡风玻璃宽度，取中心位置并画线标记。正常水平方向位置偏差为±100mm。

② 高度方向。

在高度方向上，要求单目摄像头不能被回位状态的刮水器遮挡，由于单目摄像头安装处容易被运行的刮水器清洁，因此具体安装位置需要根据车辆实际情况进行调整。单目摄像头安装位置如图 6-10 所示。

图 6-10　单目摄像头安装位置

（2）开孔及穿线。

根据单目摄像头定位位置，在距离其最近位置的仪表台或装饰件处用电钻及开孔器开孔，开孔后清理毛刺，保证孔的表面美观，无毛刺。开孔完毕后根据孔径，选取护套胶圈并安装，要保证护套胶圈无松脱现象。单目摄像头开孔及穿线如图 6-11 所示。

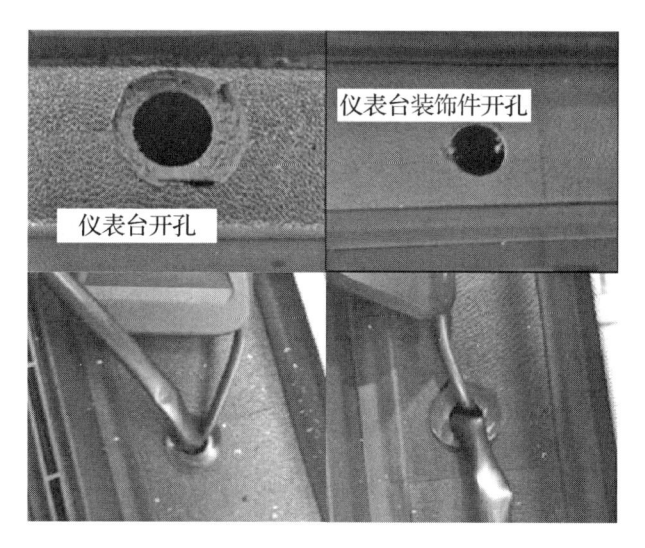

图 6-11 单目摄像头开孔及穿线

(3) 线束连接及固定。

根据线束标签将单目摄像头相关插接件与主线束预留线束对接，插接件对接后反向拉插接件本体（禁止拉动线束），检查插接件有无松动和退针现象，插接件对接完成后用白色记号笔画线连接插接件的两端，以确认插接件已经正确安装到位。线束连接完成后使用环保扎带进行固定，固定点在插接件两端且固定点间距为 100~150mm，固定后线束及插接件不受力，固定完成后对环保扎带进行修剪，使其平齐无尖角，露出镶片外 2~3 个齿。单目摄像头线束连接及固定如图 6-12 所示。

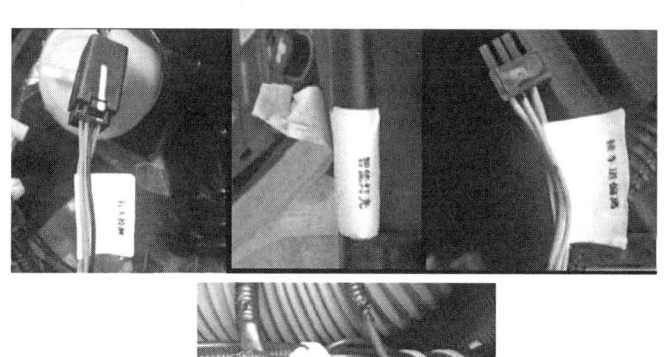

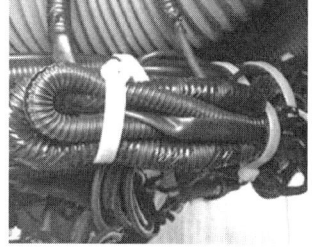

图 6-12 单目摄像头线束连接及固定

(4) 粘贴单目摄像头。

① 取下单目摄像头防护胶帽。

② 使用清洁布将前挡风玻璃内侧擦干净。

③ 使用热风枪对单目摄像头粘贴部位进行均匀加热，加热时间不低于 15s 且不超过 120s。

④ 揭下单目摄像头底座 3M 胶隔离纸，使用热风枪对其胶片进行均匀加热，加热时间不低于 15s，将单目摄像头底座与前挡风玻璃中心对正，单目摄像头底边与前挡风玻璃的黑边平行并粘贴牢固，用力按压 45s 以上，完成安装，如图 6-13 所示。

2. 标定单目摄像头

摄像头的标定工作是摄像头可以正常使用的最后环节，标定的具体过程如下。

（1）设备准备。

① 标定设备 CANalyst-II 如图 6-14 所示，该设备有两个通道，其中，通道 1 连接 IFVS 视觉模块的 CAN0。

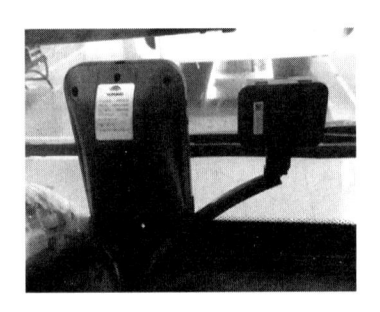

图 6-13 安装完成的单目摄像头 　　图 6-14 标定设备 CANalyst-II

② 选中标定软件的上位机程序，双击打开后选择产品类型、设备类型和波特率，如图 6-15 所示。

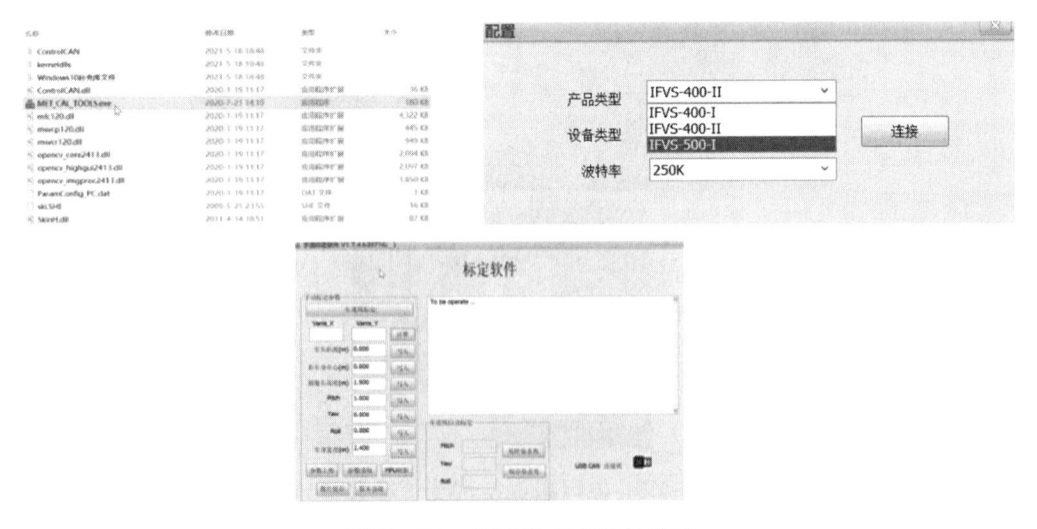

图 6-15 标定软件及其界面

（2）标定流程。

进入标定界面，标定分为自动标定和手动标定两种，以下主要介绍自动标定过程。单目摄像头标定流程如图 6-16 所示。

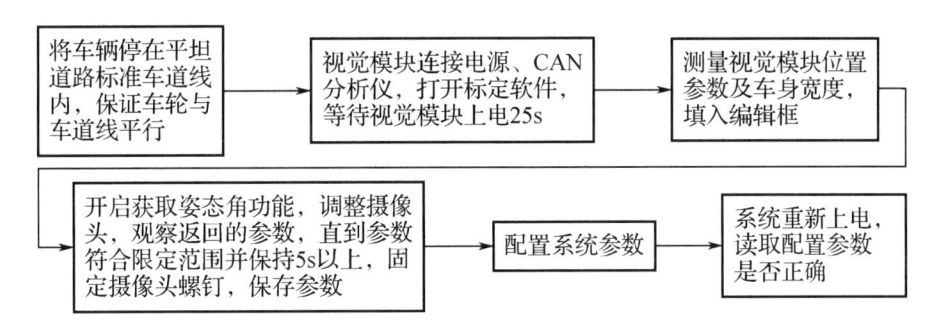

图 6-16 单目摄像头标定流程

① 车辆停放。

将车辆停放在平坦道路标准车道线内，保证车轮与车道线平行且与两车道线距离大致相等，如图 6-17 所示。

② 通信连接。

视觉模块由车身供电，视觉模块 CAN0 通过转接线或探针等方式与 CANalyst-II 通道 1 相连，再将 CANalyst-II 连接到电脑。打开标定软件，"USB CAN 连接状态"显示正常。

③ 测量视觉模块位置参数及车身宽度。

图 6-17 车辆停放示例

测量视觉模块位置参数及车身宽度，将数据写入对应编辑框，单位为米。视觉模块标定参数如图 6-18 所示。数据符号根据车身坐标系来确定，例如，以驾驶员视角测量，摄像头中心距车身中线向右偏移 0.100m，则距车身中心参数值为-0.100。

车头距离：摄像头与车身最前沿的距离。

距车身中心：摄像头与车身中线的距离。

摄像头高度：摄像头距地面的高度。

车身宽度：安装车辆的实际车身宽度。

④ 自动获取姿态角参数。

在软件界面上单击"实时姿态角"按钮，软件读取视觉模块当下的姿态角参数，如图 6-19 所示，若姿态角参数不在范围内，可适当调整摄像头角度。当姿态角参数符合表 6-3 限定的范围，并保持 5s 以上，即可对摄像头螺钉进行固定，同时单击"保存姿态角"按钮，保存数据。

图 6-18 视觉模块标定参数

图 6-19 姿态角参数读取及保存界面

表 6-3 姿态角参数限定范围表

姿态角参数	最 小 值	最 大 值
Pitch	0	2
Yaw	−2	2
Roll	0	0

⑤ 配置系统参数。

逐个单击参数右侧"写入"按钮，配置系统参数。最后单击"参数上传"按钮，保存写入的参数。参数写入界面如图 6-20 所示。

每个参数都有范围限制，超出范围上位机软件会提示，如图 6-21 所示。

图 6-20 参数写入界面

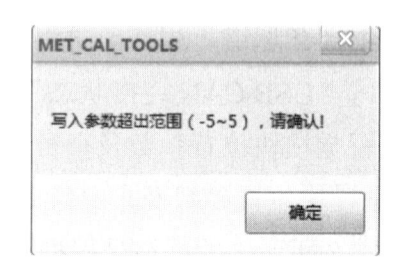

图 6-21 参数超限提示

⑥ 参数验证。

完成配置后重新上电，等待 25s 后，单击软件中"参数读取"按钮，将反馈配置参数信息，与实际配置参数进行对比，确保参数配置正确，如图 6-22 所示。

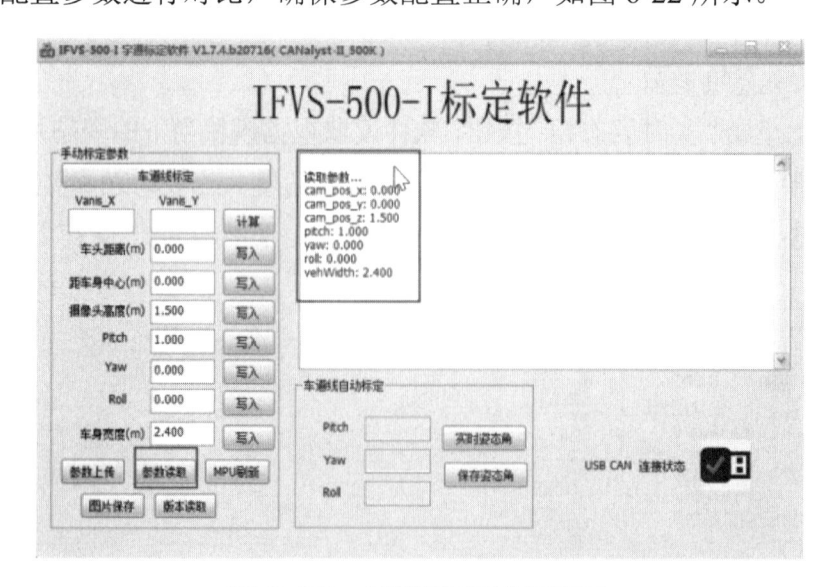

图 6-22 参数读取和验证界面

二、双目摄像头的安装与标定

双目摄像头的安装包括双目摄像头及预警显示器的安装。

1. 安装双目摄像头

(1) 安装位置确定。

在左右方向上将双目摄像头居中安装在车内前挡风玻璃上，双目摄像头中心线偏离整车中心线距离不超过 100mm。在高度方向上，双目摄像头一般安装在挡风玻璃下方，以不影响驾驶员视线为宜，安装最高高度为 2.5m。双目摄像头前方无遮挡、无异物。在水平方向上，须保持双目摄像头连线与地面平行，安装时把水平仪放置在设备顶部。双目摄像头如图 6-23 所示。

(2) 固定双目摄像头。

双目摄像头安装位置须保持清洁，如有脏污须清洁干净。安装时建议一个人安装，另外一个人在车前方确定安装位置。位置确认后，撕开双目摄像头背胶上的贴膜，把双目摄像头安装在玻璃上，用力按压双目摄像头的四角和中间位置并保持 5s 以上。车前方的人员确认背胶与玻璃完全贴合后，双目摄像头固定完成，如图 6-24 所示。

双目摄像头固定完成后，测量双目摄像头右目中心到地面及左右两边车身的距离，做好记录，尺寸精确到毫米。

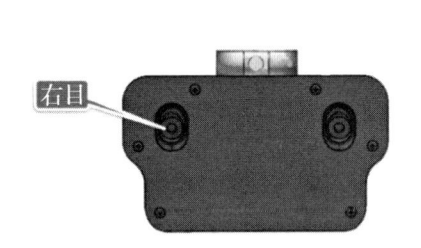

图 6-23 双目摄像头　　　　图 6-24 双目摄像头固定完成

(3) 安装预警显示器。

① 确定安装位置。

预警显示器需要安装在驾驶台上便于司机观察的位置，同时也要保证不会阻碍司机视线，以免影响驾驶。

② 固定预警显示器。

预警显示器在安装时须保持安装面清洁，如果有脏污须清洁干净。位置确认后，撕开底座背胶上的贴膜，将预警显示器在驾驶台上用力按压并保持 5s 以上。

(4) 连接线束与确认双目摄像头状态。

① 连接线束。

将双目摄像头 OBD-II 接口连接到车身 OBD 接口上。通过 3025HM-2×4P 接口连接双目摄像头与预警显示器，连接双目摄像头电源。线束连接后，做好线束的固定和整理工作，确保线束连接可靠和美观。

② 确认双目摄像头状态。

双目摄像头启动过程中，LED 灯（图 6-25 中 LED 灯从左到右依次为 LED1、LED2、LED3）显示跑马灯效果。双目摄像头启动后，正常工作状态如图 6-25 所示，LED1 为绿色。

图 6-25 双目摄像头正常工作状态

双目摄像头启动过程中，如出现异常，可参考表 6-4 进行排查。

表 6-4 双目摄像头状态与 LED 显示对照表

编号	双目摄像头状态	LED 显示		
		LED1	LED2	LED3
1	业务系统工作中	绿色	不亮	不亮
2	双目摄像头升级失败	不亮	不亮	黄色
3	车身信号未接入	不亮	不亮	青色
4	视差数据异常	不亮	黄色	不亮
5	业务系统已关闭	紫色	不亮	不亮
6	双目摄像头左路不出图	不亮	红色	不亮
7	双目摄像头右路不出图	不亮	不亮	红色
8	其他硬件故障	红色	红色	红色
9	图像遮挡：主镜头（右图）	不亮	不亮	蓝色
10	图像遮挡：主镜头（左图）	不亮	蓝色	不亮
11	图像异常（极暗等情况）	不亮	紫色	不亮

③ 确认预警显示器状态。

在上电后尝试将预警显示器与双目摄像头连接，连接过程中预警显示器的右上角会有一个绿色小圆点，当右上角的绿色小圆点消失后，说明预警显示器与双目摄像头连接成功。

2. 标定双目摄像头

标定设备及标定软件准备完成后，运行并打开标定软件，进行串口号及波特率等参数的设置，如图 6-26 所示。

支持中文/英文主题语言选择，支持 RS232 串口/CAN 口通信模式。

线路连接好双目摄像头，选择相应参数，单击"连接"按钮，即可与双目摄像头连接。连接成功后，导航栏会自动显示所有的功能按钮，同时软件会自动请求版本信息并显示，如图 6-27 所示。双目摄像头（相机）标定显示界面包括以下功能。

（1）视频制式切换。

（2）升级 Log（相机升级后才会产生的 Log 日志，相机重启后 Log 日志会被清除）。

（3）相机状态。

（4）相机版本。单击相应的查询版本按钮，即可获取相应信息。

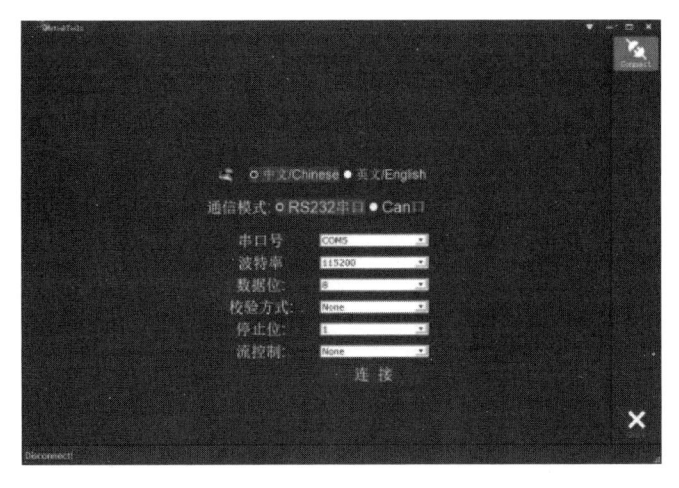

图 6-26 双目摄像头连接参数设置界面

图 6-27 双目摄像头标定显示界面

双目摄像头参数设置界面如图 6-28 所示，单击"请求参数"按钮，会看到界面上所有的参数数值。修改相应的参数数值，单击"上传"按钮，即可将参数写入双目摄像头。为保证参数已写入双目摄像头，可通过再次单击"请求参数"按钮来确认。

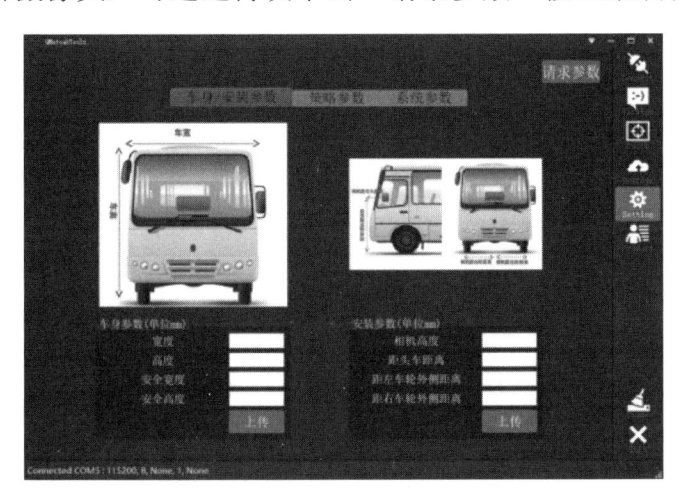

图 6-28 双目摄像头参数设置界面

双目摄像头的标定主要包括路面标定和标靶标定两种，以下主要介绍标靶标定。标靶标定界面如图6-29所示。

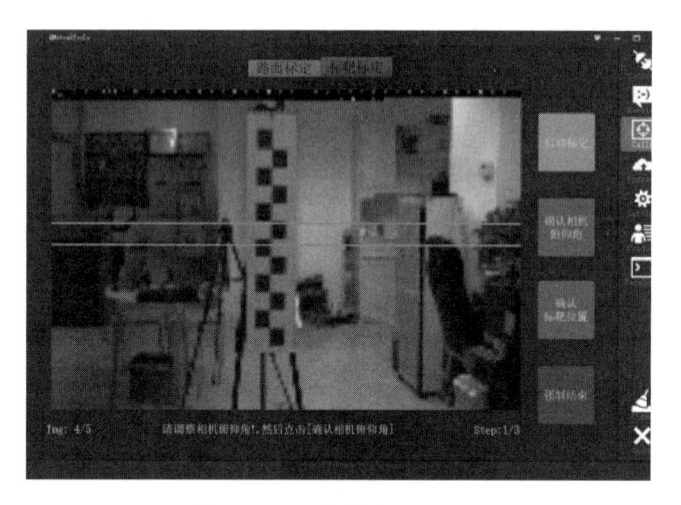

图6-29 标靶标定界面

对平行线位置进行调整，如图6-30所示，十字光标没有落在两条平行线中间。手动调整双目摄像头俯仰角，使十字光标落在两条平行线中间，如图6-31所示。

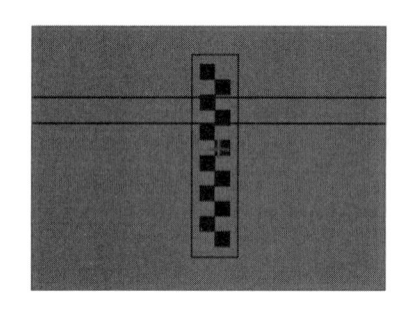

图6-30 标靶标定-平行线位置调整　　　　图6-31 标靶标定-平行线调整完成

单击"确认相机俯仰角"按钮，如图6-32所示。

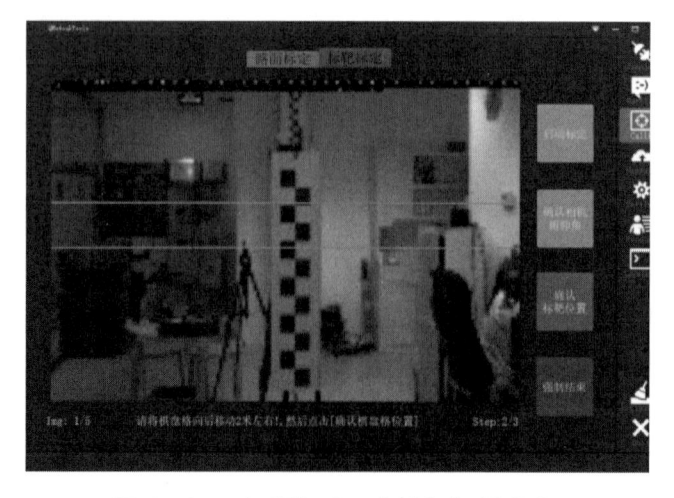

图6-32 标靶标定-确认相机俯仰角

等待约 5～10s，确保看到左侧 Step 值显示由 1/3 更新为 2/3，如图 6-33 所示。

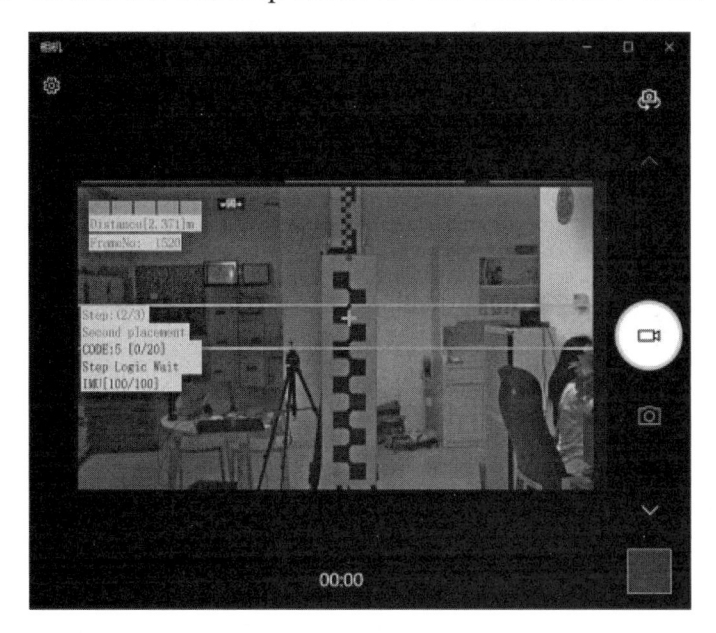

图 6-33　标靶标定-Step 值更新

标定板向后移动 1.5～2m，保证激光线与标定板中线重合，同时十字光标落在两条平行线中间，单击"确认标靶位置"按钮，如图 6-34 所示。

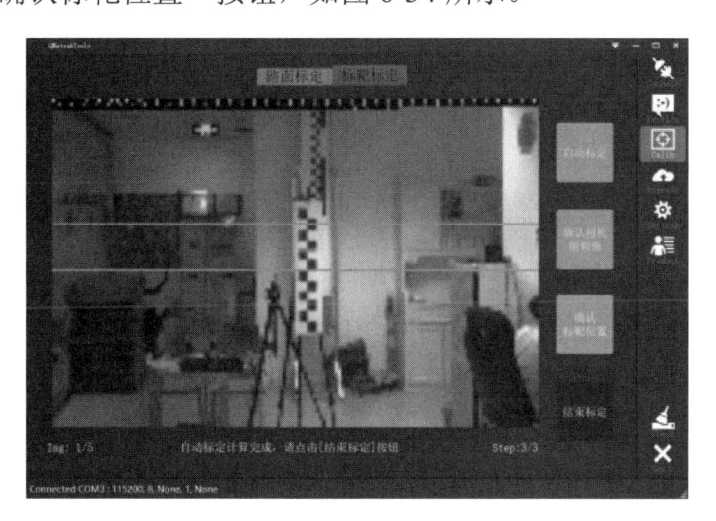

图 6-34　标靶标定-确认标靶位置

等待约 5～10s，确保看到 Step 值显示由 2/3 更新为 3/3，并出现 finish 时，即成功，如图 6-35 所示。

标定完成，单击"结束标定"按钮，弹出确认窗口，单击"Yes"按钮，结束标定，如图 6-36 所示。

若双目摄像头在安装完成后无法进行标定，则解决方法如下。

（1）检查双目摄像头是否上电。

图 6-35 标靶标定-标定成功

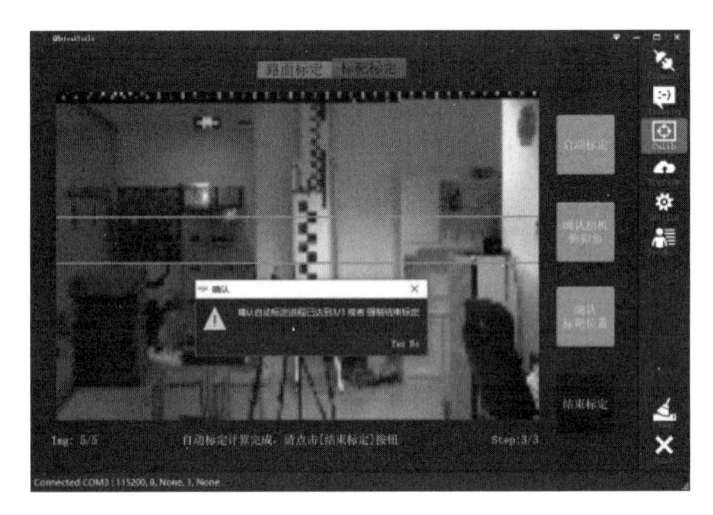

图 6-36 标靶标定-确认完成

① 检查 AHD 是否有视频输出。

② 检查主板 LED 是否点亮。

（2）检查线束是否可用。

① 检查线束在安装步骤是否可用。

② 更换另一套线束。

（3）检查串口/CAN 口配置参数是否正确。

① 参数配置为：波特率（115200），数据位（8），检验方式（None），停止位（1），流控制（None）。

② 检查 CAN 的 ID 是否正确。

③ 若不知道波特率请尝试 250K/500K。

（4）多次尝试连接，断开再连接/重新启动上位机。

三、环视摄像头的安装与标定

1. 安装环视摄像头

环视摄像头的安装流程如图 6-37 所示。

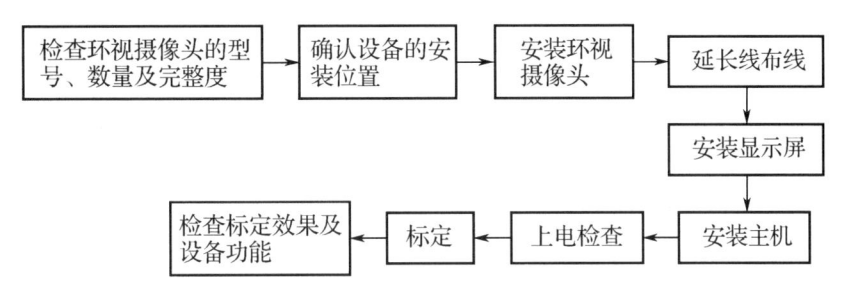

图 6-37 环视摄像头的安装流程

（1）安装前准备。

① 检查环视摄像头的型号、数量及完整度。

② 查验安装工具。

③ 确定安装步骤及涉及工艺。

（2）安装环视摄像头。

① 安装位置。

前视摄像头安装在前挡风玻璃最高处的中间位置，水平安装，一般位于 LED 显示屏上方 5cm 左右。

后视摄像头安装在后挡风玻璃最高处的中间位置，水平安装，若有倒车监控摄像头，建议与倒车监控摄像头间距 5~10cm，后视摄像头底部边缘与倒车监控摄像头底部平齐。

侧视（左/右侧视）摄像头安装在侧面居中，水平安装。环视摄像头安装位置如图 6-38 所示。

若右视摄像头的画面被下客门的灯罩所遮挡，可以将右视摄像头向前挪 20cm 左右，具体挪动距离可以根据实际情况而定。

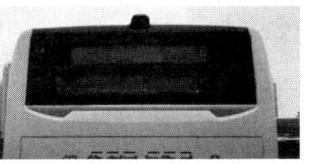

图 6-38 环视摄像头安装位置

环视摄像头安装位置选定以后，涉及的具体安装步骤如下。环视摄像头的安装过程如图 6-39 所示。

a. 在选定的环视摄像头安装位置使用电钻进行开孔。

b. 开孔完成后安装环视摄像头，将线束送入过线孔，调整环视摄像头角度至与地面呈45°夹角，拧紧两侧螺钉以固定角度。注意环视摄像头橡胶垫厚侧朝上，薄侧朝下。

c. 在橡胶底座和车身空位处涂满密封胶，将橡胶底座突出的圆圈插入车身空位。若车顶蒙皮面漆为白色，则使用白色密封胶，若不是白色，则使用黑色密封胶。在打胶密封时注意对打胶部位进行清洁。

d. 用配套螺钉将环视摄像头固定在车身上，注意环视摄像头底部保持水平，镜头画面垂直。

e. 安装环视摄像头防护罩，安装后检查防护罩是否安装稳固。

f. 将环视摄像头外围多余的密封胶擦拭干净且撕掉环视摄像头上的保护膜。

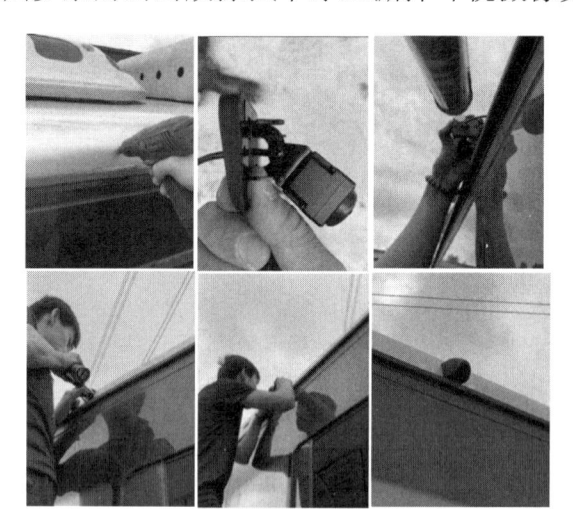

图 6-39 环视摄像头的安装过程

② 延长线布线。

延长线是左/右侧视摄像头与主机之间连接的线束，如图 6-40 所示。在布线时须区分贴有主机端和摄像头端/显示屏端的标签。

航空插头在对接时须锁紧，避免松动或掉落导致电压、信号无法正常传输，同时线束不宜过长，避免插接件处受力，造成线束扯断或损伤。

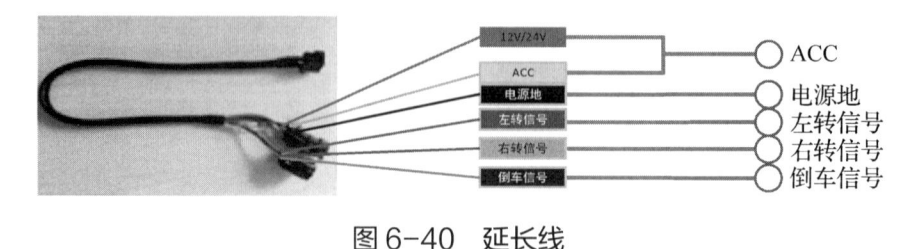

图 6-40 延长线

③ 安装显示屏。

显示屏的安装方式一般分为支架固定式安装和嵌入式安装两种，如图 6-41 所示。

支架固定式安装需要在支架底部贴好减震贴，以降低屏幕支架的晃动。建议将显示屏安装在中控台右边驾驶员视野良好的位置，并将显示屏调节螺钉锁紧，避免显示屏出现晃动。

嵌入式安装需要在中控台开孔并添加支架，支架底部需要用螺钉固定，否则在行驶时支架底部容易因车身晃动而挪动甚至脱落。

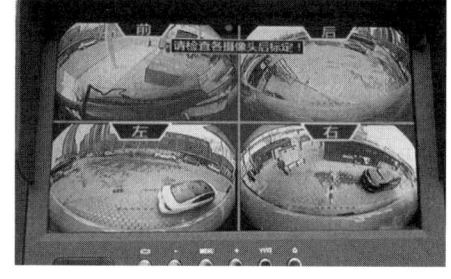

（a）支架固定式安装　　（b）嵌入式安装

图6-41　显示屏的两种安装方式-支架固定式安装和嵌入式安装

④ 安装主机。

将主机的所有插接线束，接到主机接插槽上，而后将前/后/左/右视摄像头的延长线接到视频输入、输出线束上，主机及插接件如图6-42所示。

主机安装须确保安装环境干燥，主机安装时应配备主机固定螺栓，确保主机安装牢靠。安装位置尽可能地预留一定空间，以便于升级维护。

图6-42　主机及插接件

⑤ 上电检查。

主机安装完成以后需要上电检测，若无问题则开始对环视摄像头进行标定。

2. 标定环视摄像头

环视摄像头的标定可以分为手动标定、U盘标定和自动标定等，以下主要介绍手动标定过程。

（1）布置工位。

手动标定的工位布置如图6-43所示。工位要求比车辆宽2m及以上，车辆停放完成后，在车辆前、后、左、右各测量出1m距离，如图6-43（c）所示，在车外围形成一个长方形。以长方形的四个角为角点分别再向外延伸1m，如图6-43（d）所示，形成12个角点，如图6-43（e）所示。

（2）设置参数。

标定设备及标定软件准备完成后，运行并打开标定软件，进行端口及波特率等参数的设置。选取全景标定当中的井字格标定，根据界面上的参数对相应数据进行量取，并输入到井字格参数设置界面对应的标定框中,注意参数单位,如图 6-44 所示。

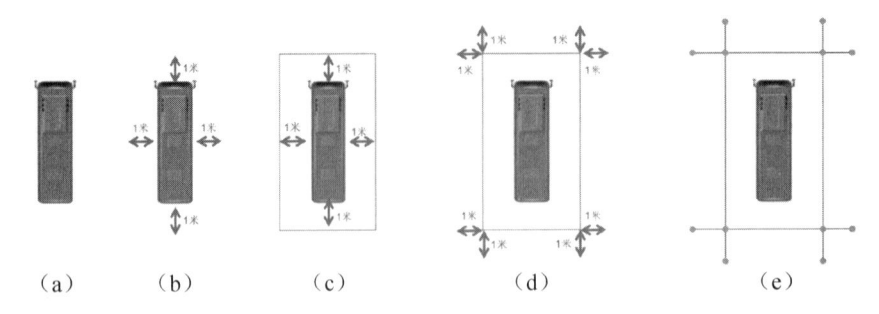

(a)　　(b)　　(c)　　(d)　　(e)

图 6-43　手动标定的工位布置

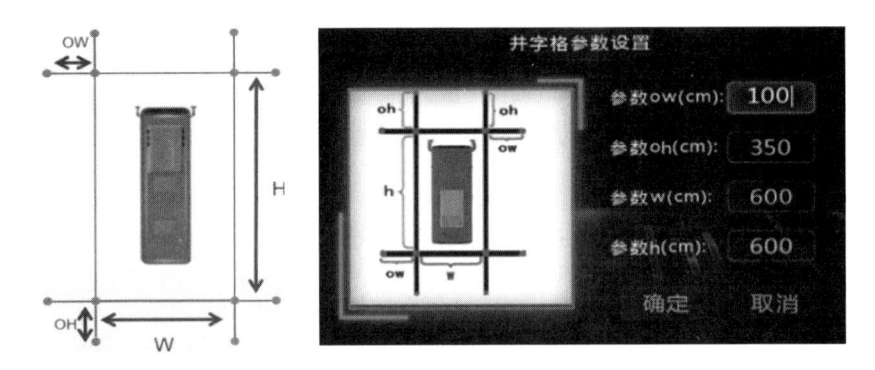

图 6-44　井字格参数设置

(3)调整摄像头。

将光标分别移动到摄像头画面当中对应的角点 1、2、3、4 上,调整光标到指定点,画面标定误差值在 10 以下,即认为通过,如图 6-45 所示。依次对前、后、左、右四个摄像头画面分别进行手动标定。摄像头标定成功后,系统会进行建模,等待建模成功后返回主界面。

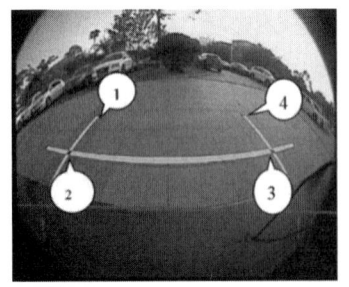

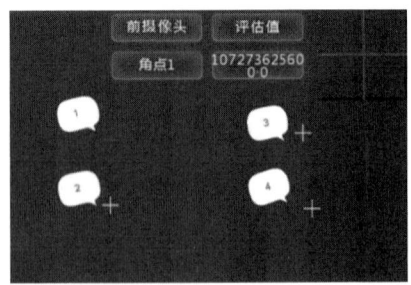

图 6-45　井字格标定光标调整及确定过程

确认标定后的画面是否有异常的波纹或者阴影出现,车身周围是否有盲区条纹,车的模型大小是否合适等。绕车走一圈,观察标定效果,以及转向灯、倒车灯功能是否正常。标定完成的画面效果如图 6-46 所示。

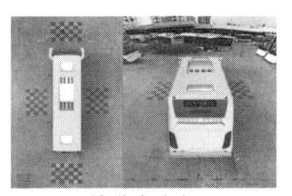

		前进或驻车			倒车

		左转			右转

图 6-46 标定完成的画面效果

总结与拓展

本任务主要讲解单目、双目和环视摄像头的安装及标定过程，以及在安装标定过程当中的一些注意事项。视觉传感器的标定有不同方法，如环视摄像头有手动标定、U 盘标定和自动标定等，具体标定方法可以根据标定场地的具体情况而定。

视觉传感器经过长期的技术积累有了很大的进步，防抖、广角、3D 深度等多种组合功能的视觉传感器在各个领域被广泛地应用。在车载领域，车载摄像头是自动驾驶感知方案中视觉系统的重要组成部分，是最为成熟的车载传感器之一。单目、双目、环视摄像头广泛应用于倒车辅助、泊车辅助、驾驶员行为监测等功能上。

任务实施

设备信息	设备厂家	
	设备名称	
	设备型号	
任务描述	视觉传感器的安装与标定。	
项目	作业记录内容	备注
一、前期准备	1. 视觉传感器虚拟仿真实训台。  2. 标定板。 3. 主机。	

续表

项目	作业记录内容			备注
二、安全检查				
三、仪器连接				
四、标定部件确认	确认需要标定部件的数量及类型。			
	①	□ 正常	□ 不正常	
	②	□ 正常	□ 不正常	
	③其他（如果有）_____	□ 正常	□ 不正常	
五、安装状态确认	确认需要标定部件的安装状态。			
	①	□ 正常	□ 不正常	
	②	□ 正常	□ 不正常	
	③其他（如果有）_____	□ 正常	□ 不正常	
六、线束连接确认	确认需要标定部件的线束连接。			
	①	□ 正常	□ 不正常	
	②	□ 正常	□ 不正常	
	③其他（如果有）_____	□ 正常	□ 不正常	
七、产品标定	1. 标定数据记录。 （1）标定参数配置。 | 项目	数值	单位	备注 | |---|---|---|---| | | | | | | | | | | | | | | | | | | | | （2）基本标定数据。 | 项目	数值	单位	备注 | |---|---|---|---| | | | | | | | | | | | | | | | | | | | |			

续表

项目	作业记录内容				备注
七、产品标定	2. 标定动态数据记录。 | 项目	数值	单位	备注 | |---|---|---|---| | | | | | | | | | | | | | | | | | | | | 3. 确认部件状态。 | 部件名称	部件状态	备注 | |---|---|---| | | | | | | | | | | | | | | | |				
八、实训台功能测试及标定结果确认	对线路进行测量。 	测试部件	功能是否正常	备注	 |---|---|---| | | | | | | | | | | | | | | | |				
九、现场恢复	（不需要填写）				

练习与思考题

一、选择题

1．视觉传感器主要由光源、镜头、图像传感器、模数转换器、图像处理器和（　　）等组成。

A．图像控制器　　B．视觉控制器　　C．图像存储器　　D．光传感器

2．视觉传感器在障碍物监测功能时要求在各种天气、路况条件下能够识别出（　　）。

A．车道线　　　　　　　　　　B．汽车、行人、自行车

C．交通标志　　　　　　　　　D．路标

3．视觉传感器按照镜头和布置方式的不同可分为单目视觉传感器、（　　）和环视视觉传感器。

A．多目视觉传感器　　　　　　B．双目视觉传感器

C．三目视觉传感器　　　　　　　　D．前视视觉传感器

4．视觉传感器的特点不包括（　　）。

A．信息量丰富　　B．检测类型多　　C．适应能力强　　D．检测范围大

5．单目摄像头一般安装在（　　），用于探测车辆前方环境。

A．车顶　　　　B．前挡风玻璃　　C．左、右倒车镜　　D．前进气栅格

6．双目摄像头相较于单目摄像头的优势是（　　）。

A．精度高　　　B．成本低　　　C．标定更简单　　D．维护复杂

7．视觉传感器环境感知流程一般包括（　　）、图像预处理、图像特征提取、图像模式识别、结果传输等。

A．图像感知　　B．图像终处理　　C．图像采集　　D．环境感知

8．视觉传感器主要用于（　　）、障碍物检测、交通标志和地面标志识别、交通信号灯识别等功能上。

A．车道线识别　　B．图像采集　　C．图像预处理　　D．影像传输

9．视觉传感器有两个重要的指标：（　　）和有效像素。

A．图片大小　　B．分辨率　　C．图片色彩　　D．图片像素

10．在左右方向上将双目摄像头居中安装在车内挡风玻璃上，双目摄像头中心线偏离整车中心线距离不超过（　　）。

A．50mm　　　B．200mm　　　C．100mm　　　D．150mm

二、判断题

（　）1．视觉传感器在汽车中主要可以实现前视、后视、侧视、内视、环视等功能。

（　）2．单目摄像头的标定不需要标定软件。

（　）3．视觉传感器具有车道线识别、障碍物检测、交通标志识别、可通行空间检测等功能。

（　）4．双目摄像头的标定只能通过标靶标定来进行。

（　）5．环视摄像头的标定方法有井字格标定、U盘标定、棋盘格标定。

项目七

高精度定位系统的认知与安装

```
高精度定位系统的认知与安装
├─ 高精度定位系统的认知
│   ├─ 高精度定位的方法
│   │   ├─ 全球定位系统定位
│   │   ├─ 差分全球定位系统定位
│   │   ├─ 北斗卫星导航系统定位
│   │   ├─ 惯性导航系统定位
│   │   ├─ 航迹推算定位
│   │   ├─ 视觉传感器定位
│   │   ├─ 激光雷达定位
│   │   └─ 组合导航定位
│   ├─ 全球导航卫星系统
│   │   ├─ 全球导航卫星系统的分类
│   │   └─ 全球导航卫星系统的定位方式
│   └─ 惯性导航系统
│       ├─ 惯性传感器的组成
│       ├─ 惯性传感器的分类
│       └─ 惯性传感器的优点和缺点
└─ 高精度定位系统的安装
    ├─ 高精度定位系统的安装注意事项
    │   ├─ GPS天线、惯性测量单元的安装注意事项
    │   └─ 主机的安装注意事项
    ├─ 高精度定位系统产品特点及网页端界面说明
    │   ├─ 高精度定位系统产品特点
    │   └─ 网页端界面说明
    ├─ 设置高精度定位系统参数
    │   ├─ 设置Wi-Fi
    │   ├─ 设置接收机天线参数
    │   ├─ 设置IPPS参数
    │   ├─ 设置I/O
    │   ├─ 设置惯导天线
    │   └─ 设置罗盘
    └─ 读取高精度定位系统数据
        ├─ 打开软件
        └─ 整理数据
```

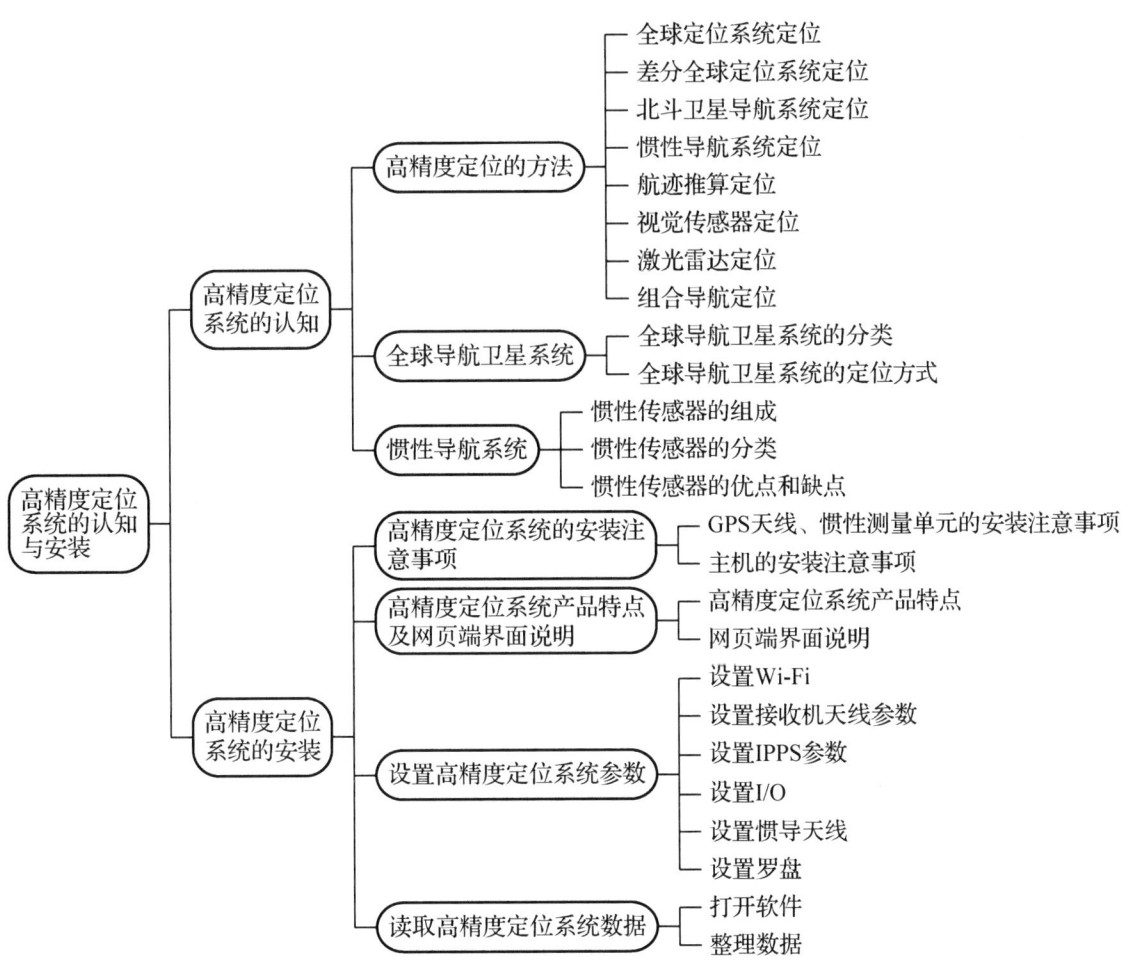

知识目标

1. 能明确全球导航卫星系统的分类;
2. 能阐述 GPS/北斗卫星导航系统的工作原理;
3. 能阐述惯性导航系统的工作原理。

技能目标

1. 能识别 GPS/北斗卫星导航系统的零部件；
2. 能识别惯性测量单元的零部件；
3. 能正确安装 GPS 接收机。

素养目标

1. 培养学生刻苦钻研、求知好学的精神；
2. 培养学生踏实肯干、大国工匠的精神；
3. 培养学生科技自信、知识报国的精神。

任务 1 高精度定位系统的认知

情景引入

小明刚参观学习了本校实训室的智能网联汽车，看到类似蘑菇云的部件，于是便请教老师，老师介绍该部件为 GPS 接收机，可用于实现高精度定位，同学们，你们知道高精度定位的方法吗？

资讯信息

导航技术是利用电、磁、光、力学等科学原理与方法，通过测量与运动物体每时每刻位置有关的参数，实现对运动物体的定位，并正确地从出发点沿着预定的路线，安全、准确地到达目的地的技术。

定位是导航的第一步，导航是定位的一个连续过程，导航涉及路径规划和决策引导。因此，定位是导航的关键，核心指标是定位精度。

智能网联汽车利用全球导航卫星系统（Global Navigation Satellite System，GNSS）、惯性导航系统，以及激光 SLAM（Simultaneous Localization and Mapping，同步定位与地图构建）、视觉 SLAM 等，进行导航定位。通过高精度定位系统，智能网联汽车能准确感知自身在全局环境中的位置，并能够与环境有机结合起来，获取汽车所要行驶的方向和路径等信息。常见的高精度定位系统有全球导航卫星系统和惯性导航系统。

一、高精度定位的方法

高精度定位的方法主要有全球定位系统定位、差分全球定位系统定位、北斗卫星导航系统定位、惯性导航系统定位、航迹推算定位、视觉传感器定位、激光雷达定位及组合导航定位等。

1. 全球定位系统定位

全球定位系统（Global Positioning System，GPS）是一种以人造地球卫星为基础的高精度无线电导航的定位系统，它在全球任何地方和近地空间都能够提供准确的地理位置、车行速度及精确的时间信息。全球定位系统定位是一种绝对位置估计方法，该方法通过 GPS 来进行车辆定位。基于 GPS 的定位方法优点是可以实时连续定位，且可以全局定位；缺点是如果通过有障碍物（如高楼、树木、隧道等）遮挡的路面，GPS 信号会受到干扰，导致定位不准确。此外，GPS 定位的精度受到多种因素的影响，如天气条件等，因此，GPS 定位存在一定的局限性。

2. 差分全球定位系统定位

差分全球定位系统（Differential Global Positioning System，DGPS）是在 GPS 的基础上利用差分技术使用户能够从 GPS 中获得更高精度定位的系统。其基本原理是在已精确测定的位置上配备一台 GPS 接收机作为基准站，并和用户同时进行 GPS 信号接收，通过比较用户接收到的单点定位结果与基准站的坐标，求解出实时差分修正值，基准站以广播或数据链传输的方式，将差分修正值传送至附近 GPS 用户，修正其 GPS 定位解，从而提高局部范围内用户的定位精度。DGPS 定位如图 7-1 所示。

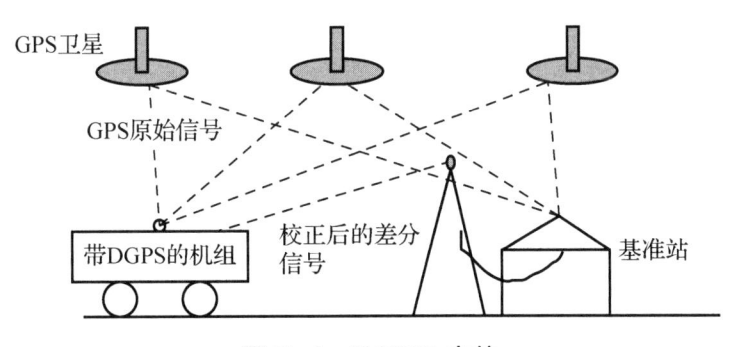

图 7-1 DGPS 定位

3. 北斗卫星导航系统定位

北斗卫星导航系统（BeiDou Navigation Satellite System，BDS）是中国着眼于国家安全和经济社会发展需要，自主建设、独立运行的卫星导航系统，是为全球用户提供全天候、全天时、高精度定位、导航与授时服务的重要新型基础设施。同时国家也大力推广北斗卫星导航系统在智能网联汽车和无人驾驶汽车中的应用。北斗卫星导航系统定位如图 7-2 所示。

4. 惯性导航系统定位

惯性导航系统（Inertial Navigation System，INS）由陀螺仪、加速度计及软件构成，通过测量运动载体的加速度和角速度数据，并将这些数据对时间进行积分运算，从而得到运动载体的速度、位置和姿态信息。由于惯性导航系统不需要外界信号即可实现自主定位，因此该定位系统多与 GNSS（通常为 GPS）搭配使用，形成一整套完整的组合导航方案。这可以在 GNSS 卫星信号弱或无法接收到信号的环境中，依然实现高精度的定位，从而实现优势互补，减少因误差导致的安全风险。在白天空旷区域，激光雷达、毫米波雷达及视觉传感器工作效果良好，但当汽车驶入深山或隧道时，惯性导航系统的定位导航作用会非常显著。惯性导航系统定位如图 7-3 所示。

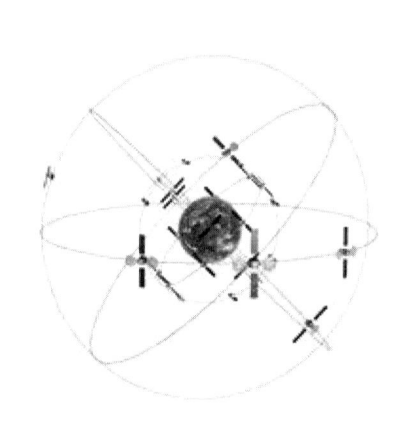

图 7-2　北斗卫星导航系统定位　　　　图 7-3　惯性导航系统定位

5. 航迹推算定位

航迹推算（Dead Reckoning，DR）定位是利用载体上一时刻的位置，结合无人驾驶汽车的方向、速度等信息，推算出当前时刻的位置的定位技术。DR 导航是一种自主式导航，一般不会受到外界环境的干扰，但由于其定位误差会随着时间增长而累积，不能长时间独立工作，因此 DR 导航一般用来辅助其他导航。航迹推算原理如图 7-4 所示。

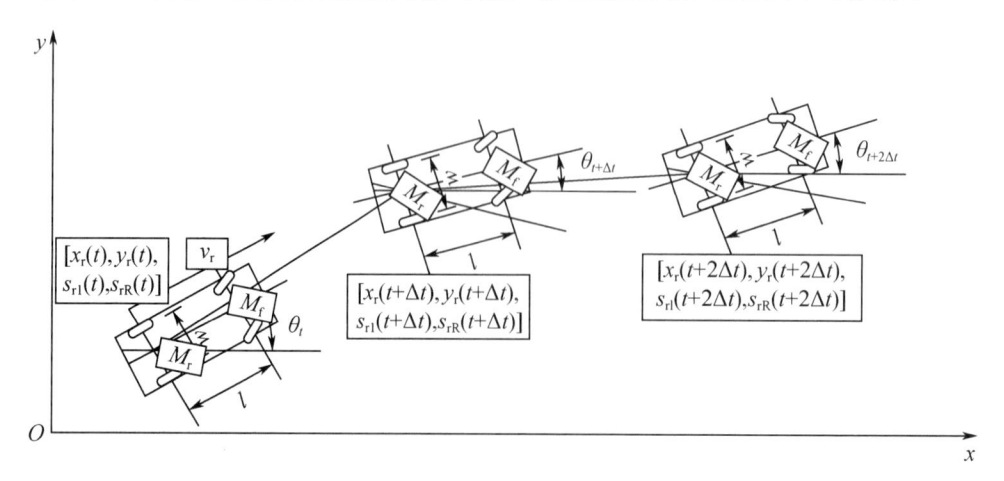

图 7-4　航迹推算原理

6. 视觉传感器定位

视觉传感器可以通过识别道路标志、交通信号灯等信息，辅助车辆进行定位和导航。通过对道路和交通标志的识别，车辆可以更精确地定位自身位置。此外，视觉传感器还可以通过对周围环境的图像数据进行三维重建，辅助车辆进行导航。视觉传感器定位的优点是成本低；缺点是精度低，误差大，并且在强光、逆光、黑夜场景下的效果不好。视觉传感器定位如图7-5所示。

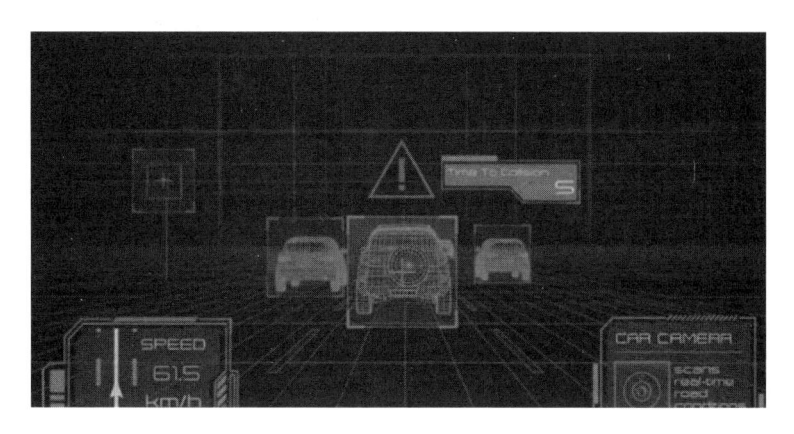

图7-5 视觉传感器定位

7. 激光雷达定位

激光雷达定位是指在智能网联汽车行驶过程中，利用激光雷达实时采集点云地图数据，并与事先采集的点云地图数据进行比较，从而获取车辆当前位置信息的定位方法。它的优点是探测精度高，探测距离远，对GPS的初值依赖度低，在没有GPS信号的场景下也能实现精准的车辆定位；缺点在于成本高，并且基于点云地图数据时效性差，维护成本高。激光雷达定位如图7-6所示。

图7-6 激光雷达定位

8. 组合导航定位

高精度定位是智能网联汽车的关键技术。高精度定位的定位精度要达到厘米级，上述任何一种定位方法都很难满足此要求，因此，智能网联汽车最好使用组合导航定位。采用组合导航定位方式实现高精度定位如图 7-7 所示，这种定位方式可以保障智能网联汽车安全可靠行驶。

图 7-7　采用组合导航定位方式实现高精度定位

百度阿波罗（Apollo）系统使用全球导航卫星系统、激光雷达、惯性测量单元和视觉传感器等，实现高精度定位。装有百度阿波罗系统的车辆如图 7-8 所示。

图 7-8　装有百度阿波罗系统的车辆

高精度定位和导航是智能驾驶在未知或已知环境中能够正常行驶的基本要求，是实现在宏观层面上引导无人驾驶车辆按照设定路线或者自主选择路线到达目的地的关键技术。

二、全球导航卫星系统

1. 全球导航卫星系统的分类

全球导航卫星系统，即 GNSS，是对在全球范围提供定位、导航和授时服务的卫星系统的统称，如全球定位系统（美国）、北斗卫星导航系统（中国）、格洛纳斯导航卫星系统

（俄罗斯）和伽利略导航卫星系统（欧盟）等。全球四大卫星导航系统见表7-1。

表7-1 全球四大卫星导航系统

序号	名称	简称
1	全球定位系统	GPS
2	北斗卫星导航系统	BDS
3	格洛纳斯导航卫星系统	GLONASS
4	伽利略导航卫星系统	GALILEO

2. 全球导航卫星系统的定位方式

定位可分为绝对定位、相对定位和组合定位。

（1）绝对定位。

绝对定位基于目标物体和多个卫星之间的位置关系，通过接收卫星发射的信号，测量信号到达时间、信号幅度和波特率等，再利用特定的算法，将绝对定位接收到的数据与大气延迟模型进行匹配，最终得出运动目标物体的精确位置。

（2）相对定位。

相对定位是指基于车辆的初始位置，通过惯性导航系统获取车辆的加速度和角速度信息，然后将这些信息对时间进行积分，从而得到相对于初始位置的当前位置信息的定位方式。

（3）组合定位。

组合定位是将绝对定位和相对定位进行结合，让它们优势互补，实现高精度定位的定位方式。智能网联汽车常用的是组合定位，也可称组合导航定位。组合定位如图7-9所示。

定位精度可以分为导航级精度和车道级精度。导航级精度一般是指米级精度，车道级精度一般是指厘米级精度。目前业内一般把自动驾驶分为5个等级，即L1~L5，L1级和L2级的

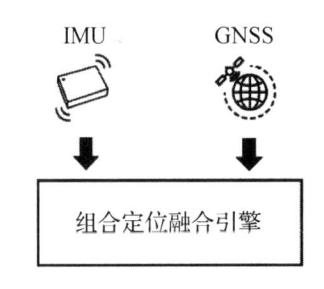

图7-9 组合定位

智能网联汽车，可以实现汽车高级驾驶辅助系统（ADAS）的功能，定位的精度只需要达到米级精度即可；L3级的智能网联汽车可实现自动泊车功能；L4级和L5级的智能网联汽车基本可实现无人驾驶，这些都需要厘米级的定位精度才能实现。

三、惯性导航系统

惯性导航系统是一种不依赖于外部信息、也不向外部辐射能量的自主式导航系统，其具有控制简单、经济性高的特点，已经在各领域得到广泛的应用。惯性传感器是惯性导航系统的重要组成部分，所以学习惯性传感器极其重要。本任务以宇通客车惯性导航系统教学实验台为模型来进行学习。

惯性导航系统依赖于惯性传感器，惯性传感器主要包括陀螺仪和加速度计。陀螺仪用于测量物体的角速度，加速度计用于测量物体的加速度。通过对角速度和加速度进行积分运算，得到角度和位移信息，从而实现定位和导航。

1. 惯性传感器的组成

惯性传感器包括加速度计（加速度传感器）和陀螺仪（角速度传感器），以及由它们单、双、三轴组合而成的惯性测量单元（Inertial Measurement Unit，IMU），姿态和航向参考系统。惯性传感器能够测量加速度、倾斜、冲击、振动、旋转和多自由度运动。一个惯性传感器通常集成多个陀螺仪和多个加速度计。随着技术发展，惯性传感器的发展趋势是与 GPS 相结合，集成为一个传感器。惯性传感器如图 7-10 所示。

图 7-10　惯性传感器

2. 惯性传感器的分类

惯性传感器一般可以分为两大类：一类是测量加速度的微机电系统（Micro-Electro-Mechanical System，MEMS）加速度计；另一类是测量角速度的陀螺仪。

（1）MEMS 加速度计。

MEMS 加速度计是可以测量加速度的传感器，由于其成本低、体积小的特点受到各行业的关注。MEMS 加速度计如图 7-11 所示，其内部结构如图 7-12 所示。根据实现原理不同，MEMS 加速度计主要分为三类，不同实现原理导致 MEMS 加速度计的灵敏度不同。

① 电容式 MEMS 加速度计。

电容式 MEMS 加速度计的实现原理是质量块在加速度作用下引起悬臂梁变形，进而引起电容变化，通过对其变化的检测获得加速度的数据。电容式 MEMS 加速度计的优势是灵敏度高、噪声低、漂移小。

② 压电式 MEMS 加速度计。

压电式 MEMS 加速度计利用压电效应工作。物体运动时内置质量块会产生压力，使支撑质量块的刚体发生应变，加速度转化成电信号输出。压电式 MEMS 加速度计的特点是尺寸小、重量轻。

③ 压阻式 MEMS 加速度计。

压阻式 MEMS 加速度计利用半导体材料的电阻随所承受压力的大小而变化的特性来实现对加速度的测量。压阻式 MEMS 加速度计具有结构、制作工艺和检测电路都相对简单的特点。

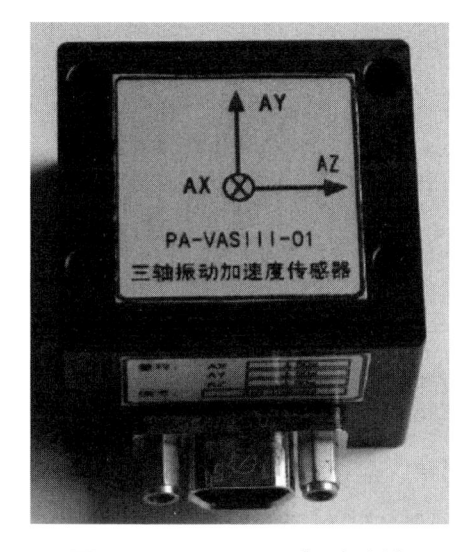

图 7-11 MEMS 加速度计

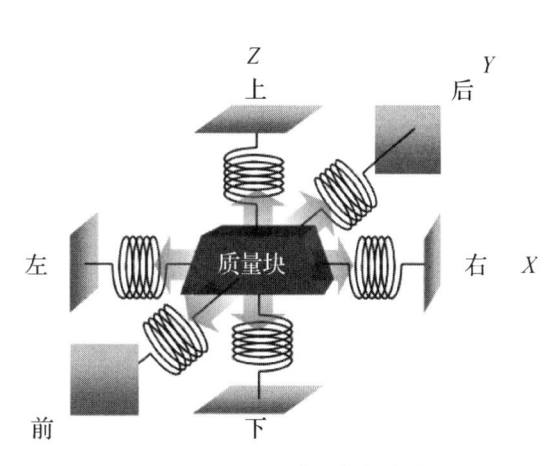

图 7-12 MEMS 加速度计内部结构

（2）陀螺仪。

根据原理的不同，陀螺仪一般可以分为以下三类。

① 机械陀螺仪。

根据角动量守恒原理，当机械陀螺仪的转子以高速旋转，且没有任何外力矩作用在机械陀螺仪上时，机械陀螺仪的自转轴在惯性空间内的指向会保持稳定不变，同时反抗任何改变转子轴向的力量。把一个高速旋转的机械陀螺仪放置到被测量的物体上，当被测物体做旋转运动时，机械陀螺仪的自转轴在惯性空间的指向会保持不变，依靠机械陀螺仪自转轴和被测物体的角度变化可以推算出被测物体角度的变化。

② 光学陀螺仪。

光学陀螺仪的原理是基于法国科学家 Sagnac 提出的萨格纳克效应（Sagnac Effect）。萨格纳克效应是光在相对于惯性空间转动的闭环光路中传播时存在的一种效应，即从同一光源发出的两束特征相等的光，以相反的方向在同一闭合光路中进行传播，最后汇合到同一探测点。当物体（激光器）没有角位移时，两束激光没有光程差，它们会聚在一起时不发生干涉。如果物体（闭合光路）本身具有一个转动速度，那么光线沿着光路转动的方向前进所需要的时间，要比沿着这个光路转动相反的方向前进所需要的时间多，两束激光相遇时就会产生干涉，以此计算出物体的角速度。

③ MEMS 陀螺仪。

传统机械陀螺仪主要基于角动量守恒原理，即对旋转的物体，它的转轴指向不会随着承载它的支架的旋转而变化。MEMS 陀螺仪主要基于科里奥利力（旋转物体在有径向运动时所受到的切向力）原理，通过测量科里奥利力来测量角速度。MEMS 陀螺仪如图 7-13 所示。

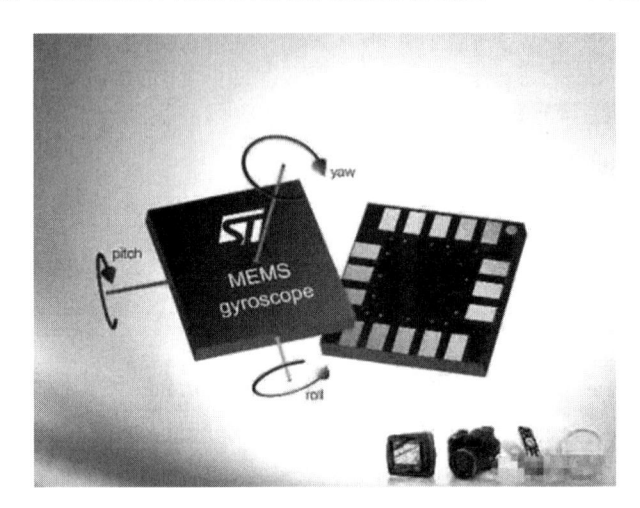

图 7-13　MEMS 陀螺仪

3. 惯性传感器的优点和缺点

（1）惯性传感器的优点。

① 无信号丢失问题。

② 抗干扰能力强，不受外界环境的干扰。

③ 数据更新频率比较高，短期精度和稳定性好。

④ 自主性强，可以全天候在任何地点工作。

⑤ 能提供位置、速度和姿态角数据，导航信息连续性好而且噪声低。

（2）惯性传感器的缺点。

惯性传感器的缺点是存在误差积累。由于制作工艺的原因，惯性传感器测量的数据通常都会有一定误差。

第一种误差是偏移误差，表现为陀螺仪和加速度计在没有旋转或加速的情况下也会有非零的数据输出。想要得到位移数据，需要对加速度计的输出进行两次积分，在两次积分后，即使很小的偏移误差也会被放大。随着时间推移，位移误差会不断积累，最终导致无法再跟踪汽车的位置。

第二种误差是比例误差，即所测量输出和被检测输入的变化之间的比例误差。与偏移误差相似，在两次积分后，随着时间推移，其造成的位移误差也会不断积累。

为了纠正这些误差，必须对惯性传感器进行校准，找出偏移误差和比例误差，然后使用校准参数对惯性传感器原数据进行修正。但是，惯性传感器的误差也会随着温度而变化，即使校准得再好，随着时间的推移，位移的误差还是会不断积累，所以很难单独使用惯性传感器对汽车进行定位。

总结与拓展

德国博世公司发布了一个自动驾驶精准定位解决方案，该方案采用厘米级定位技术，让自动驾驶更加安全。博世公司现已开发用于自动驾驶汽车精确定位的卫星定位智能传感器。这款新型传感器内置一个高性能的全球导航卫星系统（GNSS）信号接收器，来自 GNSS 的信号能够帮助车辆确定自己的绝对位置。

任务实施

设备信息	设备厂家		
	设备名称		
	设备型号		
任务描述	依据下述实训流程完成各环节实训任务。		
项目	作业记录内容		备注
一、前期准备	1. 更换工装和劳保鞋。 2. 按照场地实际情况进行实训分组。 3. 发放实训工单，自备黑色签字笔。 4. 讲清实训纪律。		
二、高精度定位系统的认知	请完成下方表格。 | 序号	名称	简称
---	---	---
1	全球定位系统	
2	北斗卫星导航系统	
3	格洛纳斯导航卫星系统	
4	伽利略导航卫星系统				
三、讨论环节	1. 简述高精度定位的方法。 2. 简述惯性导航系统的工作原理。		
四、现场恢复	（不需要填写）		

任务 2

高精度定位系统的安装

情景引入

李师傅作为智能网联汽车行业的一名技术人员，负责高精度定位系统中各种传感器的安装工作，小明作为新实习生跟随李师傅学习，李师傅指导小明从安装高精度定位系统和设置参数开始学习。同学们，你们知道如何安装高精度定位系统及如何设置参数吗？

资讯信息

高精度定位系统的安装对于定位工作是极其重要的。高精度定位系统的安装包括 GPS 天线、惯性测量单元（IMU）和主机等的安装。规范高精度定位系统的安装过程，并对其参数进行设定，可以使高精度定位系统更高效、准确地工作。本任务以宇通客车高精度定位系统教学实验台为模型来进行学习。

一、高精度定位系统的安装注意事项

1. GPS 天线、惯性测量单元的安装注意事项

高精度定位系统的工作需要 GPS、惯性测量单元（IMU）、主机（即处理器）等的参与，GPS 属于 GNSS，所以对 GPS 天线的安装也是对 GNSS 天线的安装。以宇通公司的小宇智能网联汽车为模型，系统设备 CGI-610 数据线连接方式如图 7-14 所示。

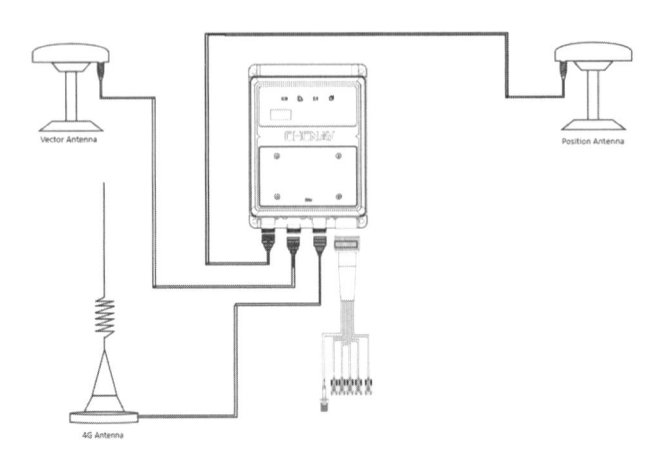

图 7-14 CGI-610 数据线连接方式

（1）GPS 天线的安装注意事项。

① 在安装时应使用螺钉固定 GPS 天线和 GPS 天线支架。

② 安装时要注意 GPS 天线垂直度的要求。

③ 安装位置不能有阻挡物。GPS 天线一般要求安装在比较空旷的位置，从而提高 GPS 天线的信号接收能力和定位的准确性。

（2）IMU 的安装注意事项。

① 检查 IMU 外观，确保 IMU 表面无划伤，插接件外壳无破损，插针无歪斜、松动。

② 将 IMU 固定至支架上，确认无问题后，在固定点画红线确认。

③ 将带有 IMU 的支架，安装至固定垫铁上，并使用电动扳手交叉紧固至各固定点弹垫压平不开裂，各固定点紧固到位后，画红线确认。

④ 使用角度测量仪分别沿车长方向、车宽方向测量 IMU 下表面水平角度，要求水平角度≤1°。

⑤ 捋顺线束，按照线束上插接件标记和插针数量，把 IMU 线束插接件插接在 IMU 模块接口上，插接件插接到位，锁扣锁死。插接方法：手持插接件主体，保持插头和插座对正后进行对插，听到"啪"一声响，并目测自锁卡接到位，确认插接件插接无问题后，在插接件锁扣右侧（从插头看向插座）画白线确认，画线覆盖插头和插座。宇通汽车 IMU 连接线路如图 7-15 所示。

图 7-15　宇通汽车 IMU 连接线路

⑥ 在 IMU 插接件端子线束 150mm 内增加固定点，使线束圆弧过渡，线束及插接件不得张紧受力，线束与模块对接后，预留 30～50mm 的线束余量，线束不与插接件及周边部件干涉，避开金属锐边、棱边及螺栓头，将 IMU 线束捆扎成束即安装完毕。

（3）安装位置。

将 GPS 天线分别旋拧到两个强磁吸盘上，并分别固定摆放在测试载体的前进方向和后退方向上，尽可能地将其安装在测试载体的最高处以保证 GPS 天线能够接收到良好的信号。同时，要保证两个 GPS 天线相位中心形成的连线与测试载体中心轴线方向一致或平行。安装位置如图 7-16 所示。

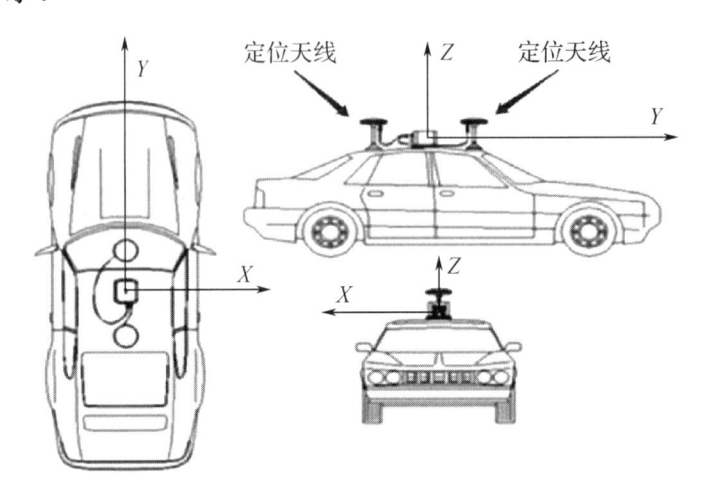

图 7-16　安装位置

2. 主机的安装注意事项

主机接线口如图 7-17 所示。

（1）GNSS1：TNC 接口，定位天线。

（2）GNSS2：TNC 接口，定向天线。

（3）4G：TNC 接口，外接 4G 天线。

（4）COM：外接电源及数据线。

图 7-17　主机接线口

将主机安装在载体上，主机铭牌上标示坐标系的这面尽量与载体被测基准面平行，Y 轴与载体前进方向中心轴线平行。主机安装位置如图 7-18 所示。

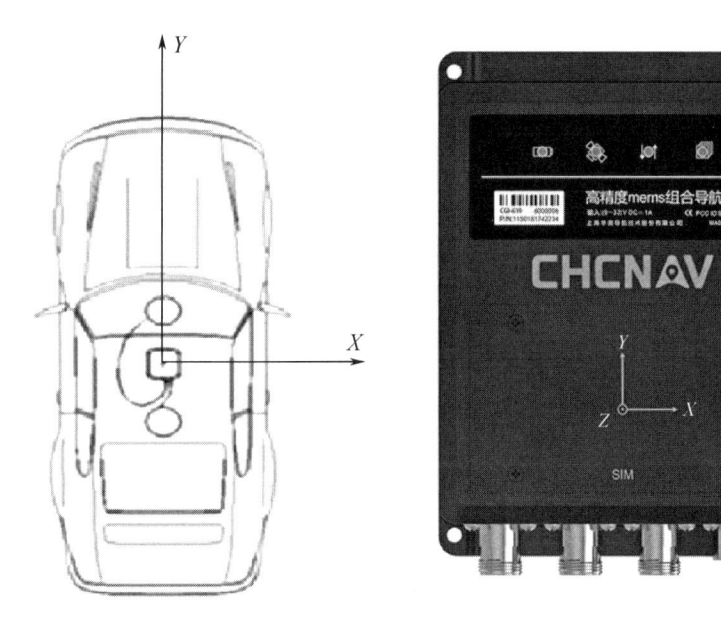

图 7-18　主机安装位置

二、高精度定位系统产品特点及网页端界面说明

以宇通汽车为例，依据传感器标定 App 使用手册，对高精度定位系统进行标定。

1. 高精度定位系统产品特点

（1）采用高精度定位定向 GNSS 技术，支持 555 通道。

（2）采用 2.5 度零偏的高精度陀螺仪和加速度计。完善的组合导航算法，提供准确的姿态和厘米级位置信息。

（3）支持 Wi-Fi 无线接入，支持网页访问，方便用户配置。

（4）支持 4G 全网通。

（5）最高支持 100Hz 数据更新率。

（6）支持外接里程计。

（7）IP67 防水等级。

（8）紧凑的内部减振技术，振动和冲击适应性强，可靠性高。

2. 网页端界面说明

（1）网页界面介绍。

天线和电缆的安装完成后，给接收机上电开机，接收机启动后，可以访问、配置和监视接收机。

打开电脑 Wi-Fi，搜索名为 GNSS-XXXXXXX 的无线网络（其中 XXXXXXX 代表接收机的 SN 号），建立连接，如图 7-19 所示。进入登录界面，输入账号和密码，如图 7-20 所示。

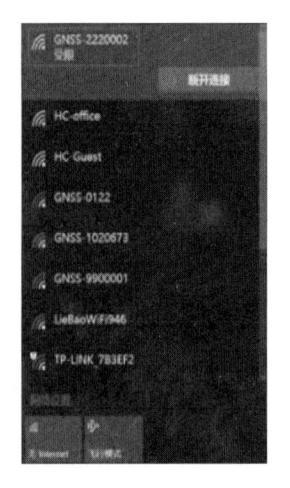

图 7-19　无线网络连接

图 7-20　登录界面

（2）接收机状态界面。

接收机状态界面主要是查看接收机位置、接收机活动及 Google Map 等相关信息。

在接收机位置界面，可以查看当前接收机的位置、DOP、使用的卫星、跟踪到的卫星、接收机时钟、HEADING 等信息，如图 7-21 所示。在接收机活动界面，可以查看接收机跟踪到的卫星、当前 UTC 时间、存储状态等信息。

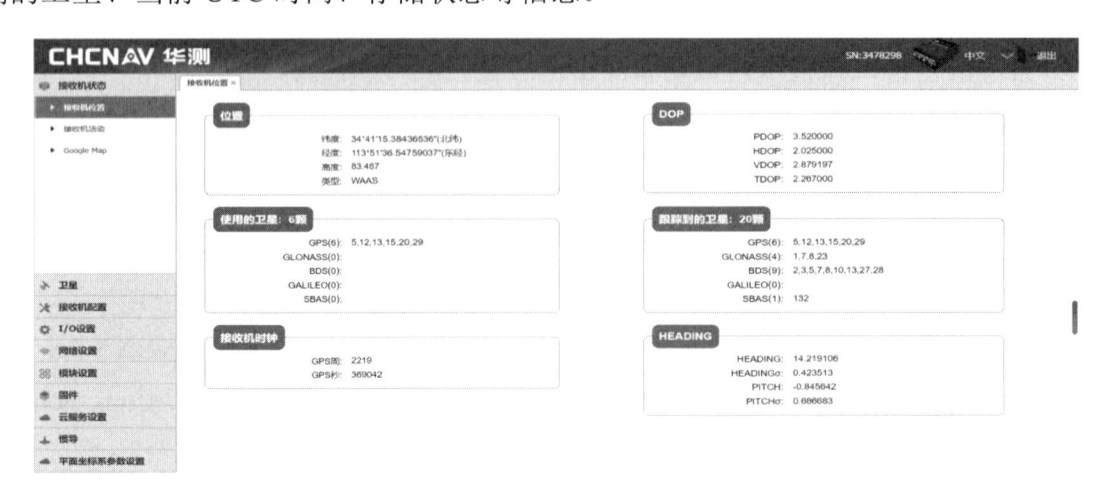

图 7-21　接收机位置界面

（3）卫星界面。

卫星界面可以查看接收机跟踪到的卫星，分别用列表和图的形式展现跟踪到的每一颗卫星的相关信息。卫星跟踪表包括卫星编号、类型、高度角、方位角、L1/B1/E1 信噪比、L2/B2/E5B 信噪比、L5/B3/E5A 信噪比和是否使用等信息，如图 7-22 所示。

图 7-22　卫星跟踪表界面

单击"卫星跟踪图"选项，可以查看以柱状图形式显示的卫星信息，如图 7-23 所示。

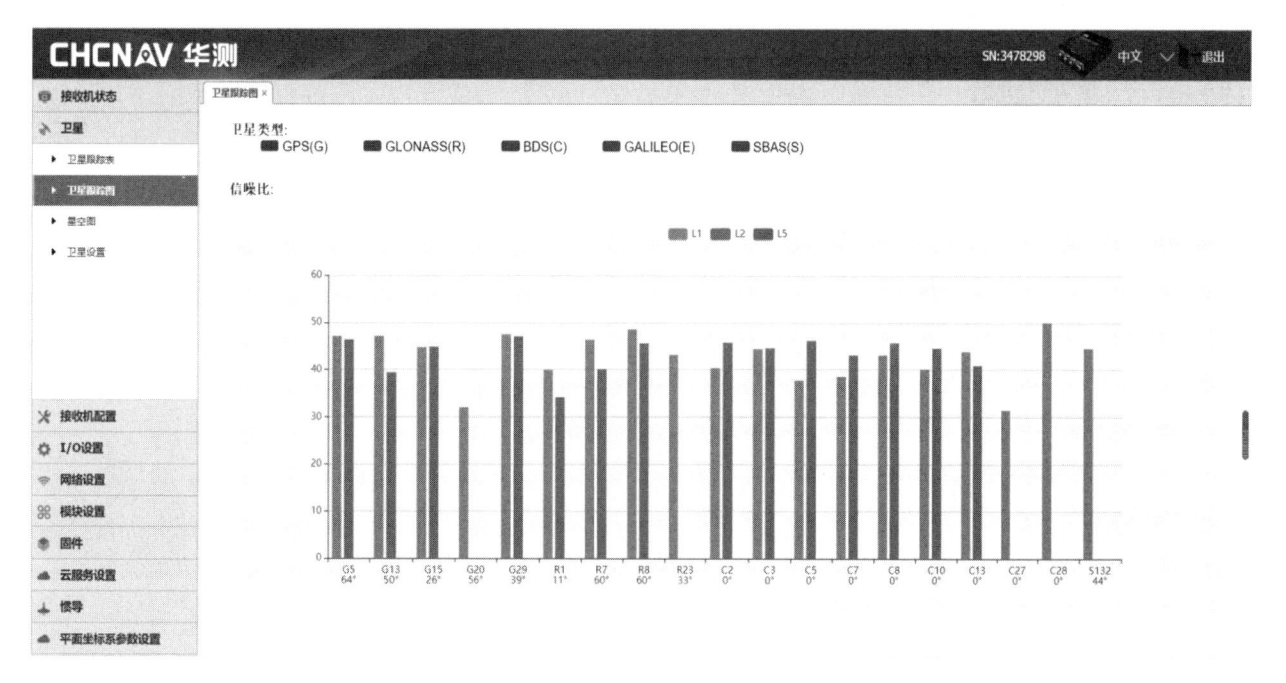

图 7-23　卫星跟踪图界面

单击"星空图"选项，可以显示当前接收机所处位置的星空图，如图 7-24 所示。

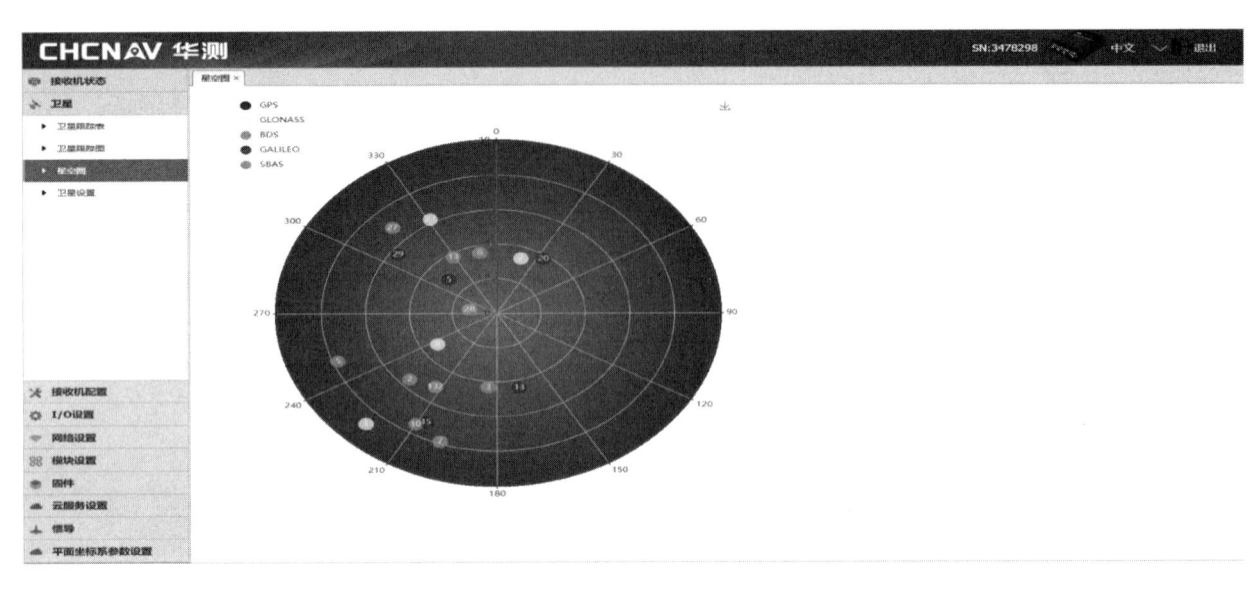

图 7-24 星空图界面

(4) 接收机配置界面。

接收机配置界面可以对接收机天线参数、参考站位置等参数进行设置，同时可以重置接收机、切换语言等。接收机配置界面如图 7-25 所示。

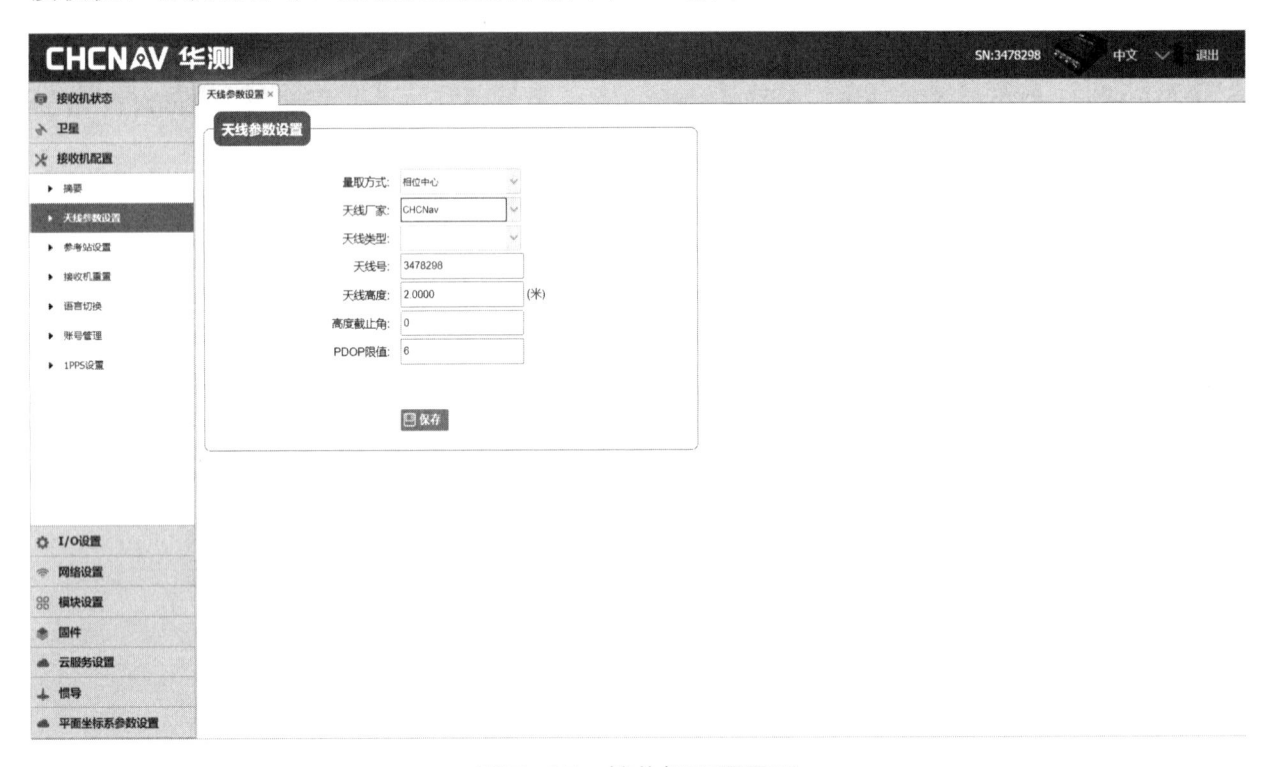

图 7-25 接收机配置界面

(5) I/O 设置界面。

I/O 设置界面主要是设置接收机的工作模式及数据的输出形式。I/O 设置界面如图 7-26 所示。

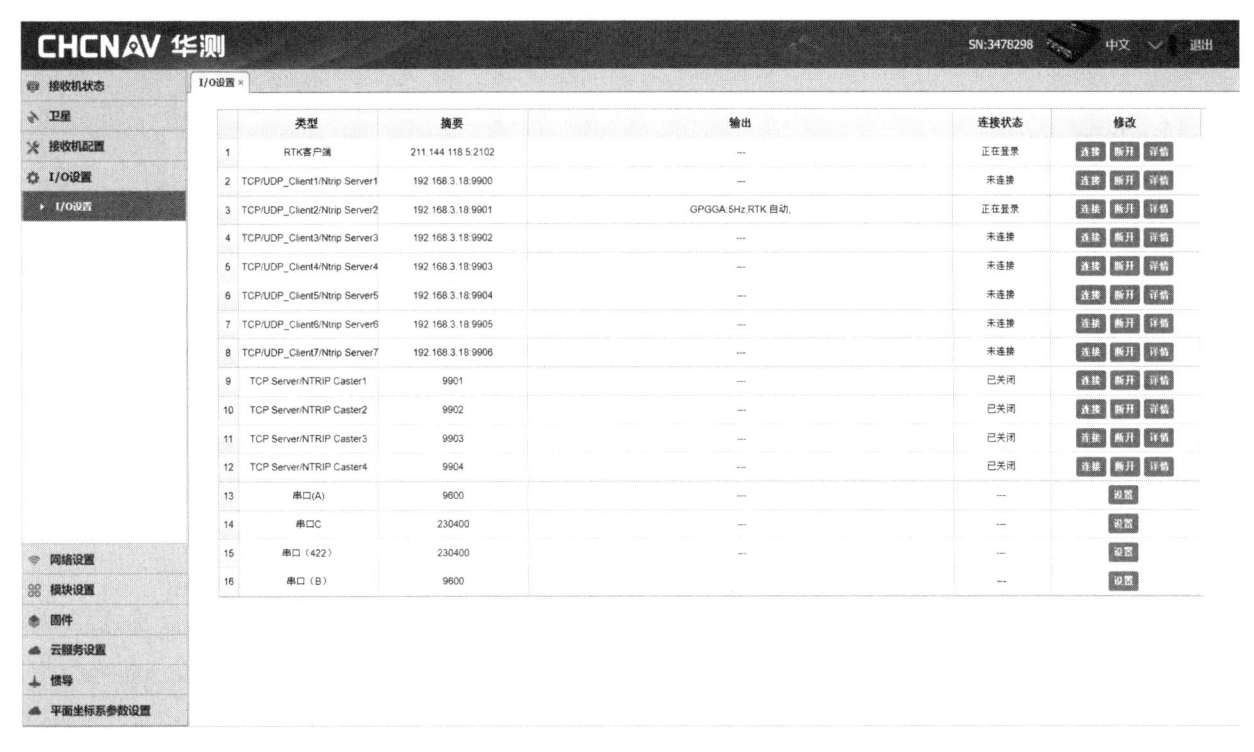

图 7-26　I/O 设置界面

（6）固件界面。

固件界面主要是查看接收机当前的固件信息、硬件版本、配置文件、系统日志、用户日志、固件升级、接收机注册等信息。固件界面如图 7-27 所示。

图 7-27　固件界面

三、设置高精度定位系统参数

1. 设置 Wi-Fi

单击"Wifi[①]设置"选项，可以对接收机的 Wi-Fi 可见性、密码及网络共享等功能进行设置，如图 7-28 所示。

注意：开启了 Internet 之后，连接接收机 Wi-Fi 的载体就可以使用接收机的网络进行上网。

图 7-28　Wi-Fi 设置界面

2. 设置接收机天线参数

单击"天线参数设置"选项，可以设置量取方式、天线厂家、天线类型、天线高度、高度截止角、PDOP 限值等参数。天线参数设置界面如图 7-29 所示。

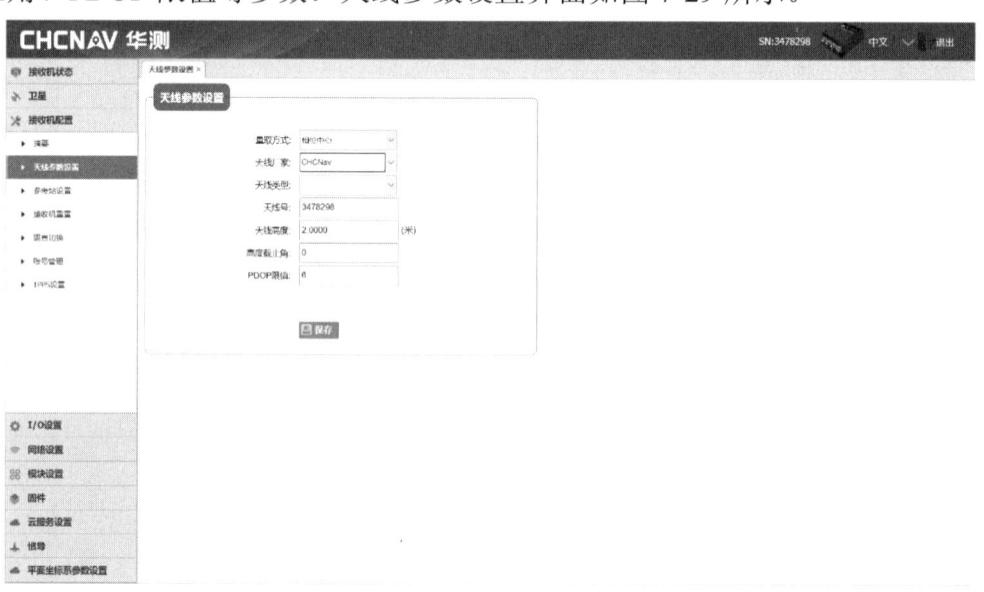

图 7-29　天线参数设置界面

---

① 正确写法为"Wi-Fi"，本书软件截图中为"Wifi"。

3. 设置 IPPS 参数

单击"IPPS 设置"选项，即可修改 PPS 脉宽，其范围为 1～999ms（默认值为 20）。IPPS 设置界面如图 7-30 所示。

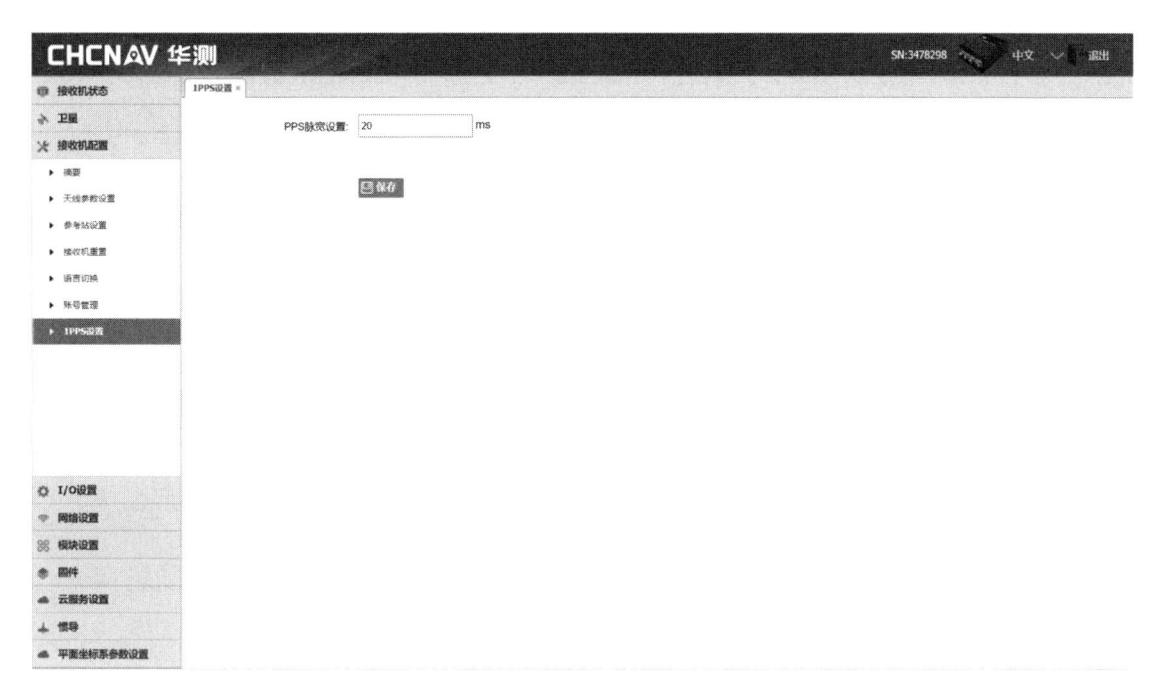

图 7-30　IPPS 设置界面

4. 设置 I/O

I/O 设置主要是设置接收机的工作模式及数据的输出形式。I/O 设置界面如图 7-31 所示。

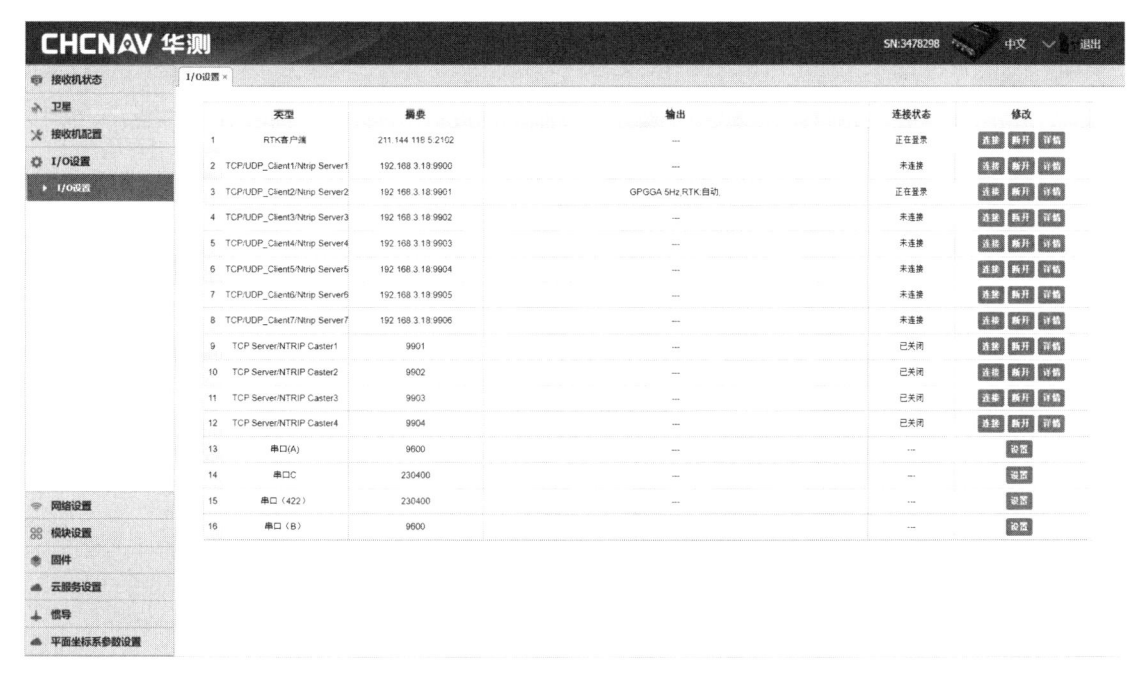

图 7-31　I/O 设置界面

5. 设置惯导天线

单击"惯导配置"选项，可以对融合数据和车辆参数进行设置。惯导配置界面如图 7-32 所示。

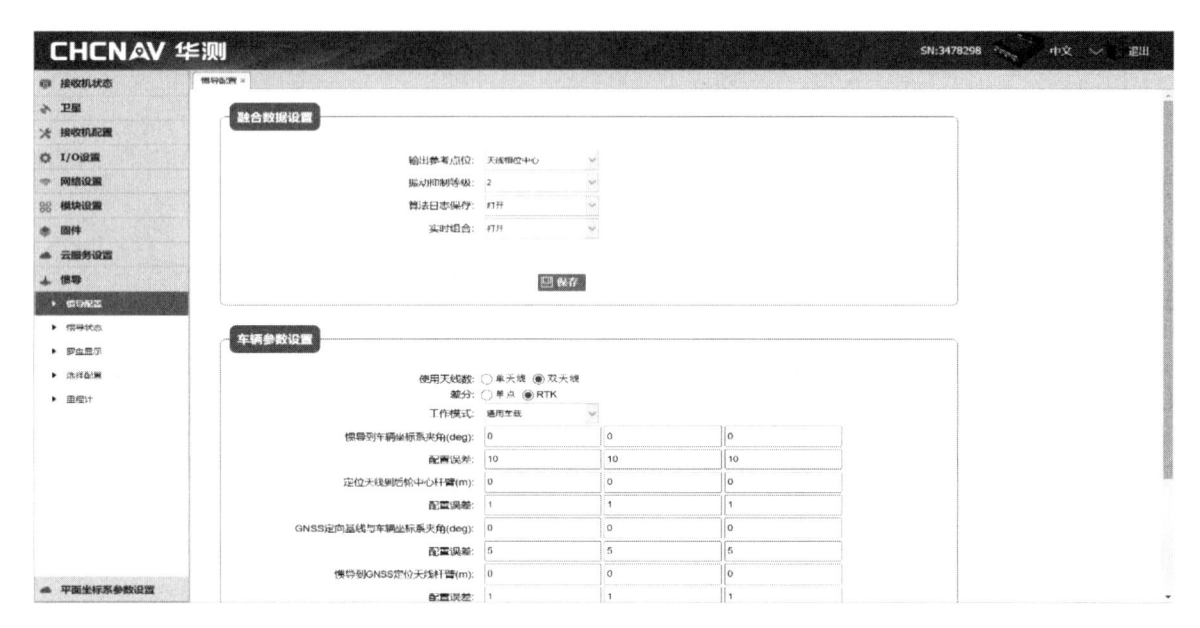

图 7-32 惯导配置界面

6. 设置罗盘

单击"罗盘显示"选项，可以查看接收机姿态罗盘。罗盘水平安装后，车辆在道路上行驶时，罗盘显示界面可以显示车辆水平和俯仰角度的情况。罗盘显示界面如图 7-33 所示。

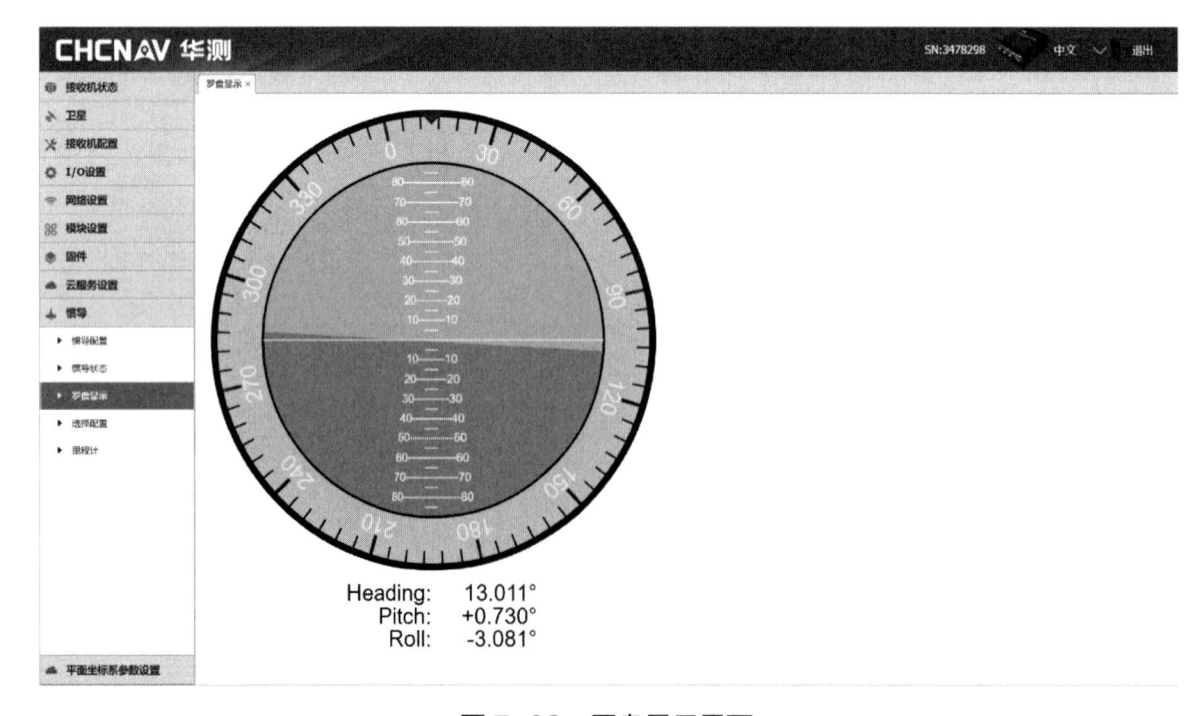

图 7-33 罗盘显示界面

四、读取高精度定位系统数据

1. 打开软件

打开教学端高精度定位系统数据读取软件。读取数据流程如图7-34所示。

（1）选取需读取的GGA文件。

（2）进行数据转换。

（3）绘制点图。

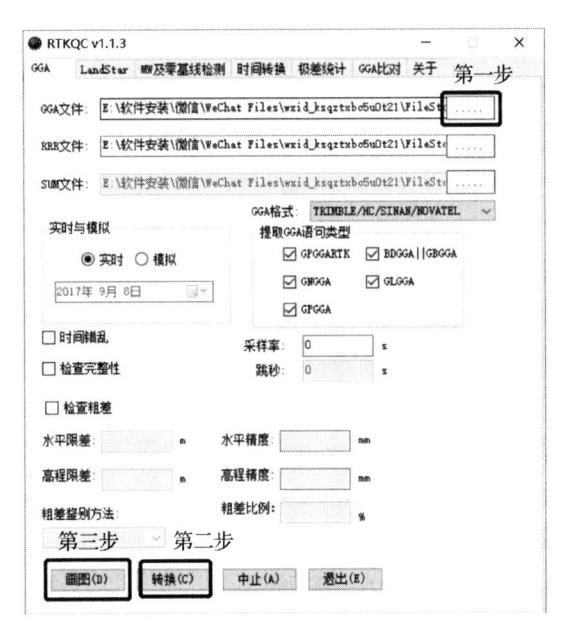

图7-34 读取数据流程

2. 整理数据

通过车辆运行路线点图，可以查看车辆的运行路线和位置坐标，如图7-35所示（扫一扫，观看彩图）。

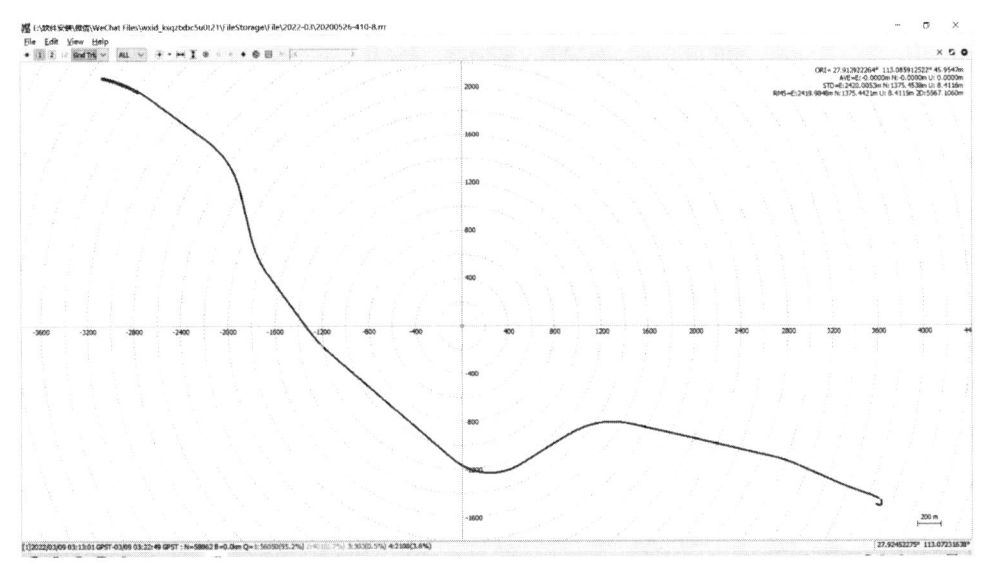

图7-35 车辆运行路线点图

绿色点：代表车辆以超过 30km/h 的速度行驶。

蓝色点：代表车辆以不超过 30km/h 的速度行驶。

黄色点：代表车辆在卫星信号弱的区域，IMU 运行时行驶。

紫色点：代表车辆静止。

总结与拓展

当前，惯性导航技术正处于第四阶段，其目标是实现高精度、高可靠性、低成本、小型化、数字化、应用领域更加广泛的导航系统。随着量子传感技术的迅速发展，在惯性导航技术中，利用原子磁共振特性构造的微小型核磁共振陀螺惯性测量装置具有高精度、小体积、纯固态、对加速度不敏感等优势，成为新一代陀螺仪的研究热点方向之一。

任务实施

设备信息	设备厂家	
	设备名称	
	设备型号	
任务描述	依据下述实训流程完成各环节实训任务。	
项目	作业记录内容	备注
一、前期准备	1. 更换工装和劳保鞋。 2. 按照场地实际情况进行实训分组。 3. 发放实训工单，自备黑色签字笔。 4. 讲清实训纪律。	
二、认知内容	请简述下列接线口的定义。 GNSS1　GNSS2　4G　COM	

项目	作业记录内容	备注
三、高精度定位系统的安装	1. 正确认识主机各接线口的定义。 2. 正确连接各零件与主机线束。 3. 规整线束。 4. 将 GPS 天线分别旋拧到两个强磁吸盘上，并分别固定摆放在测试载体的前进方向和后退方向上，尽可能地将其安装在测试载体的最高处以保证 GPS 天线能够接收到良好的信号。同时，要保证两个 GPS 天线相位中心形成的连线与测试载体中心轴线方向一致或平行。 5. 将主机安装在载体上，主机铭牌上标示坐标系的这面尽量与载体被测基准面平行，Y 轴与载体前进方向中心轴线平行。 6. 安装完成后，查看主机灯光是否亮起。 安装过程是否存在异常： □存在　　□不存在 处理方式（若存在）：	
四、现场恢复	（不需要填写）	

练习与思考题

一、选择题

1.（　　）是中国着眼于国家安全和经济社会发展需要，自主建设、独立运行的卫星导航系统。

　　A．GPS　　　　B．BDS　　　　C．GLONASS　　　　D．GALILEO

2.（　　）由陀螺仪、加速度计及软件构成，用于测量运动载体的加速度和角速度数据。

　　A．惯性导航系统　　　　　　　B．航迹推算定位系统

　　C．差分全球定位系统　　　　　D．激光雷达定位系统

3. 惯性传感器主要包括（　　）。

　　A．加速度计和激光雷达　　　　B．陀螺仪和激光雷达

　　C．加速计和陀螺仪　　　　　　D．激光雷达和视觉传感器

二、简答题

1. 高精度定位的方式有哪些？
2. 简述惯性导航系统定位。
3. 简述惯性传感器的优点和缺点。